Estamos en una guerra t
destruirnos. Cada vez que r
no luchamos contra carne y
batalla espiritual. Por eso nos sentimos tan complacidos de que
nuestros queridos amigos Mark y Grace Driscoll hayan escrito
Gane su guerra, un libro que examina la guerra espiritual a través
de los ojos de una pareja casada. A través del mismo lo ayudan a ver
la naturaleza práctica y bíblica de la guerra espiritual en su relación
con Dios, usted mismo, los demás y la iglesia. Si desea entender
mejor cómo acceder al poder del Espíritu Santo para derrotar al
enemigo, lo animamos a que lea este libro.

—Robert y Debbie Morris
Pastor principal fundador y pastora ejecutiva de mujeres,
Iglesia Gateway
Autor exitoso de *Una vida de bendición*,
Frecuencia y *Más allá de toda bendición*

Hay una batalla furiosa desarrollándose a su alrededor, y este libro
es una fantástica guía a las realidades de la guerra espiritual. Con
profundidad teológica y calidez personal, Mark y Grace hablan de
algunas de las verdades más profundas de la vida. *Gane su guerra*
es un libro que seguramente terminará con las esquinas de las páginas dobladas y subrayado, porque volverá a él una y otra vez.

—John Lindell
Pastor principal, Iglesia James River

En este libro que transforma la vida, Mark y Grace Driscoll le
han hecho un llamado de atención al pueblo de Dios. Su mensaje
apasionante no es solo para las parejas casadas, sino para la iglesia en todo el mundo. Usted se encontrará agradeciéndole a Dios
que el enemigo—Satanás, el «ángel de luz»—haya sido expuesto
de muchas maneras. También se regocijará de que el evangelio sea
expuesto, convirtiéndolo en un libro tanto para los cristianos como
para los que aún no han venido a Cristo con fe.

—R. T. y Louise Kendall
Ministerios R. T. Kendall
Pastor principal, Capilla de Westminster
(durante veinticinco años)
Autor de más de sesenta libros, incluyendo *Perdón total*

Nunca aburrido y siempre provocador, Mark Driscoll es un antropólogo cultural con el don único de aplicar la verdad intemporal a la cultura contemporánea. En este libro él sondea las profundidades de la guerra espiritual de una manera muy práctica, teológica y no espeluznante. Siempre aprendo algo nuevo de Mark que desafía mi forma de ver la vida. Cuando lea el libro, creo que usted entenderá lo que quiero decir.

—Greg Surratt
Pastor fundador, Seacoast Church
Presidente, Asociación de Iglesias Relacionadas

En *Gane su guerra*, Mark y Grace Driscoll equipan a los lectores con la armadura espiritual y las herramientas bíblicas necesarias para lograr la victoria sobre el enemigo. Lleno de la verdad de las Escrituras, este libro nos muestra cómo vivir con el poder del Espíritu Santo, confiando en la presencia de Dios en nuestras vidas en cuatro áreas principales: nuestra relación con Dios, nuestra identidad, nuestra familia y amigos, y nuestra iglesia. Este libro atemporal y oportuno es de lectura obligada.

—Chris Hodges
Pastor principal, Church of the Highlands
Autor de *The Daniel Dilemma* y *¿Qué sigue?*

Mark y Grace han caminado a través de cada página de este libro tan cuidadosamente elaborado. En él usted encontrará esperanza, un fuerte aliento bíblico, cómo tener un plan para la victoria en su relación con Dios, y cómo establecer relaciones saludables con otros en situaciones donde puede haber desafíos. No solo hallará una perspectiva fresca para todas sus relaciones, incluyendo a la iglesia, sino que encontrará esperanza para el futuro que Dios le tiene reservado.

—Gregory L. Jantz, PhD, CEDS
FUNDADOR, The Center | A Place of Hope

Usted no puede ganar una guerra en la que no sabe que está enfrascado. Necesita un conocimiento profundo de sus enemigos, sus aliados y las armas de su arsenal si quiere resultar victorioso en la batalla que es la vida. Mark y Grace Driscoll le proporcionarán la información que necesita para salir adelante en una cultura en la que todos a su alrededor están precipitándose hacia el fondo. *Gane su guerra* es una herramienta indispensable que deseará haber leído antes.

—Levi Lusko
Pastor, Iglesia Fresh Life; autor exitoso

Evitar el tema de la guerra espiritual es perderse el componente central de lo que significa caminar con Dios. Así que estoy muy complacido de que Mark y Grace Driscoll hayan escrito este libro vital. ¡La iglesia lo necesita más que nunca, ya que *todos* somos llamados a esta batalla por el Señor para que se cumplan sus maravillosos propósitos en nuestra generación!

—Eric Metaxas
Autor de los éxitos número uno *Bonhoeffer* y
Miracles según el *New York Times*
Presentador, *The Eric Metaxas Show*

Oportuno. Poderoso. Instructivo. *Gane su guerra* inspirará una confianza santa e infundirá una fuerza sobrenatural mientras usted busca vivir de manera plena y libre en la victoria de Jesús. Con compasión, sabiduría y verdad, Mark y Grace Driscoll abren nuestros ojos al peso inherente en cada decisión, acción y pensamiento que enfrentamos en este lado del cielo. Le recomiendo este recurso a cualquier creyente que desee caminar con el poder y la autoridad prometidos por el Espíritu.

—Louie Giglio
Pastor, Iglesia Passion City; Fundador,
Conferencias Passion; autor de *Not Forsaken*

La Biblia no nos da muchos detalles (o responde muchas de nuestras preguntas especulativas) sobre la guerra espiritual y el reino no visible. Y tristemente demasiados seguidores de Jesús ni siquiera saben las cosas que esta expone con claridad. Afortunadamente, Mark y Grace Driscoll han escrito un libro que explora la teología y las implicaciones prácticas de la batalla por nuestras almas de una manera directa y accesible. Encontré que los capítulos sobre los juramentos internos y las heridas paternas eran particularmente reveladores. Este es un libro que usted necesita leer.

—Larry Osborne
Pastor, Iglesia North Coast; autor

Hemos conocido a Mark y Grace por más de una década como amigos queridos y mentores de confianza. Hemos pasado incontables horas en su casa, con sus hijos, observando su vida y su familia. Los hemos visto caminar con integridad cuando nadie más los observaba. Los hemos visto confiar en el Señor, servir a los demás y continuar dando mucho después de que esto haya dejado de ser conveniente. Los hemos contemplado vivir las verdades de este libro en medio de las demandas en tiempo real del ministerio de vanguardia. Hemos leído docenas de libros sobre la guerra espiritual, cada uno de los cuales nos ha dejado nerviosos en lo teológico o deficientes en lo práctico. Este libro no hace ninguna de las dos cosas. Mark y Grace han hecho en este libro —saturado de la Biblia y aplicaciones prácticas— lo que han hecho personalmente con nosotros una y otra vez a través de los años que hemos sido amigos: avivar la fe, infundir esperanza, responder preguntas y, en última instancia, señalarnos a Jesús. Después de darles una copia a nuestros hijos, se la daremos a todos los miembros de la familia de nuestra iglesia.

—Josh y Sharon McPherson
Pastor principal, Iglesia Grace City

Mark Driscoll es un maestro/practicante de la Biblia muy dotado que entiende la naturaleza de la guerra espiritual que concierne a cada relación primaria en nuestras vidas. ¡Su experiencia, su comprensión de las Escrituras y las soluciones ofrecidas en este libro son esenciales para todo seguidor de Cristo!

—Dr. Joseph Mattera
Pastor fundador, Iglesia Resurrection;
La Coalición de Líderes Apostólicos de los Estados Unidos
y la Coalición del Pacto de Cristo

Mark y Grace Driscoll nos ayudan a todos enseñando de manera esclarecedora las muchas dimensiones de la guerra espiritual. Ellos muestran correctamente que mientras nuestra guerra con el diablo incluye liberar a la gente de la opresión demoníaca directa, la guerra mucho más común y mortal es contra los planes de Satanás para engañar, acusar y tentar a las personas, en especial a los creyentes. El diablo y sus demonios conspiran a fin de robar, matar y destruir nuestro testimonio, confianza, identidad e intimidad con Dios. Las historias personales de los Driscolls, combinadas con un fuerte fundamento bíblico y ayudas prácticas, hacen de *Gane su guerra* un excelente estudio. Léalo con su Biblia y su espíritu abierto a Jesús, que vino a destruir la obra del diablo.

—GERRY BRESHEARS, PH.D.
PROFESOR DE TEOLOGÍA
WESTERN SEMINARY, PORTLAND

Gane su guerra constituye una guía detallada en el ámbito de la guerra espiritual. Mark y Grace Driscoll ilustran su libro con enseñanzas bíblicas, experiencias personales y sabiduría práctica. En una época en la que muchas personas están confundidas sobre la realidad del mal, es refrescante leer un libro que ilumina el mundo invisible. Los Driscolls no desperdician palabras ni fingen seguir a Cristo. Ellos han construido su familia y su iglesia con el valor y el amor que usted sentirá en este libro, el cual lo ayudará a ganar su guerra y liberarse.

—MARK BUCKLEY
PASTOR LÍDER, IGLESIA LIVING STREAMS

¡*Gane su guerra* es el libro más completo sobre la guerra espiritual que he leído en más de veinticinco años! Como cristianos vivimos como guerreros en una zona de guerra espiritual. La batalla es real, tangible y se experimenta a diario. En este libro Mark y Grace analizan las verdades teológicas, haciéndolas fáciles de comprender y aplicables en lo personal. Con una sólida teología y más de setecientas referencias bíblicas, *Gane su guerra* es tanto un libro de texto como un manual muy práctico que cada creyente debe leer y aplicar a su práctica cristiana diaria. El tono sencillo de los Driscoll vuelve normal el tema a menudo mundano de la guerra espiritual, y su transparencia nos anima a cada uno de nosotros a participar en nuestra propia batalla por la libertad.

—JIMMY WITCHER
PASTOR PRINCIPAL, TRINITY FELLOWSHIP CHURCH

Tal vez usted ha sentido un agudizamiento de la guerra espiritual. Puede que incluso haya orado por sabiduría y poder para enfrentarse a su adversario. Mark y Grace Driscoll han creado un poderoso recurso. Esto es más que un libro sobre la demonización. *Gane su guerra* excava las causas subyacentes que facultan a las fuerzas oscuras para ganar un punto de apoyo. Mark y Grace no solo analizan poderosas enseñanzas bíblicas sobre la guerra espiritual, sino que lo hacen con el corazón de un pastor y años de victorias compasivas y prácticas en vidas como la suya.

—MARK MOORE
PASTOR DE ENSEÑANZA, CHRIST'S CHURCH OF THE VALLEY

Como hijos e hijas de Dios nos encontramos inmersos en una batalla espiritual constante, que ha estado desarrollándose con furia desde que Satanás fue arrojado del cielo debido a su rebelión. La ignorancia en cuanto a esta batalla no significa felicidad, sino una derrota segura. En *Gane su guerra*, el pastor Mark y Grace Driscoll consideran desde una perspectiva bíblica las batallas que enfrentamos, y proveen un mapa basado en las Escrituras para alcanzar la victoria. Las enseñanzas de este libro son sensatas, prácticas y totalmente enfocadas en Cristo, proveyendo las herramientas para que apliquemos en nuestras vidas la victoria que Jesucristo ha ganado sobre Satanás.

—CHRIS RICHARDS
PASTOR PRINCIPAL, VINO NUEVO

La Biblia describe a la iglesia y al pueblo de Dios no solo como una familia, un templo, un edificio o un cuerpo, sino también como un ejército donde cada miembro es un soldado. La realidad es que tenemos guerras internas y externas. En este libro, Mark y Grace Driscoll equipan a los cristianos con herramientas bíblicas para ayudarlos a identificar y superar los pecados habituales que pueden paralizar el caminar de los cristianos, trayendo así la libertad en Cristo a través del evangelio.

—TOPE KOLEOSO
PASTOR LÍDER, JUBILEE CHURCH LONDON

Mark y Grace Driscoll han caminado con nosotros a través de algunas temporadas de la vida y el ministerio tremendamente difíciles y demoníacas, ofreciéndonos un conocimiento increíble de la guerra invisible que estaba en realidad impulsando los asuntos con los que estábamos tratando en el ámbito personal y profesional. Cuando oímos que estaban escribiendo un libro sobre la guerra espiritual, no podíamos esperar a tenerlo en nuestras manos. Nuestras expectativas fueron compensadas con un manual increíblemente equilibrado para pastores, parejas y cualquier creyente que quiera un recurso no solo para soportar la batalla, sino para mantenerse firme después de que esta ceda (Efesios 6:13). ¡Estamos agradecidos por el ministerio de los Driscolls y sabemos que este trabajo ayudará a muchas personas!

—PAUL Y FARRAH TAYLOR
PASTOR PRINCIPAL, RIVERS CROSSING COMMUNITY CHURCH

Este nuevo trabajo de Mark y Grace Driscoll es una lectura obligada para el creyente que desea profundamente una nueva confianza con el objetivo de ganar en la vida. Este libro es bíblicamente confiable y por completo práctico. Constituye una herramienta poderosa para la iglesia mientras nos unimos a fin de ganar las batallas que más importan.

—BRANDON THOMAS
PASTOR PRINCIPAL, IGLESIA KEYSTONE
PRESIDENTE, PASSIONATE LIFE MINISTRIES

GANE SU GUERRA

MARK Y GRACE
DRISCOLL

CASA
CREACIÓN

La mayoría de los productos de Casa Creación están disponibles a un precio con descuento en cantidades de mayoreo para promociones de ventas, ofertas especiales, levantar fondos y atender necesidades educativas. Para más información, escriba a Casa Creación, 600 Rinehart Road, Lake Mary, Florida, 32746; o llame al teléfono (407) 333-7117 en Estados Unidos.

Gane su guerra por Mark y Grace Driscoll
Publicado por Casa Creación
Una compañía de Charisma Media
600 Rinehart Road
Lake Mary, Florida 32746
www.casacreacion.com

Traducción: Madeline Díaz
Diseño de la portada por: Justin Evans
Director de Diseño: Justin Evans

Originally published in the U.S.A. under the title: *Win Your War*
Published by Charisma House, Charisma Media/ Charisma House Book Group
Copyright © 2019 Mark and Grace Driscoll
All rights reserved

Visite el sitio web de los autores: www.markdriscoll.org y Driscollbooks.com

Copyright © 2019 Casa Creación
Todos los derechos reservados

Library of Congress Control Number: 2019945962
ISBN: 978-1-62999-259-4
E-book ISBN: 978-1-62999-260-0

Impreso en los Estados Unidos de América
19 20 21 22 23 * 9 8 7 6 5 4 3 2 1

Este libro está dedicado a nuestros cinco hijos increíbles y resistentes, los cuales han caminado con nosotros a través de nuestra guerra y continúan caminando con el Señor. Queremos agradecerles a aquellos que han sido nuestros pastores a lo largo del viaje: Robert, Jimmy, Larry, Roy y Randal. Muchas gracias a nuestra familia extendida, al igual que a amigos como Josh y Sharon, Ralph y Merry, Dan y Linda, John y Debbie, y Bill y Becky, entre otros, por ser un medio de la gracia de Dios para nosotros. Estamos agradecidos con los miembros del equipo de Charisma, que han llegado a convertirse en amigos. No estaríamos avanzando sin el amor y el apoyo de nuestra familia extendida, amigos queridos, compañeros en el Ministerio Mark Driscoll, y la familia de la iglesia en The Trinity Church. ¡Los amamos y apreciamos a todos!

CONTENIDO

PRÓLOGO

EL LIBRO QUE está a punto de leer resulta muy inusual. En realidad, no conozco ningún libro como este. Lo encontrará fácil de leer y lo atrapará desde el principio, pero es posible que no esté preparado para algo así. Y sin embargo, si usted es cristiano, será edificado y se sentirá agradecido por contar con un libro como este. Si usted no es cristiano, pero está abierto a lo que es fiable y digno de confianza, este podría ser el instrumento que cambiará su vida para siempre.

Conocí a Mark y Grace Driscoll en Dallas por primera vez hace un año. Varios líderes cristianos querían que nos reuniéramos. Ellos dijeron que Mark y yo teníamos mucho en común siendo hombres de la Palabra y el Espíritu: reformados en la teología, pero abiertos a la obra inmediata y directa del Espíritu Santo. Sabía del ministerio de Mark en Seattle y que se había mudado a Phoenix. Mark y Grace volaron a Dallas para reunirse conmigo y otros. Escuché a Mark mientras contaba por lo que él y Grace habían pasado en los últimos años. Pocas veces me he encontrado con una pareja que haya sufrido tanto como ellos. Me sorprendió la franqueza y la transparencia de Mark. Nunca olvidaré la mirada de total devoción en el rostro de Grace cuando permanecía sentada junto a su esposo mientras él respondía a nuestras preguntas. No hay nada más doloroso que la retención de la reivindicación. Y sin embargo, Dios está en el fondo de eso, lo cual Mark y Grace saben muy bien.

Es precisamente su sufrimiento el que los ha preparado para la creación del libro que se encuentra a punto de leer. Este libro no fue escrito en una torre de marfil —lejos del mundo real— como se sabe que algunos lo están. Mark y Grace han vivido lo que escriben. Es bastante teológico, pero inmensamente práctico. Usted será confrontado con una verdad fuerte, pero bendecido con maneras simples y claras de cómo tal verdad puede ser aplicada en su vida.

He aprendido mucho de este libro. Solía pensar que algún día escribiría un libro sobre ángeles y demonios. ¡Pero esa es una aspiración a la que renunciaré de forma permanente! El libro de ellos es mejor del que yo podría haber escrito.

Satanás tiene uno de dos deseos para todas las personas: que no crean en su existencia en absoluto o que se excedan y le presten una atención indebida. Este libro establece un equilibrio prudente entre estos extremos. Usted terminará con la convicción de que el mundo demoníaco es muy real, sí; pero aprenderá que el poder de la sangre de Jesucristo es infinitamente mayor que las mentiras de Satanás. Mayor es el que está en nosotros que el que está en el mundo (1 Juan 4:4). Sin embargo, lo que más me impresionó es el *sentido del pecado* y la visión realista de la naturaleza humana que emerge a lo largo del libro. Este libro pone fin a cualquier noción de la bondad del hombre, una cosmovisión que ha engañado a la humanidad durante demasiado tiempo.

Gane su guerra es un esfuerzo de equipo. Mark y Grace nos han dado un libro que le permitirá vencer al mundo, la carne y el diablo. Sin embargo, esto no es con su propia fuerza. ¡Es porque Cristo venció a Satanás en la cruz!

—R. T. KENDALL
DOCTOR EN FILOSOFÍA UNIVERSIDAD DE OXFORD
DOCTOR EN DIVINIDADES UNIVERSIDAD NAZARENA TREVECCA
PASTOR PRINCIPAL DE LA CAPILLA DE WESTMINSTER
DURANTE VEINTICINCO AÑOS
AUTOR DE MÁS DE SESENTA LIBROS, INCLUYENDO *PERDÓN TOTAL*

PRÓLOGO

CUANDO ERA UN creyente joven no sabía nada sobre la guerra espiritual. Y ese es el estado exacto que el diablo quería para mí. Su sueño es que la gente sea completamente ignorante de sus malas intenciones hacia ellos y sus planes específicos para derrotarlos y mantenerlos en la esclavitud. Desde el Huerto del Edén, cuando el diablo asumió la forma de una serpiente, el sigilo ha sido su mayor ventaja. Este le permite causar estragos en las personas inocentes sin que nunca se sospeche que él sea el agente del daño.

Y eso es exactamente lo que hizo en mi vida y mi matrimonio. Estábamos bajo asalto y no teníamos ni idea de lo que sucedía. Sin embargo, ocurrió un suceso que expuso la mano del enemigo en nuestras vidas. Mi esposa, Karen, y yo teníamos un buen matrimonio y habíamos experimentado una sanidad milagrosa en nuestra relación varios años antes de este suceso en particular.

No obstante, un día empezamos a pelear. Simplemente sucedió y no había ninguna razón específica para ello. Cada uno se sentía irritado por las palabras y acciones del otro, y nuestros nervios se alteraban cuando estábamos juntos. Esto duró más de una semana y fue en aumento. Finalmente, un miércoles alrededor de las seis de la tarde Karen me informó que necesitábamos prepararnos para ir a nuestro estudio bíblico, al cual asistíamos todas las semanas. Empezaba a las siete y ella no quería llegar tarde.

Por despecho, le dije que no iba a ir. Lo hice solo para irritarla y vengarme de ella, y funcionó. Ella salió de la casa enojada y fue al estudio bíblico sin mí. Bob y Sarah Key eran los líderes del grupo y unas personas maravillosas. Karen estuvo en su casa esa noche durante varias horas y luego regresó a nuestro hogar.

Me encontraba sentado en la sala de estar cuando Karen entró. Su semblante y su espíritu eran completamente diferentes a los que mostraba cuando se marchó. Entró en la habitación, se sentó frente a mí y me dijo: «Tengo que contarte lo que pasó esta noche en el estudio bíblico». Yo le respondí: «Está bien, ¿qué sucedió?».

Ella dijo tranquilamente: «Esta noche, Sarah Key me dijo que habíamos estado presentes en su corazón toda la semana mientras oraba. Y me contó que el Señor le había mostrado una visión de la cabeza de un león en nuestra sala rugiendo, el cual estaba aquí para destruir nuestro matrimonio. Ella dijo que era un espíritu demoníaco y que necesitábamos tomarnos de las manos y atarlo y ordenarle que se fuera en el nombre de Jesús».

Nunca nos había ocurrido algo así. Sin embargo, mientras Karen hablaba, supe que era verdad. Era como si el Señor estuviera retirando una cortina y dejándonos ver lo que estaba sucediendo en el reino del espíritu del cual antes éramos ignorantes. Por primera vez, tomé la mano de mi esposa y oramos y atamos al diablo en nuestro matrimonio y nuestro hogar. Fue una oración muy sencilla. Yo dije: «Satanás, en el nombre de Jesús te atamos en nuestro matrimonio y nuestro hogar. Te ordenamos que nos dejes y no vuelvas nunca más. Amén».

Tan pronto como las palabras salieron de mi boca, la atmósfera en nuestro matrimonio y nuestro hogar fue completamente diferente. La tensión se reemplazó por la paz. La ira se reemplazó por el afecto. Habíamos experimentado un despertar y nuestro matrimonio no volvería a ser el mismo.

Al compartir esta historia no estoy sugiriendo que cada problema en el matrimonio o la vida sea culpa del diablo. Tenemos que aprender muchas habilidades y lecciones espirituales en muchos niveles para tener éxito en la vida y el amor. No obstante, lo que estoy diciendo es que el diablo es real, es malvado y es nuestro enemigo personal. Debemos aprender a vencerlo si vamos a vivir vidas libres, plenas y victoriosas.

Mark y Grace Driscoll son dos de mis personas favoritas. Siento mucho amor y respeto por ellos. Al leer este poderoso libro, usted puede estar seguro de que ellos viven estas verdades todos los días en sus vidas, su matrimonio, su familia y su relación con Dios. Son creyentes maduros y victoriosos que tienen la autoridad para enseñar sobre este tema.

Mientras leía las páginas de este libro, pensé para mí mismo cuánto me hubiera gustado poder leerlo cuando era un creyente joven. Hubiera sido una ayuda increíble entonces, aunque sigue siendo una bendición para mí hoy en día. Hay muchas verdades ricas y conocimientos espirituales en este libro. Mark y Grace tienen una habilidad única para compartir verdades bíblicas profundas de una manera muy práctica.

Jesús murió en la cruz y resucitó del sepulcro para darnos la habilidad de vivir y vencer una vida de libertad y victoria. Y este libro lo ayudará a equiparse para lograr precisamente eso. ¡Este libro trata de ayudarnos a todos a cumplir nuestros destinos en el Señor y ganar cada guerra contra el enemigo!

—JIMMY EVANS
PASTOR EN LA IGLESIA GATEWAY
FUNDADOR Y DIRECTOR DE MARRIAGE TODAY
ANCIANO DE LA IGLESIA TRINITY FELLOWSHP,
AMARILLO, TEXAS

PRÓLOGO

COMO UN ERUDITO bíblico, soy propenso a leer solamente trabajos académicos producidos bajo la supervisión de colegas y editores académicos de alto nivel. El enfoque de mi propio trabajo tanto para la academia como para las personas de iglesia ha sido en gran medida la cosmovisión sobrenatural de la Biblia. Por consiguiente, cuando Mark se acercó a mí para que leyera el manuscrito de *Gane su guerra*, fui sacado de mi burbuja académica debido al doble objetivo que él y su esposa, Grace, buscaban lograr con el libro: convencer a los cristianos de que necesitan abrazar la realidad del mundo sobrenatural y procesar cada área de la vida cristiana (cada «guerra» personal) de acuerdo con esa creencia.

Por supuesto, la implicación de esto es que ser conformado a la imagen de Cristo involucra más que la lucha diaria para alejarse del comportamiento autodestructivo, los defectos de carácter y la maldad humana. También significa creer que hay fuerzas malignas inteligentes en acción que no solo impiden el proceso de nuestro crecimiento para llegar a ser más como Jesús, sino que además buscan manipular nuestro pensamiento y comportamiento a fin de socavar nuestra alegría y utilidad para Dios. En resumen, Dios tiene enemigos y sus enemigos son los nuestros... y no resultan nada pasivos.

Esto puede sonar extraño para algunos lectores. ¿Qué sentido tiene decirles a los cristianos que necesitan aceptar lo sobrenatural? ¿No creen los cristianos en Dios, que Jesús era Dios en la carne, y que Dios el Espíritu Santo reside en su interior? ¿No creen que lo que sucedió en la cruz resultó sobrenaturalmente en el perdón de los pecados y la vida eterna para todos los que creen que Dios envió a Jesús a fin de cumplir esos propósitos?

La respuesta que Mark y Grace presentan es directa. Para muchos cristianos, la creencia en lo sobrenatural termina con los puntos de la doctrina mencionados anteriormente. Afirmar la realidad del mal inteligente tal como se describe en la Biblia, donde los agentes sobrenaturales de la oscuridad participan activamente desviando nuestros pensamientos y comportamiento hacia la autodestrucción, la incredulidad y la apatía, no está en discusión para muchos cristianos en el mundo occidental moderno, impulsados por el racionalismo «de mente abierta».

La desafortunada realidad es que muchos cristianos son *selectivamente* sobrenaturales en su punto de vista, una postura que no solo niega la autoridad bíblica en lo que respecta a una variedad de ideas, sino que anestesia a los creyentes en cuanto a lo que realmente les está sucediendo a ellos y sus iglesias a nivel social, cultural y geopolítico. La mayoría de los creyentes no se dan cuenta de que los demonios ocupan un estatus bajo en el orden jerárquico de la oscuridad sobrenatural. No es casualidad que el libro de Daniel incluya inteligencias sobrenaturales en las operaciones de los imperios (los «príncipes» de Daniel 10). Tampoco es una coincidencia que el vocabulario de Pablo para el mal inteligente (gobernantes, principados, potestades, tronos, etc.) sea similar: los términos son comunes para el dominio geográfico.

Todo esto no es para apoyar una visión caricaturesca de la *guerra espiritual*, una frase que ha llegado a estar de moda en ciertos círculos del cristianismo. Mark y Grace no están encontrando demonios por todas partes (ni en cada iglesia, corporación o junta gubernamental). Aunque ellos se refieren a algunos incidentes sobrenaturales verdaderamente extraños que han ocurrido en sus vidas, tienen muy claro desde el principio que *Gane su guerra* no trata de bautizar las representaciones de lo sobrenatural de Hollywood. Bíblicamente hablando (y cuando nos referimos a las tinieblas sobrenaturales, en realidad deberíamos estar hablando bíblicamente), la guerra espiritual *no* debería definirse como solicitar a los ángeles, participar en encuentros llenos de gritos con los poderes sobrenaturales, o culpar a los demonios de nuestros fracasos. Más bien, la guerra espiritual se trata fundamentalmente del conflicto entre dos reinos, un conflicto interno y externo para todo verdadero cristiano, ya sea que lo perciba o no. Los seguidores de Jesús ganan su guerra espiritual cuando difunden el evangelio, protegen al evangelio contra las falsas enseñanzas, y viven el evangelio adquiriendo cada vez más el carácter amoroso y sacrificial de Jesús.

No es de sorprender que estas cosas estén incluidas en las últimas palabras de Jesús antes de que ascendiera al cielo (Mateo 28:18-20). Por lo tanto, de ello se deduce que estas son las cosas que los poderes sobrenaturales de las tinieblas temen, pues hacen crecer el reino de Dios y constituyen el catalizador para el regreso del Señor. Como el apóstol Pablo señaló tan elocuentemente, cuando el evangelio se propaga a las naciones, el momento de la consumación del reino se acerca (Romanos 11:25-27; compárese Gálatas 3:7-9, 26-29). Jesús no les encomendó a los creyentes la tarea de «destruir a los fantasmas» en su nombre. En cambio, se supone que debemos hacer discípulos de todas las naciones. Sin embargo, hacer eso requiere que cada uno de nosotros sea un creyente útil y efectivo. A los poderes de las tinieblas sobrenaturales se les acaba el tiempo, y ellos lo saben. Debemos ganar nuestra guerra espiritual para hacer nuestra parte. Por eso nos enfrentamos a una oposición sobrenatural.

Gane su guerra es una súplica pastoral que necesita arraigarse en los corazones y las mentes de los creyentes serios en cada iglesia que predica el evangelio. Mi esperanza es que *Gane su guerra* impulse a los lectores a darse cuenta de que los poderes de las tinieblas son reales y trabajan para influir en nuestro pensamiento y comportamiento a fin de distraernos de cumplir —y disfrutar— nuestras vidas en Cristo y las tareas de nuestro reino.

—DR. MICHAEL S. HEISER
DOCTOR EN BIBLIA HEBREA Y ESTUDIOS SEMÍTICOS
DIRECTOR EJECUTIVO, ESCUELA DE TEOLOGÍA Y MINISTERIO AWAKENING
AUTOR DE *EL REINO INVISIBLE*, *ANGELS* Y *SUPERNATURAL*

NUESTRAS GUERRAS

*Porque no tenemos lucha contra sangre y carne, sino contra
principados, contra potestades, contra los gobernadores de las tinieblas
de este siglo, contra huestes espirituales de maldad en las regiones celestes.*

—Efesios 6:12

Nuestro caminar con Dios ha sido una marcha hacia la guerra. Hoy
tenemos cinco hijos (tres niños y dos niñas) que caminan todos con
Jesús y sirven en The Trinity Church, una iglesia que plantamos juntos
como un ministerio familiar en Scottsdale, Arizona, en el año 2016. Suena
idílico, pero hemos tenido nuestra parte de luchas y dolor en el camino
como todos los demás. La publicación de este libro marca veinticinco años
en el ministerio, casi todos ellos como líderes principales, durante los cuales
se enseñaron unas cuantas docenas de libros de la Biblia, se plantaron unos
cuantos cientos de iglesias y se bautizaron unas diez mil personas, principalmente hombres jóvenes. A través de todo esto hemos tenido numerosos
encuentros personales con la actividad demoníaca que nos han llevado a
buscar el entendimiento de la Palabra de Dios. Nuestra meta es compartir
esas lecciones con usted en este libro para que pueda experimentar la victoria y la libertad en su vida y sus relaciones.

Para nosotros, ha sido un descubrimiento de toda la vida. Mucho antes
de que nos conociéramos en 1988, nos casáramos en 1992, nos graduára-
mos de la universidad en 1993, y comenzáramos a plantar nuestra primera
iglesia en 1995, crecimos en familias muy diferentes con niveles distintos de
conciencia del reino espiritual.

Yo (Grace) crecí en un hogar cristiano con dos hermanas mayores. Mi
papá era un pastor evangélico que se graduó del Seminario Teológico de

Dallas. Mis padres plantaron una iglesia antes de que yo naciera y sirvieron allí durante más de cuarenta años. Mi papá llevó a cabo la tarea de consejería con su don de misericordia, así que comenzó un ministerio de recuperación para adictos en el que se enfrentó cara a cara con la actividad demoníaca.

Al crecer, recuerdo historias de personas que manifestaron actividad demoníaca. Algunos fueron atormentados hasta que experimentaron la liberación emocional. Otros sufrieron tormentos físicos hasta que fueron sanados por medio de la remoción de espíritus impuros. Papá me contó historias de personas que manifestaron una fuerza sobrehumana, incluso lo arrojaron al otro lado de la habitación. En otras ocasiones los demonios le infligían dolor cuando tocaba a una persona. Todo esto me parecía una locura mientras lo escuchaba siendo un niño, pero yo sabía que mi padre estaba seguro del poder de Dios sobre los demonios, así que yo también lo estaba.

Yo (Mark) crecí en un hogar católico con una madre que fue salvada y sanada en una reunión de oración con mujeres carismáticas y pentecostales. No conocí al Señor hasta los diecinueve años en la universidad, leyendo la Biblia que Grace me compró. Sin embargo, tuve algunos encuentros con lo demoníaco.

Mi recuerdo más vívido fue mientras cursaba la escuela secundaria. Estaba bajando las escaleras en la casa de un amigo y sentí una fuerte fuerza presionando mi pecho, prohibiéndome bajar las escaleras. Me impulsé a mí mismo con la ayuda del pasamanos, y al soltarme me encontré suspendido en el aire, paralelo a las escaleras. Cuando le conté a mi amigo sobre esta experiencia, su madre me explicó que allí había vivido un sacerdote. La casa tenía una oficina y un confesionario al que las personas venían a reunirse con el sacerdote hasta el día en que se suicidó en la casa. Luego la familia de mi amigo se mudó y el padre estaba muy involucrado en el ocultismo. Como resultado, cosas inusuales eran comunes en el hogar.

A pesar de estos encuentros con lo sobrenatural, ninguno de nosotros venía de un entorno en el que hubiéramos aprendido a librar una guerra espiritual. Grace había experimentado un ataque a su familia a través de enfermedades y pesadillas, pero su padre estaba más involucrado en la lucha contra ello. Yo era un nuevo cristiano que poco a poco hizo una maestría en un seminario de raíces conservadoras bautistas. Además, estaba haciendo mi pasantía en una iglesia donde el pastor principal creía que los dones sobrenaturales de la Biblia habían cesado y que los cristianos no podían tener mucha influencia sobre los demonios.

Así que cuando cosas demoníacas empezaron a suceder en nuestro ministerio, no sabíamos qué hacer. Comenzamos a leer libros sobre el tema y a reunirnos con pastores piadosos que tenían algún conocimiento. Más que nada, oramos y estudiamos mucho la Biblia, incluso buscamos cada una de las referencias a Satanás y la actividad demoníaca en las Escrituras. El Señor fue misericordioso, y aprendimos acerca de cosas tales como el discernimiento, la oración ofensiva, y cómo ver a las personas liberadas de la opresión espiritual con los principios de Efesios 6:10-20.

Por medio del poder de Dios vimos a la gente liberada de la opresión espiritual. Muchas personas dejaron de tomar medicamentos, ya que sus voces atormentadoras y sus ataques de pánico desaparecieron. Algunos también fueron sanados milagrosamente. No hablábamos mucho de estas cosas para no desviar nuestra atención de Jesús ni confundir a nuestros jóvenes, que apenas estaban aprendiendo los fundamentos del cristianismo.

Hay que reconocer que a veces las obras del diablo y sus demonios son evidentes y extraordinarias. Las hemos visto de primera mano. Sentimos empatía y nos relacionamos con las personas que han soportado estas guerras. Sin embargo, hemos llegado a creer que la mayor parte de la obra demoníaca se lleva a cabo de forma encubierta y ordinaria. Es algo más sutil, menos obvio, y por lo tanto más parecido a un agente secreto encubierto que a un ataque terrorista público. Por esta razón no vamos a hablar mucho acerca de la actividad demoníaca evidente y extraordinaria en este libro. En cambio, nuestra meta es realizar un estudio bíblico, práctico y pastoral de las formas típicas en que los cristianos promedio pueden ganar su guerra contra los caminos sutiles y astutos de Satanás, la serpiente.

La gran idea detrás de lo que resta de este libro es simple. Hubo una guerra en el cielo que Dios y los seres espirituales, incluyendo a los ángeles, ganaron. Esa guerra se ha trasladado ahora a la tierra, y todos nacen en medio de ella. Un día Jesús regresará y ganará la guerra en la tierra como lo hizo en el cielo. El diablo y sus demonios, junto con todas sus obras y efectos, serán enviados al infierno para el juicio eterno que merecen.

Los dos lados de esta guerra son los siguientes:

- En el cielo, el reino de Dios, encontramos la fe, la llenura del Espíritu, la libertad, la vida sobrenatural, la humildad, nuestra identidad en Cristo, la lealtad a Dios, la pureza, la sanidad, el perdón, las personas piadosas, la verdad, el contentamiento, el amor del Padre, la unidad, los pastores y las ovejas, la verdadera iglesia y la verdadera religión.

- El infierno es el reino de Satanás. Está lleno de incredulidad, opresión demoníaca, idolatría, vida natural, orgullo, identidad arraigada en la muerte, lealtad a lo demoníaco, corrupción, enfermedad, amargura, personas sin Dios, mentiras, celos, ausencia de amor, división, lobos, y falsa religión y espiritualidad.

Cada día, en medio de las decisiones prácticas de la vida, tiene una guerra que librar. Usted afecta a ambos reinos, y ellos lo afectan a usted, ya sea que lo reconozca o no. Sus pensamientos, decisiones y acciones diarias invitarán al cielo a bajar a su vida o traerán a su vida al mismo infierno.

Hemos aprendido que el enemigo no solo lo ataca a usted, sino también a sus relaciones. Así que para ayudarlo a sacar el máximo provecho de este libro, queremos que piense de forma relacional. El Dios trinitario de la Biblia es un Dios en tres personas. Eso significa que Dios es relacional, y lo creó a usted para que se relacionara con Él mismo y los demás.

Antes de que el pecado entrara al mundo, Dios declaró que todo lo que Él hizo era bueno. No obstante, había algo que aseguró que *no* era bueno: estar solo. Así que Dios creó a Eva para que fuera la esposa de nuestro primer padre, Adán. Inmediatamente Satanás se presentó para atacar las relaciones presentes y futuras de Adán y Eva con Dios, con ellos mismos, del uno con el otro, y con los que vendrían después de ellos.

Como resultado, este libro examina la guerra espiritual a través de los ojos de una pareja casada con la esperanza de ayudarlo a ver la naturaleza práctica y bíblica de la guerra espiritual en sus relaciones con Dios, usted mismo, los demás y la iglesia. Hemos dividido el libro en cuatro partes que tratan de la guerra en cada uno de estos frentes de relaciones. Cada parte contiene varios capítulos cortos que lo ayudan a reconocer al «espíritu impío» que está obrando detrás de sus luchas de relación y a acceder al poder del Espíritu Santo para derrotarlo.

La buena noticia es que no importa cuál sea su guerra, con la gracia de Dios y la ayuda del Espíritu Santo usted puede valerse de la victoria de Jesús y ganar. Las guerras que cada uno de nosotros enfrentamos son parte de una guerra mucho más grande que ganaremos al final por la gracia de Dios. Así que empecemos. Nos enfocaremos primero en su relación con Dios. Emprender su guerra comienza renovando su mente con una cosmovisión bíblica, la cual estudiaremos a continuación.

SU RELACIÓN CON

DIOS

CAPÍTULO 1

GANE SU GUERRA CON LA COSMOVISIÓN

El dios de este siglo cegó el entendimiento de los incrédulos,
para que no les resplandezca la luz del evangelio de la
gloria de Cristo, el cual es la imagen de Dios.

—2 Corintios 4:4

HACE ALGUNOS AÑOS organizamos un debate en *ABC Nightline* sobre la existencia de Satanás y los demonios. Éramos cuatro en el panel. Yo (Mark) disfruté estando cara a cara con Deepak Chopra. Él es un autor prolífico proclamado por la revista *Time* como uno de los cien héroes e iconos más sobresalientes del siglo. Durante alrededor de una hora estuvimos en desacuerdo en prácticamente todo lo relacionado con el mundo de los espíritus. He aquí cómo empezó el espectáculo:

DAN HARRIS: Buenas noches y bienvenidos a un encuentro en *Nightline*. Nuestra pregunta de esta noche es muy provocativa: ¿Satanás existe? Según una encuesta reciente, el setenta por ciento de los estadounidenses cree que sí, que Satanás existe. Sin embargo, ¿quién o qué es? ¿Es un ángel caído o algún tipo de fuerza malévola e informe en el universo? Y si él no existe, ¿cómo explicamos por qué hay tanto dolor, sufrimiento y violencia en el mundo de hoy? Esta es una discusión que desencadena toda una serie de preguntas fascinantes y fundamentales sobre el bien y el mal, sobre la naturaleza humana y la naturaleza de Dios. También es una discusión que tal vez provoque algunas emociones muy fuertes. Es posible por completo que esta noche en este escenario haya personas aquí conmigo que crean que otros de los que se encuentran en el escenario están haciendo, aunque sea inconscientemente, la obra de Satanás. También es posible que haya gente en este escenario que piense que creer en Satanás resulta peligroso, incorrecto y destructivo. Así que vayamos directamente a la discusión, y empecemos con las declaraciones iniciales. Démosle la palabra primero al pastor Mark Driscoll.

PASTOR MARK DRISCOLL: ...los cristianos siempre han creído que hay grandes distinciones entre el Creador y la creación. Que Dios es eterno, es bueno, es amoroso, es poderoso. Dios hizo lo material y lo espiritual. Y Dios les dio libre albedrío tanto a los ángeles como a los seres humanos. Satanás fue un ángel que se rebeló contra Dios, y al hacerlo dirigió una revuelta. Otros ángeles lo siguieron. Nuestros primeros padres se unieron a esa rebelión, y finalmente esa es la causa del mal moral. Se trata de una rebelión contra Dios. Él declaró que todo lo que hizo era muy bueno y todo lo que es muy malo se debe al pecado. Esa es nuestra responsabilidad, así como la de Satanás. Dios es tan bueno y tan misericordioso que, aunque es el Creador y nosotros somos lo creado, Él entró en la creación como el hombre Jesucristo. Dios vino en una misión de rescate para salvarnos del pecado, la muerte, la locura y finalmente de Satanás, que es nuestro enemigo. Jesús vivió sin pecado y luchó con Satanás. Él fue tentado y Satanás se le opuso, pero nunca se rindió, nunca pecó. Él fue a la cruz y con gran afecto ocupó el lugar de los pecadores como yo, muriendo por nuestro pecado. Esa es la creencia esencial del cristianismo: que Satanás es real, pero también lo es Jesús, y Él obra todas las cosas para bien, y finalmente redimirá todo lo que se ha perdido a través de Satanás, el pecado y la muerte.

DEEPAK CHOPRA: Pienso que nuestra conciencia o, si se quiere, nuestra alma, es un lugar de contraste, porque toda la creación experimenta un contraste. Tenemos lo de arriba y lo de abajo, tenemos calor y frío, tenemos luz y oscuridad. Por lo tanto, nuestro estado esencial es de ambigüedad y ambivalencia. Y Freud, el gran psicólogo del siglo pasado, dijo que la neurosis y a veces incluso la psicosis es la incapacidad de tolerar nuestra ambigüedad. El hecho de que somos sagrados y profanos al mismo tiempo, de que somos divinos y diabólicos a la vez, de que podemos haber prohibido la lujuria por un lado y el amor incondicional por el otro. Esta es la condición humana, hay una parte de nosotros que se llama la sombra. Esta es una idea relativamente reciente. La sombra es esa parte de nosotros que es temerosa, que resulta diabólica, que tiene miedo, que tiene culpa y vergüenza, que está en negación y cree en el pecado. Proviene de la separación de nuestra fuente divina. Si queremos entender la naturaleza del mal en el mundo, necesitamos entender la naturaleza de nuestras propias sombras. Necesitamos abrazarlas, necesitamos perdonarlas, necesitamos compartirlas unos con otros, y necesitamos confrontarlas. Es mi creencia que hay personas que se obsesionan con el pecado, hay personas que se obsesionan con la culpa y la vergüenza, y desafortunadamente, hay instituciones religiosas que en realidad han idealizado la culpa y la vergüenza y la han convertido en una virtud, y cuando nos obsesionamos con estas cosas y colectivamente creamos esta obsesión, entonces la proyectamos hacia afuera como una figura mítica que llamamos Satanás. La gente sana no tiene ninguna necesidad de Satanás. Las personas sanas necesitan confrontar sus propios problemas, comprenderse a sí mismas y avanzar en la dirección de la compasión, la creatividad, el entendimiento, el contexto, la perspicacia, la inspiración, la revelación y la comprensión de que somos parte de un misterio inefable. En el momento en que calificamos ese misterio como bien y mal, correcto y equivocado, entonces creamos conflicto en el mundo, y todo el problema en el mundo de hoy es entre ideologías religiosas. Hay aproximadamente treinta guerras en curso en el mundo y la mayoría son en el nombre de Dios. Así que yo diría, terminen con Satanás y enfréntense a sus propios problemas.[1]

El mundo está lleno de llanto, sangrado y muerte.

¿Por qué?

Si fuéramos buenas personas mejorando, y si la historia estuviera evolucionando con nosotros, podríamos esperar con razón que las cosas fueran más brillantes. No obstante, las cosas están más oscuras.

¿Por qué?

Algo ha ido terriblemente mal. El mundo es una zona de guerra y varias disciplinas, desde la filosofía hasta la psicología y la espiritualidad, han intentado decirnos qué es lo que ha ido mal y cómo se puede corregir. Sin embargo, solo la Palabra de Dios nos brinda ayuda para conocer el problema y la esperanza para conocer la solución.

Durante la preparación de este libro hemos tenido numerosos debates.

En una ocasión, nuestra hija mayor, Ashley, vino a casa de una de las universidades más grandes de Estados Unidos para unas vacaciones. Ella es bombardeada continuamente en clases, clubes y conversaciones con creencias que están en desacuerdo con el cristianismo bíblico. Como la mayoría de los misioneros, le gusta orar con las personas y por ellas, tener discusiones profundas sobre el cristianismo bíblico, y ayudar a la gente a entender las buenas nuevas de Jesucristo.

Ashley se encontraba en casa para el Día de Acción de Gracias, y cuando la familia y los amigos se tomaron de la mano en la cocina a fin de turnarse para declarar por qué estaban más agradecidos durante el último año, ella dijo: «La tienda de oración». Se refería a una tienda de campaña montada por estudiantes cristianos en el centro del campus donde ha habido por lo menos una persona continuamente presente para orar por la universidad día y noche durante semanas y semanas.

Ashley es una de las líderes del campus y ha tenido algunas experiencias increíbles en la tienda de oración. Gente de todos los orígenes y creencias ha venido para el debate y la oración: desde ateos hasta adoradores de extraterrestres, desde musulmanes hasta mormones, y aparentemente todo tipo de personas entre ellos.

Ashley dijo que en sus conversaciones ha descubierto cuatro creencias básicas que encuentra faltantes en la comprensión de la mayoría de las personas. Como sucede con las cuatro patas de una silla, hasta que ella es capaz de establecer estas verdades para que alguien las entienda, la conversación finalmente decae.

LAS CUATRO PATAS DE UNA COSMOVISIÓN BÍBLICA

1. El reino invisible

Usted no puede creer en la Palabra de Dios o entender el mundo de Dios a menos que acepte lo sobrenatural. De principio a fin, la Biblia trata de un reino invisible tan real como el mundo visible. Se requiere fe para creer en seres tan reales como nosotros, que viven en un mundo tan real como el nuestro y viajan entre estos mundos, impactando y afectando la historia humana y nuestra vida diaria. Como resultado, todo es espiritual y nada es secular. Lo que sucede en el mundo invisible afecta lo que sucede en el mundo visible y viceversa. Además, cada uno es tanto un ser físico con un cuerpo que se ve como un ser espiritual con un alma que no se ve. La guerra espiritual es como la gravedad: existe, creas o no en ella, y lo afecta en cada momento de cada día.

El cristianismo ha minimizado en gran medida esta verdad, si no es que la ha descartado, durante cientos de años. Aparte de los cristianos pentecostales y carismáticos, muchas denominaciones y sus seminarios que buscaban ganarse la aprobación de la erudición mundana estaban demasiado influenciados por el racionalismo, el naturalismo y el escepticismo de la modernidad que se corresponden en gran parte con la historia de América.

El racionalismo dudaba de casi todo lo que no pudiera ser visto a través de un telescopio o microscopio, y solo creía en lo que podía ser demostrado a través del método científico de probar y volver a probar. Esto nos llevó al naturalismo, una visión del mundo que sugiere que todo lo que tenemos es lo material y no lo espiritual. El resultado fue el escepticismo en cuanto a todo lo espiritual, y finalmente el ateísmo y la negación total de Dios.

Al comienzo de la Reforma Protestante, Martín Lutero tenía una clara creencia en la batalla cósmica entre Dios y los ángeles y Satanás y los demonios, que incluyó hablar en contra de los demonios en el himno que escribió: «Una fortaleza poderosa es nuestro Dios». Un destacado historiador de Lutero escribió un libro completo sobre la experiencia de Lutero con el diablo y sus enseñanzas en cuanto a este.[2] En *Table Talk*, Lutero escribió acerca del diablo más veces que sobre la Biblia, la gracia del evangelio y la oración.[3] Él también habla de las múltiples visitas del diablo, incluyendo la de aparecerse en su habitación del Castillo de Wartburg en Alemania mientras se sentaba a traducir la Biblia. Asustado, Lutero agarró su tintero y se lo tiró al diablo. Durante los años siguientes, a los turistas se les mostraba la mancha de tinta en la pared y se les contaba la historia. Sin embargo, hoy en día la historia del tintero no se les relata a los visitantes, y la mancha de tinta no se puede percibir. Algunos historiadores creen que cubrieron con pintura la mancha de tinta que evidenciaba al diablo, quedando escondida para siempre, así como la historia de la visita del diablo a ese mismo lugar fue también suprimida de la gira y descartada como una superstición tonta.[4] Tal vez la pintura sobre la evidencia demoníaca explica el resto de la historia de la iglesia desde entonces.[5]

Cuando este pensamiento mundano superó a la academia, la creencia en cosas tales como ángeles, demonios, sanación y profecía fue despreciada como primitiva e ingenua. Seguramente la humanidad había evolucionado más allá de tales visiones arcaicas. Los colegios y seminarios cristianos que buscaban aprobación y acreditación finalmente minimizaron o descartaron las partes sobrenaturales de las Escrituras.

Como un ejemplo, la serie de comentarios de la Biblia de Estudio Diario ha sido la favorita de los pastores durante generaciones. En esa serie uno de los comentaristas bíblicos más populares de la era moderna, William

Barclay, pone en duda los milagros de Jesucristo. Consideremos, por ejemplo, el relato de Jesús caminando sobre el agua que aparece en tres Evangelios. Hablando del relato de Mateo, Barclay dice que podemos interpretar el texto como que Jesús caminó sobre el agua o que caminó sobre la orilla del agua, dándoles a los discípulos la ilusión de un milagro: «Él vino caminando a través de las olas hacia la barca, y vino tan repentinamente sobre ellos que se aterrorizaron cuando lo vieron. Ambas interpretaciones son igualmente válidas. Algunos preferirán la primera y otros la segunda».[6] Al comentar sobre el relato de Marcos, Barclay dice: «Lo que sucedió no lo sabemos, y nunca lo sabremos. La historia está envuelta en un misterio que no tiene explicación».[7] Por último, Barclay señala que en el Evangelio de Juan, Jesús caminó sobre la orilla del mar y no sobre el mar: «Jesús estaba caminando sobre la orilla del mar. Eso es lo que la frase significa en nuestro pasaje [...] Jesús estaba caminando [...] a la orilla del mar».[8]

Mientras Barclay interpreta los milagros de Jesús en sus comentarios bíblicos, casi se puede sentir la lucha a la que se enfrenta cuando la Biblia habla de lo sobrenatural, pero la academia ve tales cosas como supersticiosas y primitivas. Gran parte de la obra de Barclay es encomiable y útil, pero tristemente él no es el único que da repetidamente dos opciones para muchos textos milagrosos: una que es fiel a la Biblia, y otra que es fiel a la academia que critica la Biblia. Si recuerdas esta historia, Pedro trató de caminar sobre el agua y lo hizo poco antes de que el pescador entrara en pánico y comenzara a hundirse, y Jesús lo rescató de ahogarse, cosas que no tendrían ningún sentido en la orilla del mar poco profunda. Los milagros de Jesús eran señales que apuntaban a Él como el Rey de un reino sobrenatural. Para ser bíblico, hay que creer en lo sobrenatural. Jesús hizo tantos milagros que la Biblia solo registra algunos de ellos: «Hizo además Jesús muchas otras señales en presencia de sus discípulos, las cuales no están escritas en este libro [...] si se escribieran una por una, pienso que ni aun en el mundo cabrían los libros que se habrían de escribir».[a]

Por otro lado, muchas de las enseñanzas cristianas sobre lo demoníaco de los últimos años que sí creen en lo sobrenatural se combinan con especulaciones descabelladas y el sensacionalismo, los cuales no están anclados en principios bíblicos sólidos. Como resultado, algunos cristianos encuentran que hablar de Satanás y los demonios distrae de la gloria de Dios y la enseñanza bíblica sana. El resultado es que, claro, asentimos ante las grandes cuestiones sobrenaturales como la concepción virginal de Jesús y la resurrección corporal,

---

a Juan 20:30; 21:25

pero más allá de eso muchos cristianos viven como escépticos y no como buscadores de lo sobrenatural.

Afortunadamente, hay un aumento creciente en el trabajo académico creíble sobre lo sobrenatural. Un ejemplo es el trabajo del Dr. Michael Heiser, a quien citaremos a lo largo de este libro.

2. Pensamiento binario

Yo (Mark) basé otro libro que escribí[a] en un extenso proyecto de investigación encargado, con llamadas telefónicas a casi un millón de personas y grupos focales en tres ciudades principales. Toda esta investigación culminó en descubrir la única diferencia fundamental subyacente entre los que creen en la Biblia y los que no. Los cristianos piensan en términos de blanco y negro (pensamiento binario). Los no cristianos piensan en términos de tonos de gris. El pensamiento bíblico es un pensamiento binario.

El cristianismo bíblico requiere un pensamiento en blanco y negro porque es dualista. De principio a fin, la Biblia es totalmente categórica: Satanás y Dios, demonios y ángeles, pecado y santidad, mentiras y verdades, lobos y pastores, no cristianos y cristianos, condenación y salvación, infierno y cielo. Una lista exhaustiva podría llenar un libro, pero usted entiende la idea. La Biblia hace distinciones y juicios claros entre categorías opuestas. La cultura dominante es monista. La cultura no permite pensar en blanco y negro. La cultura se niega a permitir cualquier categoría, porque eso significaría hacer distinciones, lo que al final termina en hacer juicios de valor. En lugar de Satanás y Dios, tenemos un «poder superior». En lugar de demonios y ángeles, tenemos espíritus o fantasmas. En lugar de pecado y santidad, tenemos elección del estilo de vida. En lugar de mentiras y verdad absoluta, tenemos su verdad y mi verdad. En lugar de lobos y pastores, tenemos guías espirituales. En lugar de no cristianos y cristianos, tenemos a todos definidos como hijos de Dios. En lugar de condenación y salvación, tenemos lo que sea que funcione para usted. En lugar del infierno y el cielo, tenemos personas que van a un lugar mejor cuando mueren.

El monismo es una religión. Aunque no siempre formal como el cristianismo, es una visión religiosa del mundo que rechaza el pensamiento dualista. En última instancia, si creemos en las Escrituras, esta es una batalla entre el Dios de la Biblia, que es intolerante, y los dioses de este mundo, que están en guerra contra Él.

A lo largo de este libro estamos asumiendo el pensamiento binario y la

---

a El libro y el proyecto *Christians Might Be Crazy* [Los cristianos pueden estar locos] pueden encontrarse en theresurgence.com.

premisa de que lo que Dios crea, Satanás lo falsifica. Satanás no crea nada, pero sí falsifica, corrompe y roba lo que Dios crea. He aquí algunos ejemplos:

DIOS CREA	SATANÁS FALSIFICA
ángeles	demonios
obediencia	rebelión
verdad	mentiras
lleno del Espíritu	poseído por demonios
pureza	corrupción
humildad	orgullo
perdón	amargura
adoración	idolatría
contentamiento	codicia
paz	temor
unidad	división
pastores	lobos
estima a Dios	autoestima
pacto con Dios	juramento interno con uno mismo
espíritu	carne
libertad	esclavitud
reavivamiento	revuelta
vida	muerte
iglesia	mundo
reino	infierno

3. Culpabilidad colectiva

Según la Biblia, Dios hace responsables de su comportamiento tanto a los espíritus como a las personas. El diablo y sus demonios tientan a otros a participar en sus conspiraciones y planes malvados, y cuando alguien se rinde a Satanás y hace algo demoníaco, tanto la persona como los demonios son considerados responsables. Tristemente, dependiendo de los maestros cristianos que usted escuche, a menudo encontrará un desequilibrio. Algunos culpan de forma errónea a Satanás por todas sus fechorías y reducen la responsabilidad humana. Otros culpan de manera equivocada a las personas por todas las malas acciones y pasan por alto el papel que el reino demoníaco juega en la toma de decisiones humanas pecaminosas.

La Biblia nos muestra cómo Dios trata perfectamente a todos los que pecan. En Génesis 3 vemos el registro del primer pecado humano. Allí,

Dios hace que todos sean responsables. Después del acto pecaminoso, Dios le habla primero al hombre, luego a la mujer y por último al diablo; este es el orden de la responsabilidad.

Dios juzga al hombre primero, haciéndolo responsable de su pecado y la incapacidad de guiar y defender amorosamente a su familia. Para que las derrotas espirituales se detengan y las victorias espirituales comiencen, es imperativo que los hombres de Dios acepten su papel y su responsabilidad por la santidad en sus vidas y familias. Nuestro primer padre, Adán, y la mayoría de sus hijos astutamente tratan de culpar a la mujer y al Dios que la creó, pero Él no tiene culpa alguna. El hombre es responsable de su pecado y no puede señalar a Dios, Satanás o la mujer para hacerse a sí mismo la víctima en lugar del villano.

Dios luego juzga a la mujer, haciéndola responsable por su pecado y su fracaso en lo que respecta a cumplir el mandato de Dios. Ella busca culpar al diablo por su pecado, pero Dios le impone las consecuencias por su pecado sin descuidar el papel de la serpiente. Finalmente, Dios juzga al diablo por su participación en la caída, declarando el veredicto de su derrota y destrucción final una vez que es aplastado bajo los pies de Jesús.

¿Quién es responsable del primer pecado? ¿El hombre? ¿La mujer? ¿El diablo? La respuesta es sí. Este es el principio de la culpabilidad colectiva. Así como múltiples personas pueden ser condenadas y acusadas por su participación en el mismo crimen, cuando el pecado ocurre, muchas personas culpables a menudo están involucradas.

4. «Cielo abajo o infierno arriba»

Como exploraremos en el resto de este libro, hubo una guerra en el cielo que vino a la tierra. El Rey Jesús ha descendido a la tierra y volverá a descender por última vez, trayendo el reino a su paso, a fin de desterrar al diablo y sus demonios al infierno para siempre. Cada día de nuestra existencia en la tierra estamos viviendo en medio de una gran batalla que ha estado librándose desde hace mucho tiempo en el cielo. Cada día nuestras decisiones invitan al cielo a bajar o elevan el infierno a nuestras vidas.

El hermanastro de Jesús, Santiago, usó el pensamiento binario, instando a los cristianos a no permitir que el infierno suba hasta nuestras vidas a través de la sabiduría popular y predominante, la cual es «contra la verdad [...] terrenal, animal, diabólica [...] y [...] perversa», sino más bien que inviten al cielo a bajar a nuestras vidas con la «sabiduría que es de lo alto».[a]

---

a Santiago 3:13-17

Pablo exhortaba: «Poned la mira en las cosas de arriba, no en las de la tierra».[a] Jesús nos enseñó a orar y luego a vivir en el cielo, no en el infierno: «Venga tu reino. Hágase tu voluntad, como en el cielo, así también en la tierra».[b] Cuando vemos al Espíritu descender sobre las personas en la Biblia y en el día de hoy, esto es vivir con el «reino abajo» en vez de con la «cultura arriba».

El mismo Rey que ganó en el cielo vino a la tierra para pelear la misma guerra en un nuevo frente de batalla. Estudiaremos esta guerra a continuación.

---

a Colosenses 3:2
b Mateo 6:5-15

CAPÍTULO 2
DIOS GANÓ SU GUERRA

Después hubo una gran batalla en el cielo: Miguel y sus ángeles luchaban
contra el dragón; y luchaban el dragón y sus ángeles; pero no prevalecie-
ron, ni se halló ya lugar para ellos en el cielo. Y fue lanzado fuera el gran
dragón, la serpiente antigua, que se llama diablo y Satanás, el cual engaña al
mundo entero; fue arrojado a la tierra, y sus ángeles fueron arrojados con él.

—APOCALIPSIS 12:7-9

A NTES DE MORIR, el abuelo Gib (el padre de Grace), como lo llamaban nuestros hijos, se dirigía a Tailandia para mediar en un conflicto significativo que amenazaba a todo un equipo misionero que trabajaba allí. Un poco más viejo y desorientado después de un largo vuelo, el abuelo Gib avanzó en sentido contrario durante una escala en un país extranjero y se alejó bastante del punto de abordaje de su vuelo de conexión, potencialmente perdiéndolo. En ese momento el abuelo Gib fue abordado por un hombre amable que hablaba un inglés perfecto y se ofreció a llevarlo directamente a su vuelo de salida. El extraño entabló una conversación sobre el Señor y fue cálido y cariñoso. El abuelo Gib confió de inmediato y por completo en él.

El desconocido llevó al abuelo Gib y su equipaje hasta su vuelo a tiempo, y cuando el abuelo se volvió para darle las gracias, ya se había ido. Ellos no estaban en medio de una multitud, ni había ninguna otra explicación terrenal para su desaparición. El hombre simplemente se había esfumado. El abuelo Gib le dio gracias a Dios en ese mismo momento, convencido de que había sido visitado por un ángel.

Yo (Mark) pensaba que sabía mucho acerca de los ángeles mientras crecía en medio de una familia católica en una casa que tenía imágenes de ángeles colgando en las paredes. Sin embargo, a medida que fui madurando y empecé a estudiar la Biblia, rápidamente me di cuenta de que mucho de lo que pensamos sobre los ángeles es mito, fábula y folklore. Por ejemplo, la Capilla Sixtina retrata a los ángeles como bebés regordetes con alas y arpas sentados en las nubes. Esta representación no tiene ninguna base en la Biblia y ha contribuido a una percepción errónea continua de los ángeles, incluyendo el mito de que los bebés se convierten en ángeles cuando mueren.

¿Qué hay de usted? ¿Qué piensa de los seres espirituales, incluidos los ángeles?

La Biblia tiene mucho que decir sobre los seres espirituales, hablando de ellos como ángeles, vigilantes, santos, ejército del cielo, los hijos de Dios, la reunión de los dioses, los dioses, las estrellas del alba, las potestades superiores y las huestes celestiales.[a] Un diccionario bíblico, que habla específicamente de los ángeles, afirma que «los "ángeles" se mencionan casi trescientas veces en las Escrituras, y solo están notablemente ausentes de libros como Rut, Nehemías, Ester, las cartas de Juan y Santiago».[1]

Otro diccionario bíblico señala: «Desde el Huerto del Edén hasta el cielo y la tierra renovados, los ángeles se encuentran repetidamente en toda la Biblia. También se habla de estos seres como espíritus, querubines, serafines, hijos de Dios, [y] las huestes celestiales».[2]

Nadie sabe realmente cuántos ángeles existen o si Dios aún crea más ángeles. Sin embargo, la Biblia es clara: hay *muchos* ángeles. Esta utiliza descripciones tales como «muchos millares de ángeles» y «millares de millares le servían, y millones de millones asistían delante de él».[b]

Debido a que prefieren que el enfoque esté puesto en Dios antes que en ellos mismos, no es sorprendente que solo sepamos los nombres de dos ángeles en toda la Biblia. Uno es Gabriel, que les lleva mensajes a los padres de Jesús antes de su nacimiento.[c] El otro es Miguel, a quien se hace referencia en términos militares como un arcángel y príncipe.[d] Ya que los demonios son ángeles caídos que falsifican todo lo que Dios crea, una de las mejores maneras de comprender el reino demoníaco es entendiendo primero el reino angelical.

QUERUBINES Y SERAFINES

No solo hay diferentes rangos de ángeles, sino que también hay diferentes tipos de ángeles y otros seres espirituales. Cuando los ángeles se presentan

---

a   Daniel 4:17; Salmos 89:5; Deuteronomio 4:19-20; 1 Reyes 22:19; 1 Samuel 1:11; Job 1:6; 38:7; Deuteronomio 32:8-9; Salmos 82:1, 6; 89:6; Ezequiel 28:2; Job 38:7; 2 Pedro 2:10; Judas 8; Apocalipsis 19:14
b   Hebreos 12:22; Daniel 7:10
c   Daniel 8:16; 9:21; Lucas 1:19, 26
d   Daniel 10:13; 12:1; Judas 9; Apocalipsis 12:7

en la Biblia, se parecen a los seres humanos. Sin embargo, ese no es el caso con todos los seres espirituales del reino invisible. Tanto los querubines como los serafines cantan en el clásico himno «Santo, santo, santo». Ellos aparecen a lo largo de todo el Antiguo Testamento como seres celestiales alados, comenzando en el árbol de la vida después de que Adán y Eva pecaron, donde les cortan el paso amorosamente para impedirles vivir separados para siempre de Dios.[a] A través de la Biblia los ángeles querubines a menudo se presentan alrededor de la presencia de Dios en el tabernáculo y el templo protegiendo y adorando.[b]

Los serafines aparecen en Isaías 6:1-7:

> Vi yo al Señor sentado sobre un trono alto y sublime [...] Por encima de él había serafines; cada uno tenía seis alas; con dos cubrían sus rostros, con dos cubrían sus pies, y con dos volaban. Y el uno al otro daba voces, diciendo: Santo, santo, santo, Jehová de los ejércitos; toda la tierra está llena de su gloria [...] Entonces dije: ¡Ay de mí! que soy muerto; porque siendo hombre inmundo de labios, y habitando en medio de pueblo que tiene labios inmundos, han visto mis ojos al Rey, Jehová de los ejércitos. Y voló hacia mí uno de los serafines, teniendo en su mano un carbón encendido, tomado del altar con unas tenazas; y tocando con él sobre mi boca, dijo: He aquí que esto tocó tus labios, y es quitada tu culpa, y limpio tu pecado.

TRES FORMAS EN QUE LOS ÁNGELES SE DIFERENCIAS DE LOS SERES HUMANOS

Los ángeles se diferencian de los seres humanos en al menos tres aspectos.

1. Sin género humano

Los ángeles no tienen género.[c] Debido a que los ángeles son seres espirituales que no se reproducen como los hombres y las mujeres, no son masculinos y femeninos como nosotros. Sin embargo, mientras cumplen una tarea asignada un ángel puede aparecer como un hombre o una mujer.

---

a Génesis 3:24
b Éxodo 26:31-33; 36:35; 1 Reyes 6:32, 35; 2 Crónicas 3:14; Ezequiel 1:4-24; 10:5-22; 41:18-19; Hebreos 9:5; Apocalipsis 4:6-8
c Mateo 22:30; Lucas 20:35-36

2. Sin cuerpo humano

Los ángeles no tienen cuerpos, porque son seres espirituales. Sin embargo, los ángeles pueden aparecerse con cuerpos físicos como un soldado puede ir encubierto por el bien de una misión. Génesis 19 narra un suceso ocurrido a la familia extendida de Abraham, que fue salvada de la muerte por «ángeles» que se aparecieron como «varones» y «asieron de su mano, y de la mano de su mujer y de las manos de sus dos hijas, según la misericordia de Jehová para con él; y lo sacaron y lo pusieron fuera de la ciudad» (v. 16). Es por eso que «algunos, sin saberlo, hospedaron ángeles».[a] Sí, es posible que un ángel se haya apareciendo en su vida, pero estaba encubierto, así que simplemente usted pensó que era otra persona. Tal vez en el cielo podamos ver la película proverbial de estas ocasiones y ver nuestras vidas desde la perspectiva de Dios, lo cual sería intrigante.

3. Sin limitación humana

Debido a que no comparten los límites de nuestra humanidad en un cuerpo físico, los ángeles no se enferman, envejecen ni mueren.[b]

SEIS FORMAS EN QUE LOS ÁNGELES Y OTROS SERES ESPIRITUALES SE DIFERENCIAN DE DIOS

Los ángeles y otros seres espirituales son asombrosos, pero no son iguales a Dios. En realidad, hemos encontrado seis aspectos que indican que los ángeles y otros seres espirituales no están en el mismo nivel que Dios.

1. Dios es eterno.

Los ángeles no son eternos ni el Creador como Dios. Todos los seres espirituales distintos de Dios tuvieron un principio cuando su Creador los creó.[c]

2. Dios lo sabe todo.

Dios lo sabe todo (*omnisciente* es el término teológico), pero los seres espirituales creados no.[d] Sin embargo, ellos (incluyendo a los ángeles caídos) han estado observando el comportamiento humano a través de la historia, y como resultado tienen una gran perspicacia y conocimiento, no muy diferente a los de un detective o terapeuta altamente capacitado y experimentado.[e]

---

a Hebreos 13:2
b Lucas 20:35-36; Mateo 22:30
c Nehemías 9:6; Salmos 148:2, 5
d 1 Pedro 1:12
e 1 Samuel 28:3-25; Hebreos 2:14; 1 Corintios 4:19

3. Dios está siempre en todas partes.

Dios está siempre presente (*omnipresente* es el término teológico) y no está limitado a un tiempo o lugar. No obstante, los seres espirituales no están presentes en todas partes; ellos están limitados a encontrarse en un lugar a la vez y tienen que viajar de un sitio a otro. Por ejemplo, para llevarle la noticia a María de que iba a dar a luz a Jesús, «el ángel Gabriel fue enviado por Dios a una ciudad de Galilea, llamada Nazaret».[a]

4. Dios es todopoderoso.

Los seres espirituales no son todopoderosos (*omnipotentes* es el término teológico) como Dios.[b]

5. Dios es soberano.

Los seres espirituales no poseen una autoridad suprema ni son soberanos como Dios. Esto es por el simple hecho de que Dios los creó y gobierna sobre ellos, al igual que lo hace sobre los seres humanos, como el Creador de todas las personas tanto en el reino de lo visible como de lo invisible.

6. Dios es adorado.

Los seres espirituales fueron creados para ser adoradores *de* Dios y no para ser adorados *como* Dios.[c]

A veces las personas se confunden en cuanto a los ángeles y otros seres espirituales, tratándolos como si fueran Dios. Tristemente, la gente comienza a orar a ellos o hasta a adorarlos. Incluso Juan, que escribió cinco libros de la Biblia, se sintió tan abrumado en la presencia de un ángel que aparentemente lo confundió con Dios y lo adoró no una, sino dos veces.[d]

La confusión con respecto a los ángeles y otros seres espirituales puede explicar, al menos en parte, el fenómeno de la vida alienígena. Es posible que lo que algunas personas reportan como encuentros con seres extraterrestres de otro planeta pueda ser en realidad encuentros con espíritus extraterrestres de otro reino. Algunos informes de avistamientos de alienígenas indican que la forma en que se mueven por el cielo desafía las leyes de la gravedad física. Si eso es cierto, tales informes pueden referirse a cosas tales como ángeles o demonios. Algunos reportes de revelación alienígena indican que al menos algunos de estos seres comunican cosas contrarias a

---

a Lucas 1:26
b 2 Pedro 2:11; Apocalipsis 12:7; Daniel 10:10-14
c Hebreos 1:5-13
d Apocalipsis 19:10; 22:8-9

la Biblia. Si eso es cierto, estos encuentros pueden ser entre un ser humano y un demonio que se hace pasar por un extraterrestre.

Los santos ángeles no solo adoran a Dios, sino que también quieren que las personas hagan lo mismo. Es cierto que el misterio que rodea a los seres espirituales angelicales puede ser increíblemente interesante. Esto puede contribuir a la especulación descabellada sobre la actividad angelical y demoníaca, la cual la Biblia prohíbe porque aleja el enfoque de Dios.[a]

Los ángeles y los demonios son reales. Sin embargo, nuestro enfoque debe estar solo en Dios. Jesús nos lo demuestra en Mateo 4:8-11. Allí, Satanás (un ángel caído) le pide a Jesús que lo adore. No obstante, Jesús le contesta: «Vete, Satanás, porque escrito está: Al Señor tu Dios adorarás, y a él sólo servirás» (v. 10). Después de eso, el diablo deja a Jesús y los ángeles le ministran. Jesús se enfocó en el Padre y los ángeles se enfocaron en Jesús, porque el enfoque de los seres humanos y espirituales debe estar en Dios.

LA FAMILIA DIVINA DE DIOS

El Dios trinitario de la Biblia (un Dios en tres personas) es relacional. El Dios de la Biblia no necesita a los seres espirituales o humanos, sino que los crea a ambos para que sean su familia en los reinos de lo visible y lo invisible. La razón por la cual Satanás y los demonios atacan nuestras relaciones es porque eso ataca la esencia misma de la naturaleza de Dios, ya que Él es amoroso, unificado y relacional.

Así como Dios se revela a sí mismo como un Padre y muestra a sus seres humanos como una familia a través de la Biblia, Él hace lo mismo con sus seres espirituales, exhibiéndolos como una familia. Así como en una familia humana algunos de los hijos son elegidos para asumir el liderazgo y responsabilidades adicionales, del mismo modo hay también niveles de liderazgo en la familia divina de Dios: «En el mundo semítico antiguo, *los hijos de Dios* [...] es una frase que se usa para identificar a los seres divinos con responsabilidades o jurisdicciones de nivel superior. El término *ángel* [...] describe una tarea importante pero aun así menor: entregar mensajes».[3]

Refiriéndose a la familia divina de Dios en la creación, leemos acerca de «cuando alababan todas las estrellas del alba, y se regocijaban todos los hijos de Dios».[b] *Las estrellas* constituyen un lenguaje antiguo para los seres divinos que están físicamente entre las personas en la tierra y Dios en el cielo, así como los ángeles lo están espiritualmente. Mientras que Dios estaba creando

---

a Colosenses 2:18
b Job 38:7

al mundo para la humanidad, tanto los ángeles como los seres espirituales llamados los hijos de Dios cantaron en adoración y vitorearon de la misma manera en que nuestros hijos se entusiasmaban cada vez que nacía un nuevo hermano en nuestra familia. Lo mismo sucedió en el nacimiento de Jesús: «Y repentinamente apareció con el ángel una multitud de las huestes celestiales, que alababan a Dios, y decían: ¡Gloria a Dios en las alturas, y en la tierra paz, buena voluntad para con los hombres! [...] los ángeles se fueron de ellos [luego] al cielo».[a] Además, la investigación de la vida de Job ocurrió en la presencia de Dios y de los «hijos de Dios».[b] Dios es un Padre, la Trinidad es una Familia, y Dios lleva a cabo el ministerio con sus hijos espirituales y físicos; el ministerio es un negocio familiar para Dios.

La Biblia a menudo habla de la familia divina de Dios con la palabra hebrea *Elohim*. En algunas ocasiones esta palabra se usa para referirse a Dios. Otras veces hace alusión a la familia divina, así como a otros seres espirituales caídos y demoníacos. Se trata de una palabra general para los seres espirituales en el reino invisible, la cual puede incluir a Dios, los miembros del consejo divino de Dios, los seres angelicales y demoníacos que obran en el mundo, y más.[4]

Un ejemplo se encuentra en Salmos 82:1, que dice: «Dios [Elohim] está en la reunión de los dioses; en medio de los dioses [Elohim] juzga». Michael Heiser explica: «La Biblia hebrea usa el término *elohim* para hablar de cualquier habitante del mundo espiritual. La palabra en sí misma no proporciona ninguna diferenciación entre los seres dentro de ese reino, aunque la jerarquía está ciertamente presente. Yahvé, por ejemplo, es un *elohim*, pero ningún otro *elohim* es Yahvé».[5]

EL CONCILIO DIVINO DE DIOS

En el reino humano, sabemos que Dios obra a través de líderes humanos en el Antiguo Testamento, el Nuevo Testamento y hasta el día de hoy. Lo mismo es cierto en el reino de los espíritus, ya que Dios tiene un equipo de liderazgo de seres espirituales que conforman su concilio divino. A lo largo de la Biblia se hace referencia al concilio divino como «la reunión de los dioses», «la congregación de los santos», «el trono de los dioses», «el monte del testimonio», «los que asistían delante de él» y «las huestes celestiales».[c] La Biblia nos da una pista de que Dios ha convocado a la asamblea divina cuando se muestra sentado en su trono. Obtenemos esta misma imagen de Isaías, Daniel y Juan. Cada uno

---

a Lucas 2:13-15
b Job 1:6
c Salmos 82:1; 89:4-8; Ezequiel 28:2; Isaías 14:12-14; Daniel 7:9-10; Lucas 2:13

fue llevado de este reino al reino invisible y colocado en medio del concilio divino reunido alrededor de Dios entronizado.[a] Jacob también experimentó una visita de Dios, los ángeles y el concilio divino. Ellos bajaron por una escalera para encontrarse con él, y Jacob les dijo: «¡Cuán terrible es este lugar! No es otra cosa que casa de Dios, y puerta del cielo».[b] Jacob entonces le llamó a ese lugar Betel, que significa casa de Dios, porque era por lo menos temporalmente el lugar de reunión del concilio divino de Dios y el lugar de conexión para los dos reinos y las dos familias de Dios.

El concilio divino de Dios hace tres cosas principales.

1. Observan a Dios.

Cuando Dios hace algo, su concilio divino está presente para atestiguar su obra de la misma manera que Moisés vio a Dios dividir el mar Rojo o María vio a Jesús morir por el pecado del mundo. En estos casos, Dios habla con su concilio divino, explicando lo que está haciendo. Cuando era niño, mi papá me llevaba a su lugar de trabajo como obrero de la construcción. Yo empacaba un pequeño almuerzo y me ponía mis botas, pantalones y casco para ir a ver qué hacía mi papá todo el día. Algunas veces él hacía todo el trabajo mientras yo miraba, y me explicaba lo que estaba haciendo. Son comunes los ejemplos de Dios haciendo esto con el concilio divino, incluyendo la creación del hombre y la mujer en Génesis 1:20-28. El versículo 26 dice: «Entonces dijo Dios: Hagamos al hombre a nuestra imagen, conforme a nuestra semejanza». Después de que nuestros primeros padres pecaron, leemos en Génesis 3:22: «He aquí el hombre es como uno de nosotros, sabiendo el bien y el mal».

2. Sirven como mensajeros y ministros.

A fin de pagar la universidad, pasábamos los veranos trabajando en hoteles. El entrenamiento en los hoteles le enseña a usted a pensar en las personas como sus invitados; su trabajo es mejorar sus vidas. Como resultado, reservábamos habitaciones, llevábamos al aeropuerto, transportábamos el equipaje, llamábamos a los taxis, hacíamos reservas para cenar, entregábamos toallas y realizábamos cualquier otra tarea que un huésped quisiera. Todo el personal del hotel tenía la misma misión, y laborábamos largas y duras horas para cuidar de todos. El hotel nunca cerraba, así que el trabajo nunca cesaba.

De alguna manera, los seres divinos (por ejemplo, los ángeles y los hijos de Dios) son el personal de Dios. Al igual que el personal de cocina

---

a Isaías 6:1-6; Daniel 7:9-10; Apocalipsis 4
b Génesis 28:10-22

de nuestro hotel, le llevan comida a la gente hambrienta.[a] Al igual que el personal de seguridad del hotel, también proveen protección física para el pueblo de Dios.[b] Ya que usualmente trabajábamos en el vestíbulo, con frecuencia les proporcionábamos a las personas direcciones y guía para la siguiente etapa de su viaje, y los seres divinos hacen lo mismo por el pueblo de Dios.[c]

Los miembros del personal divino de Dios fueron creados para hacer lo que la mayoría de los buenos miembros del personal de los centros vacacionales hacen: servir como mensajeros y ministros. «[Dios] hace a los vientos sus mensajeros, y a las flamas de fuego sus ministros».[d] Como mensajeros, los ángeles le llevan una palabra de Dios a la gente.[e] Los ángeles ayudaron a llevarle la Ley a Moisés y ayudaron a Zacarías a interpretar la visión que Dios le había dado.[f] Un ángel entregó el mensaje del nacimiento venidero de Juan el Bautista, así como del nacimiento de Jesucristo.[g] Un ángel también les entregó el mensaje de la hora y el lugar de nacimiento de Jesús a los pastores.[h]

Mientras estuvo en la tierra como hombre, Jesucristo fue ministrado por ángeles: «Y luego el Espíritu le impulsó al desierto. Y estuvo allí en el desierto cuarenta días, y era tentado por Satanás [...] y los ángeles le servían».[i]

Un recurso de referencia bíblica resume la obra ministradora de los ángeles diciendo: «¿No son los ángeles espíritus ministradores? (Hebreos 1:14); a sus ángeles mandará que nos guarden (Salmos 91:11; Mateo 4:6; Lucas 4:10); los ángeles asistieron a Jesús (Mateo 4:11; Marcos 1:13); un ángel lo fortaleció (Lucas 22:43); los ángeles son consiervos con los hermanos (Apocalipsis 19:10; 22:9); un ángel alimentó a Elías (1 Reyes 19:5; 1 Reyes 19:7); un ángel del Señor dirigió a Felipe (Hechos 8:26); que el ángel que me liberta de todo mal bendiga a estos jóvenes (Génesis 48:16); si hay un ángel como mediador (Job 33:23); envió a su ángel y liberó a sus siervos que confiaban en él (Daniel 3:28); el pobre hombre murió y fue llevado por los ángeles al seno de Abraham (Lucas 16:22)».[6]

Algunos críticos de lo sobrenatural afirman que Dios no necesita a los ángeles para hacer su trabajo. Eso es cierto. En el reino invisible, Dios

---

a   1 Reyes 19:5-7; Salmos 78:23-25
b   Génesis 19:15; 48:16; Salmos 34:7; 91:11-12; Daniel 3:28; 6:22; Mateo 18:10; Hechos 27:23-24
c   Génesis 24:7; Éxodo 23:20, 40; Hechos 8:26
d   Salmos 104:4
e   Hebreos 2:1-3
f   Hechos 7:52-53; Gálatas 3:19; Zacarías 4:1; 5:5; 6:5
g   Lucas 1:11-20; Mateo 1:20-25; Lucas 1:26-35
h   Lucas 2:8-12
i   Marcos 1:12-13

escoge trabajar con y a través de los siervos angelicales de la misma manera que escoge trabajar con y a través de los siervos humanos en el reino visible. Dios tiene personal en ambos reinos y técnicamente no necesita a ninguno de ellos, pero incluye a los seres espirituales y físicos en su ministerio.

3. En algunas ocasiones, Dios invita al concilio divino a participar en la planificación del ministerio.

Así como Dios delega ciertas decisiones a los líderes del ministerio humano en el reino visible, Él hace lo mismo con los líderes del ministerio espiritual en el reino invisible. Un ejemplo se encuentra en 1 Reyes 22:19-21: «Yo vi a Jehová sentado en su trono, y todo el ejército de los cielos estaba junto a él, a su derecha y a su izquierda. Y Jehová dijo: ¿Quién inducirá a Acab, para que suba y caiga en Ramot de Galaad? Y uno decía de una manera, y otro decía de otra. Y salió un espíritu y se puso delante de Jehová, y dijo: Yo le induciré».

Dios convocó a una reunión de personal con el concilio divino, les informó su plan, y le pidió a alguien que diera un paso adelante y se ofreciera como voluntario para la misión, lo cual hizo un ser espiritual. En esto vemos la naturaleza relacional del liderazgo de Dios, que es la misma manera en que Él opera a menudo con nosotros. Vemos que lo mismo sucede con el ser humano Isaías, que fue invitado a la reunión del concilio divino. Dios preguntó en presencia de los seres espirituales: «¿A quién enviaré, y quién irá por nosotros?». A lo cual Isaías respondió: «Heme aquí, envíame a mí». Dios accedió diciendo: «Anda, y di a este pueblo...».[a]

Desde que nuestros hijos eran pequeños, los hemos incluido en el ministerio. Ellos nos han visto llevar a cabo el ministerio, han ejercido el ministerio con nosotros, y han practicado el ministerio por sí mismos. Queríamos que nuestros hijos aprendieran acerca del ministerio y disfrutaran de amar a Dios sirviendo a las personas. Como resultado, nuestros hijos tuvieron un gran papel en la fundación de The Trinity Church en Scottsdale, Arizona, donde todos servimos al Señor juntos como una familia dirigida por Grace y por mí. La familia de Dios —tanto los seres humanos como los espirituales— ministran juntos, siguiendo el ejemplo de Jesús nuestro Hermano Mayor, y cada familia debe seguir el ejemplo de la familia de Dios.

LA GUERRA DE LA GOBERNACIÓN EN EL CIELO

El mal puede ser muy difícil de entender. ¿De dónde viene? ¿Por qué existe?

Desde los primeros días de la iglesia, los cristianos se han referido

---

a Isaías 6:1-9

comúnmente al mal como una *privación*. En los términos más simples, el mal no es tanto una cosa en sí mismo, sino más bien la corrupción del bien, como el cáncer que se alimenta del cuerpo humano portador de la enfermedad. El cuerpo puede vivir sin cáncer, pero el cáncer no puede vivir sin el cuerpo. Del mismo modo, el bien puede existir sin el mal, pero el mal no puede existir sin el bien. Antes del pecado malvado de la rebelión de los ángeles, solo existía el bien en el reino de Dios. Hoy no hay maldad en el reino celestial de Dios, sino solo bien. Además, cuando Dios complete su proyecto total de redención, todo lo que estará en su reino será bueno, sin ningún mal de ningún tipo. El mal, por lo tanto, únicamente puede falsificar y corromper la buena creación de Dios.

Mientras que solo Dios sabe en verdad por qué el mal ha venido a este mundo, todos saben que algo en este mundo ha ido terriblemente mal. No importa cuántas guerras llevemos a cabo, cuántas elecciones hagamos, cuántas lágrimas derramemos, cuántos dólares gastemos o cuántos medicamentos prescribamos, el mal y el sufrimiento que causa continúan sin disminuir. Dios nos revela en su Palabra tanto la manera en que el mal entró en este mundo como su plan a fin de erradicarlo para siempre. Tal vez porque una relación amorosa requiere una elección, Dios le dio a los ángeles (y más tarde a nuestros primeros padres, Adán y Eva) la capacidad de escoger entre el bien y el mal, lo cual resultó en la rebelión del pecado por parte de algunos ángeles y todas las personas. Este fue un acto de guerra contra Dios y su reino.

Dios es un Rey con un reino, y los miembros de su familia divina sirven como sus soldados militares. Si alguna vez ha conocido a una familia militar que se ama, pero que se enfoca y se fortalece cuando es enviada a una misión, entonces tiene una buena idea de la familia espiritual de Dios.[7]

Por ejemplo, un ejército angelical defiende a Eliseo, los ángeles comienzan una guerra en la tierra en los días de Daniel, el comandante del ejército del Señor visita a Josué, y al final de la era un ángel aparecerá en la tierra blandiendo una hoz aguda con la cual arrasará a las naciones.[a]

Cuando leemos la Biblia, recibimos la revelación y la perspectiva de Dios sobre la guerra en la que nacimos. A través de la Biblia los seres espirituales son desplegados como soldados para sostener y defender al pueblo de Dios.[b] Debemos tener cuidado de no asumir que Dios solo está trabajando cuando lo percibimos. Hay muchas cosas que no vemos. La fe es confiar en que

---

a   2 Reyes 6:15-17; Daniel 10:12-21; Josué 5:13-15; Apocalipsis 14:19
b   1 Reyes 19:5, 7; 2 Reyes 6:17; Salmos 91:11

Dios ve lo que nosotros no vemos y está trabajando a través de su ejército angelical que lucha por nuestro bienestar.

Al igual que un oficial militar al mando que intenta incitar a llevar a cabo un golpe de estado para derrocar a un rey y conquistar un reino, uno de los seres espirituales de más alto rango, también llamado el «hombre fuerte», «príncipe de los demonios» o «príncipe de este mundo»,[a] se llenó de orgullo.[b] Ahora lo conocemos por varios nombres como Satanás, el diablo, el maligno, el príncipe de la potestad del aire, el espíritu del mundo, Belial, el enemigo, el adversario, la serpiente, el dragón, el tentador, el dios de este siglo, y el espíritu falso.[c] En lugar de glorificar a Dios, él quería ser glorificado como dios. En lugar de obedecer a Dios, quería ser obedecido como Dios. En lugar de vivir dependiendo de Dios, quería vivir de forma independiente como su propio dios. En lugar de construir el reino, quería expandir su propio reino. El informe del campo de batalla del reino invisible dice: «Después hubo una gran batalla en el cielo: Miguel y sus ángeles luchaban contra el dragón; y luchaban el dragón y sus ángeles; pero no prevalecieron, ni se halló ya lugar para ellos en el cielo. Y fue lanzado fuera el gran dragón, la serpiente antigua, que se llama diablo y Satanás, el cual engaña al mundo entero; fue arrojado a la tierra, y sus ángeles fueron arrojados con él».[d]

Dios y los ángeles ganaron esa batalla, pero todos los humanos, empezando por nuestros primeros padres, tenemos nuestras propias pequeñas batallas cada día que nos parecen guerras. Después de la gran guerra en el cielo, continuando con la historia de las Escrituras, la escena cambia a un nuevo campo de batalla: la tierra. Jesús dice: «Yo veía a Satanás caer del cielo como un rayo».[e] Con Satanás vinieron los demonios que ahora son llamados principados, autoridades, potestades, tronos, ángeles falsos, gobernantes o poderes, huestes, espíritus elementales y demonios a través de varias escrituras. Exploraremos nuestras batallas en el próximo capítulo.

---

a Mateo 4:8-9; 9:34; 12:24, 29; Marcos 3:22-27; Lucas 4:6; 11:21-22; Juan 12:31; 14:30; 16:11; 1 Juan 5:19

b Isaías 14:11-23; Ezequiel 28:12

c Romanos 16:20; 1 Corintios 5:5; 7:5; 2 Corintios 2:11; 11:14; 12:7; 1 Tesalonicenses 2:18; 2 Tesalonicenses 2:9; 1 Timoteo 1:20; 5:15; Efesios 4:27; 6:11; 1 Timoteo 3:6-7; 2 Timoteo 2:26; Efesios 6:16; 2 Tesalonicenses 3:3; Efesios 2:2; 2 Corintios 6:15; Lucas 10:19; 1 Timoteo 5:14; 2 Corintios 11:3; Apocalipsis 12:9; 1 Tesalonicenses 3:5; 2 Corintios 4:4; 11:4

d Apocalipsis 12:7-9

e Lucas 10:18

CAPÍTULO 3

ADÁN Y EVA PERDIERON NUESTRA GUERRA

La serpiente era más astuta que cualquier otra bestia
del campo que Jehová Dios había hecho.

—Génesis 3:1

En Corea del Norte, un líder endiosado controla los medios de comunicación y perpetúa la historia de que él es bueno y otras naciones son una amenaza; a las personas le lavan el cerebro para que crean que debe vivir en completa obediencia a su gobernante o arriesgarse a ser destruida por los extranjeros. Esta historia se incluye en el plan de estudios de los escolares, los cuales aprenden acerca de su dios dictador, le cantan canciones y le prometen lealtad. Incluso estudian los diez principios del régimen, que son la versión de sus dioses de los Diez Mandamientos. Este es otro ejemplo de cómo Dios crea y Satanás falsifica, un tema crucial y constante en la Biblia con respecto a la guerra espiritual.

El plan de estudios de los escolares norcoreanos incluye pinturas propagandísticas de soldados de Estados Unidos y otras naciones que asesinan a niños coreanos. Durante el recreo se anima a los niños a turnarse para apuñalar y golpear a maniquíes vestidos como soldados estadounidenses. Cuando se refieren a los estadounidenses, los niños deben llamarlos «bastardos norteamericano» o «demonio yanqui».[1]

Jang Jin Sung, un poeta norcoreano que trabajó en la oficina de propaganda de su país antes de desertar para ir a Corea del Sur, le llama a esto una «dictadura emocional».[2] El autor Yeonmi Park explica:

En Corea del Norte, no basta con que el gobierno controle adónde usted va, qué aprende, dónde trabaja y qué dice. Ellos necesitan controlarlo a través de sus emociones, convirtiéndolo en un esclavo del estado al destruir su individualidad y su habilidad para reaccionar ante situaciones basándose en su propia experiencia del mundo.

Esta dictadura, tanto emocional como física, se refuerza en todos los aspectos de su vida. De hecho, el adoctrinamiento comienza tan pronto como usted aprende a hablar y es llevado en la espalda de su madre a las reuniones del *inminban* a las que todo el mundo en Corea del Norte tiene que asistir al menos una vez a la semana. Aprende que sus amigos son sus «camaradas» y así es como se dirigen los unos a los otros. Se le enseña a pensar con una sola mente.[3]

Cuando consideramos que los niños nacidos en esta realidad están esencialmente cautivos en una guerra y un lavado de cerebro, esto nos recuerda que toda la raza humana es muy parecida a Corea del Norte. Todos hemos nacido en el lado equivocado de una guerra, bajo el liderazgo de un dios falso, y nos alimentamos con una dieta constante de miedo y propaganda a través de los medios de comunicación que consumimos, el entretenimiento que disfrutamos y las escuelas a las que asistimos.

Corea del Norte funciona como un culto demoníaco. Cuando la Biblia dice que Satanás es el dios de este siglo y la gente está cautiva, habla de gente nacida en un mundo que es como un culto.[a] Satanás es el dictador de nuestro planeta, gobernando como un dios y controlando a todos en su reino al lavarles el cerebro desde su nacimiento.

Mientras escribíamos este capítulo, recibimos noticias de una capacitación «educacional» obligatoria en otro estado. Amigos nuestros que aman a Jesús tienen niños allí y recibieron un correo electrónico notificándoles de una «Cumbre de Equidad» obligatoria para todos los estudiantes, el cual decía: «Esta será una maravillosa oportunidad para que los estudiantes y el personal participen juntos durante un día para ganar más conocimiento y conciencia sobre temas relacionados con la igualdad. El día comenzará con una bienvenida del [...] alcalde».[4] Usted podría pensar que eso parece inofensivo, pero mientras lee más adelante, pregúntese si esto no es más que adoctrinamiento o falsa construcción del reino como Corea del Norte. Aquí están algunas de las opciones de lectura que los estudiantes se vieron obligados a elegir:

---

a   2 Corintios 4:4; Lucas 4:18; Gálatas 3:23; Efesios 4:8

Respetabilidad de la femineidad

¿Quién llega a definir la femineidad? [...] miraremos los legados históricos de la colonización, el patriarcado y la blancura étnica para desmantelar cómo y por qué excluimos a ciertas mujeres [...] ¿Qué partes de nuestra femineidad suprimimos para complacer a la mirada de la raza masculina y blanca? Aprendamos a desmantelar estos conceptos problemáticos y coloniales, y demos un paso completo y poderoso hacia nuestra femineidad autodefinida.

Hablemos de sexo(ualidad y género)

¡Todos somos seres con un género, sexuados y sexuales! Y sin embargo, muchos de nosotros no conocemos las diferencias entre sexo, género y sexualidad [...] ¡Los participantes se irán con información nueva y estrategias para hacer que su comunidad sea más inclusiva en el camino hacia la igualdad! Este taller beneficiará especialmente a los estudiantes y aliados de los homosexuales y transexuales de color (QTPOC), de la comunidad LGBT+ y de las personas de color (POC).

De dos a unos pocos

Nuestra sociedad está llena de blanco y negro, uno de los dos [...] explicaremos la perspectiva tradicional de nuestra sociedad de la sexualidad y el género, y explicaremos los beneficios de vernos a nosotros mismos en un espectro, con muchas posibilidades e identidades diferentes que no están representadas a través del modelo binario.[5]

No es de extrañar que gran parte de la guerra cultural esté relacionada con cuestiones de identidad, género, matrimonio y sexualidad. Todo esto comenzó en Génesis 3 cuando Satanás llegó a confundir la identidad humana, invirtió los roles de género y arruinó el matrimonio, lo cual resulta en una rebelión y disfunción sexual en los capítulos restantes de Génesis y la historia humana.

SU GUERRA VIENE DESPUÉS DE SU BODA

El argumento de la Biblia es boda y luego guerra. Satanás no se apareció hasta que un hombre y una mujer se casaron con un llamado al ministerio en sus vidas. Lo primero que hizo el enemigo fue atacar el matrimonio, separando al esposo y la esposa para poder destruir su familia y su legado. La guerra espiritual comienza atacando la relación de una pareja casada. Si usted está casado ahora o se casará algún día, necesita saber que después de su boda viene una guerra para su familia y su legado.

Génesis 3 es uno de los capítulos más importantes de toda la Biblia. El mismo explica la fuente y la solución del pecado y la muerte. El escenario es el jardín hermoso y perfecto que Dios hizo para que nuestros primeros padres vivieran juntos sin la presencia del pecado y sus muchos efectos.

¿Por qué vino Satanás al Huerto del Edén? Probablemente porque era el lugar de las reuniones del concilio divino de Dios. A través de la Biblia, Dios ha escogido un punto de conexión en la tierra entre los reinos de lo visible y lo invisible. Algunos ejemplos incluyen el tabernáculo, el templo, y por supuesto el cuerpo de Jesucristo. El primer lugar elegido por Dios para las reuniones del concilio divino fue el Edén. «El Edén era el hogar *de Dios* en la tierra. Era su residencia. Y donde vive el Rey, se reúne su consejo».[6]

El encuentro entre Satanás, Adán y Eva era probablemente común, y no fue la primera vez que la pareja se encontraba allí con un ser espiritual. Esto podría explicar por qué no estaban asombrados o temerosos. Hasta que el pecado entró en el mundo y ocurrió la separación, los miembros humanos y divinos de la familia de Dios posiblemente interactuaron entre sí, en particular en el lugar de reunión del concilio divino del Edén. Esto también explica por qué un ángel guardó el Edén después de que nuestros primeros padres fueron removidos del concilio divino al pecar: la familia fiel de Dios removió a su familia caída del hogar compartido.

La entrada de la serpiente conocida como Satanás[a] marca el comienzo del caos en la creación. Se le llama «astuta», lo que significa que es sagaz, engañosa e increíblemente peligrosa. Satanás comenzó por tentar a Eva a desconfiar de la Palabra de Dios cambiando su significado, tal como lo hizo también cuando tentó a Jesús. En vez de reprender a Satanás, Eva se entretuvo con sus mentiras y fue posteriormente engañada por medio de sus argumentos astutos.[b] Satanás acusó de forma audaz a Dios de ser un mentiroso; tentó el orgullo de Adán y Eva al declarar que si desobedecían a Dios, podían convertirse en sus iguales y dioses ellos mismos. Satanás invitó a la humanidad, comenzando con un esposo y una esposa, a unirse a él y sus demonios en su intento de golpe de estado contra Dios: ahora él estaba continuando en la tierra la misma batalla que había perdido en el cielo. Repito, este ataque se produjo en el ámbito de la reunión del concilio divino que se celebraba en el Edén, donde Dios y sus dos familias —la angélica y la humana— solían

---

a Apocalipsis 12:9; 20:2
b Juan 8:42-47; 2 Corintios 11:3; 1 Timoteo 2:14

encontrarse. Dios tuvo la intención desde el principio de que sus dos familias trabajaran juntas tanto en el ámbito físico como en el espiritual.

El Señor había hecho un «jardín de la gracia» con un «árbol de la ley». Adán y Eva eran libres de comer de cualquier árbol con una excepción. La táctica de Satanás fue y es tergiversar a Dios para que vivamos en un «jardín de la ley» con muchas reglas y restricciones. La verdad es que Dios es un Padre misericordioso, y cuando dice que no, es solo para mantener a sus hijos fuera de peligro. De otro modo, tenemos una gran libertad. Él es como un padre que abastece la nevera y la despensa con buena comida y golosinas y les dice a los niños que no beban la lejía que está debajo del fregadero.

¿Cómo es que el enemigo sigue usando esta estrategia para destruirlo? ¿Tiene usted problemas con lo que *se siente* bien, como el sexo, la comida, las drogas y el alcohol? ¿Lucha con lo que *se ve* bien, como la pornografía, las posesiones de otros, y su propia apariencia y reputación? ¿Batalla con el orgullo y la necesidad de ser el primero, sentirse respetado, admirado, agradecido, apreciado y honrado? Si es así, está experimentando una guerra espiritual.

EL GOBIERNO PIADOSO TIENE UNA DIRECCIÓN SINGULAR Y UN LIDERAZGO PLURAL

El gobierno de Dios tiene al Padre como la cabeza singular, y el Hijo y el Espíritu se unen a Él en un liderazgo plural. El gobierno del hogar tiene al marido como cabeza singular, y al marido y a la mujer como líderes plurales. El ataque demoníaco se enfoca en los líderes, porque desde la guerra en el cielo Satanás está intentando convertirse en la cabeza singular en cada ámbito. Entender la dirección singular y el liderazgo plural nos ayuda a entender la guerra satánica en el Edén y explica por qué Satanás atacó a:

- el Padre en el cielo;
- Adán (como cabeza de la raza humana en la tierra);
- Jesús (como la nueva cabeza de la raza humana en la tierra); y
- Pedro (como cabeza humana de la iglesia primitiva).

Trágicamente, Adán permaneció en silencio mientras ocurrían todos los intentos de golpe de estado en la tierra; no logró guiar a su familia en santidad. «[Eva] dio también a su marido [Adán], el cual comió así como ella».[a]

---

a Génesis 3:6

El pecado de Eva fue por *comisión*: ella hizo lo que estaba prohibido; el pecado de Adán fue por *omisión*: él no hizo nada.

Este patrón demoníaco continúa. Satanás ataca al matrimonio y la familia mientras que los hombres pasivos, silenciosos, no relacionales e inactivos no dicen ni hacen nada. Prácticamente, esto se ve como un hogar en el que mamá lee la Biblia, ora y va a la iglesia con los niños, mientras que papá se sienta al otro lado de su tobogán, sin hacer esas cosas ni guiar a su familia espiritualmente.

Adán se unió a su esposa en el pecado, lo cual trajo vergüenza, desconfianza y la separación relacional entre Adán y Eva, así como entre nuestros primeros padres y Dios. Entonces Dios vino a buscar al hombre, haciéndolo responsable de la condición pecaminosa de su familia por ser su cabeza. El patrón es crucial: aunque Eva pecó primero, Dios consideró a Adán responsable en primer lugar, porque él era el jefe singular de su familia. «Jehová Dios llamó al hombre, y le dijo: ¿Dónde estás tú?».[a]

Dios les hace la misma pregunta a todos los hijos de Adán. Para los hombres que leen esto: «¿Dónde están ustedes?». ¿Están haciendo el trabajo que Dios les ha dado de dirigir con amor en su casa, trabajo, iglesia y comunidad? La cuestión no es si el hombre es la cabeza o no, sino si está haciendo su trabajo o no.

En vez de arrepentirse de su pecado y hacerse responsable de su fracaso épico, Adán discutió con Dios culpando a Eva por su pecado y culpando a Dios por crear a Eva. Eva tampoco se arrepintió de su pecado y culpó a la serpiente por engañarla. Nosotros también culpamos a otros igual que nuestros primeros padres.

Después de la caída, Dios maldijo a las partes involucradas como castigo por su pecado. Por unirse a los ángeles caídos en el intento de golpe de estado contra Dios, a nuestra primera madre se le adjudicó más dolor en el parto y una lucha para mantener la armonía con su esposo.[7] Hablando prácticamente, esta es la razón por la que muchas mujeres luchan por ser esposas y madres.

El trabajo de nuestro primer padre se convirtió en una tarea ardua a medida que la maldición del pecado se extendía a toda la creación, incluyendo la tierra en la que laboraba. En términos prácticos, esto significa que mientras los hombres buscan trabajar en sus empleos y pagar sus cuentas, estarán continuamente tan frustrados con lo que se supone que se encuentra bajo *su* dominio como Dios lo está con el hombre rebelde que también se supone que se halla bajo *su* dominio. Para los hombres esto significa que las luchas vendrán principalmente en dos formas: una carrera en el trabajo y un pacto con una esposa.

---

a   Génesis 3:9

Dios trató con gracia y bondad al hombre y la mujer a pesar de que habían pecado. Él amorosamente vistió a Adán y Eva para protegerlos y cubrir su vergüenza. También desterró a la pareja lejos del árbol de la vida, pues de otra manera habrían vivido en pecado para siempre sin esperanza de redención. A fin de asegurarse de esto, Dios puso de guardia a sus fieles soldados angelicales. La primera mención de cualquier ser espiritual santo que no sea Dios en la Biblia aparece en Génesis 3:24: «Echó, pues, fuera [Dios] al hombre, y puso al oriente del huerto de Edén querubines, y una espada encendida que se revolvía por todos lados, para guardar el camino del árbol de la vida». Cuando Adán y Eva comieron el fruto prohibido, el primer mal que sintieron fue su pecado, el primer mal que hicieron fue esconderse, y el primer mal que dijeron fue culpar a alguien más. Por lo tanto, la manera de librar una guerra espiritual y derrotar a lo demoníaco es aceptando nuestro pecado, corriendo hacia Dios y confesando la verdad, asumiendo la responsabilidad de todo lo que hemos hecho.

NACIDO EN LA BATALLA

Como cabeza, Adán era el representante y padre de toda la humanidad, y cuando pecó y perdió el favor de Dios, también lo hizo cada persona que alguna vez vivió. Uno de los grandes mitos demoníacos es que cada uno de nosotros es un individuo aislado nacido en este mundo con una pizarra en blanco y capaz de determinar nuestro propio destino. Sin embargo, el hecho es que cada uno de nosotros nace en el lado equivocado de una guerra. Cuando Adán pecó, decidió por cada miembro de la familia humana.

> «Como el pecado entró en el mundo por un hombre, y por el pecado la muerte, así la muerte pasó a todos los hombres, por cuanto todos pecaron».[a]

> «Por cuanto la muerte entró por un hombre [...] en Adán todos mueren».[b]

Usted nació como un rebelde en la guerra contra Dios. Esta rebelión es parte de su naturaleza, ya que según la Biblia somos pecadores por naturaleza desde la concepción.[c]

Después de maldecir a Adán y Eva, Dios maldijo a la serpiente por lo que había hecho. Se le aseguró que un día sería derrotada por la «simiente»

---

a Romanos 5:12
b 1 Corintios 15:21-22
c Salmos 51:5; 58:3; Isaías 64:6; Romanos 3:23; 5:10; Efesios 2:3

de la mujer, que es Jesús.ª Los teólogos le han llamado por mucho tiempo a la promesa de Jesús en Génesis 3:15 el *protoevangelion* (primer evangelio), ya que Dios predica la esperanza de salvación por primera vez. Su ángel la predicará en la tierra por última vez antes de que la eternidad sea introducida.ᵇ En el medio de la historia nos unimos a Dios y a los ángeles proclamando las buenas nuevas de Jesucristo.

Oponiéndose al ministerio de Dios para hacer avanzar el reino hay fuerzas demoníacas, seres espirituales caídos que están en guerra. Pablo escribió algunos de los pasajes bíblicos más enfocados en la guerra con el reino demoníaco. Su meta era equipar a las iglesias locales, porque ellas se encuentran en el frente de la guerra.

Estos son los términos que Pablo usa al describir a los «príncipes de este siglo» (1 Corintios 2:6, 8), a las «potestades en los lugares celestiales» (Efesios 3:10), y «al príncipe de la potestad del aire» (Efesios 2:2). Pablo a menudo intercambió estos términos con otros que son familiares a la mayoría de los estudiantes de la Biblia:

- principados (*archē*)
- gobernadores/autoridades (*exousia*)
- poderes (*dinamis*)
- dominios/señoríos (*kyrios*)
- tronos (*thronos*)[8]

Es importante notar que no hay posibilidad de salvación para los ángeles que pecaron. Solo hay una posibilidad de salvación para las personas pecadoras. Dios podría habernos tratado como a los demonios y simplemente arrojarnos a cada uno de nosotros «al fuego eterno preparado para el diablo y sus ángeles».ᶜ Evidentemente, «Dios no perdonó a los ángeles que pecaron, sino que arrojándolos al infierno los entregó a prisiones de oscuridad, para ser reservados al juicio».ᵈ En vez de este destino justo en el infierno, a las personas se les brinda la posibilidad de ir al cielo y recibir la gracia del perdón por medio de Jesucristo. Este es uno de los grandes misterios de nuestra fe. Algunos se preguntan cómo Dios pudo enviar a alguien al infierno. La verdadera pregunta es, ¿cómo podría Dios llevar a alguien al cielo? Exploraremos esto en el próximo capítulo.

---

a   Gálatas 3:16
b   Apocalipsis 14:6
c   Mateo 25:41
d   2 Pedro 2:4

CAPÍTULO 4
JESÚS GANÓ SU GUERRA

Para esto apareció el Hijo de Dios, para deshacer las obras del diablo.

—1 JUAN 3:8

MBOS CONSIDERAMOS A un antiguo predicador bautista llamado Charles Spurgeon como uno de nuestros maestros bíblicos favoritos. En uno de sus mejores sermones, Spurgeon ofrece imágenes vívidas de la victoria de Jesucristo en la cruz. El siguiente extracto de ese sermón ayudará a establecer el tono para el resto de este capítulo.

> Satanás vino contra Cristo; tenía en su mano una espada afilada llamada la Ley, sumergida en el veneno del pecado, de tal manera que toda herida que la ley infligía era mortal. Cristo arrancó esta espada de la mano de Satanás, y allí quedó el príncipe de las tinieblas desarmado. Su casco estaba hendido en dos y su cabeza se hallaba aplastada como con una vara de hierro. La Muerte se levantó contra Cristo. El Salvador le arrebató su aljaba, vació todos sus dardos, los cortó en dos, le devolvió a la Muerte los extremos finales, pero guardó las púas envenenadas, para que esta nunca pudiera destruir a los rescatados. El pecado vino contra Cristo; pero el pecado fue cortado en pedazos [...] ¿todos sus enemigos, y míos, totalmente desarmados? Satanás no tiene nada que le quede ahora para atacarnos [...] La corona le ha sido arrebatada a Satanás [...] Su poder reinante ha desaparecido. Él puede tentar, pero no puede forzar; puede amenazar, pero no puede someter [...] Si Cristo en la cruz ha despojado a Satanás, no tengamos miedo de encontrarnos con este gran enemigo de nuestras almas [...] No temamos. El resultado de la batalla es seguro, porque así como el Señor nuestro Salvador ha vencido

una vez, así también nosotros venceremos en él. No temamos con un miedo repentino cuando el maligno venga sobre nosotros [...] Levante la cruz delante de usted [...] Por medio de esta gran tribulación heredará el reino [...] Suba contra ellos, coloque sus pies sobre sus cuellos, no tema, ni se amedrente, porque la batalla es del Señor y Él los entregará en sus manos. Sea muy valiente, recordando que tiene que luchar con un dragón sin dardos. Es posible que silbe, pero sus dientes están rotos y su colmillo envenenado ha sido extraído. Usted tiene que luchar contra un enemigo que ya está marcado por las armas de su Maestro [...] No tenga miedo. El león puede aullar, pero nunca podrá desgarrarlo en pedazos. El enemigo puede precipitarse sobre usted con un ruido espantoso y alarmas terribles, pero no hay una causa real para el miedo. Permanezca firme en el Señor. Luche contra un rey que ha perdido su corona [...] Regocíjese, regocíjese en el día de la batalla, porque para usted no es más que el principio de una eternidad de triunfo.[1]

LOS ÁNGELES Y JESÚS

El Hijo de Dios nació como el bebé de José y María, llevando la batalla del cielo a la tierra. Dios envió a un ángel para decirles que Jesús iba a venir. ¿Puede imaginarse la enormidad de esta experiencia? Nadie había ido nunca a la ciudad recóndita de Nazaret. Entonces un ángel se aparece para anunciarle a una improbable joven su elección para la tarea más importante jamás asignada a un mero mortal.

Este fue justo el comienzo del ministerio angélico en la vida de Jesús. En realidad, los ángeles sirvieron durante la vida terrenal de Jesús de trece maneras:

1. Un ángel hizo la promesa sobre el nacimiento y el ministerio de Juan el Bautista.[a]

2. Un ángel lo llamó Jesús.[b]

3. Un ángel le dijo a María que había sido elegida para ser la madre virgen de Jesús.[c]

4. Un ángel les dijo a María y José que criaran a Jesús. [d]

---

a Lucas 1:11-17
b Mateo 1:21; Lucas 1:13
c Mateo 1:20-21; Lucas 1:26-37
d Mateo 1:20-21

5. Los ángeles les anunciaron a los pastores que Jesús había nacido.[a]

6. Los ángeles adoraron a Jesús en su nacimiento.[b]

7. Los ángeles les advirtieron a los padres de Jesús de la matanza que se avecinaba para que pudieran huir a Egipto.[c]

8. Los ángeles fortalecieron a Jesús después de enfrentarse a las tentaciones de Satanás.[d]

9. Un ángel fortaleció a Jesús en Getsemaní antes de ir a la cruz.[e]

10. Un ángel hizo rodar la piedra a la entrada de la tumba de Jesús.[f]

11. Un ángel les informó a dos mujeres en la tumba vacía que Jesús había resucitado.[g]

12. Dos ángeles consolaron a María Magdalena y la reunieron con Jesús.[h]

13. Los ángeles prometieron que Jesús vendría de nuevo.[i]

Y en un acontecimiento aún por venir, los ángeles declararán la victoria de Jesús y pasarán a la historia con Él para la guerra al final.[j]

LOS ATAQUES DE SATANÁS A JESÚS

No solo los ángeles sirvieron a Jesús, sino que el ataque de Satanás a Jesús también comenzó cuando Él era solamente un niño. El rey Herodes decretó que todos los primogénitos fueran condenados a muerte en un esfuerzo por asesinar a Jesús cuando era niño. A través de un ángel, Dios advirtió a los padres de Jesús sobre el plan, y ellos huyeron a Egipto como refugiados para salvar la vida del niño.

Jesús fue atacado más tarde por Satanás el tentador, quien le ofreció una vida mucho más fácil que aquella que Dios el Padre había planeado para Él. Dios envió a Jesús a la tierra para vivir una vida sin pecado y morir en la cruz por los pecadores. En contraste, Satanás le ofreció un reino sin cruz y prometió que Jesús podría gobernar en gloria y poder sin

a   Lucas 2:8-15
b   Lucas 2:13-14
c   Mateo 2:13, 20
d   Mateo 4:11
e   Lucas 22:43
f   Mateo 28:2
g   Mateo 28:5-7; Lucas 24:4-7; Juan 20:11-14
h   Juan 20:11-14
i   Hechos 1:10-11
j   Apocalipsis 1:1; 19:9; 22:1, 6, 16

ninguna oposición o crucifixión siempre y cuando se inclinara en honor a Satanás. Tanto el Padre como el diablo le ofrecieron a Jesús lo mismo: se sentaría a la derecha de un rey y gobernaría sobre un reino. La única diferencia era que el Padre le ofrecía un camino de dolor, y el diablo un camino de placer.

Un antiguo predicador puritano llamado Thomas Brooks escribió un libro perspicaz sobre la guerra espiritual, *Precious Remedies Against Satan's Devices* [Remedios preciosos contra los dispositivos de Satanás]. Brooks utiliza una metáfora de pesca para explicar que el enemigo lo hará morder el anzuelo con cualquier cosa que usted encuentre deseable: sexo, dinero, poder, placer, fama, fortuna y relaciones. La meta de Satanás es que muerda el anzuelo sin verlo. Y una vez que el mismo está en su boca, él entonces enrolla la cuerda para apalearlo y despedazarlo. A menudo, Satanás astutamente ceba el anzuelo con cosas buenas ofrecidas para usos pecaminosos.

El telón de fondo de toda la vida de Jesús es la guerra espiritual. Antes de llegar a la cruz, Satanás casi hizo que Pedro se uniera a la rebelión demoníaca, pero Jesús oró por él: «Simón, Simón, he aquí Satanás os ha pedido para zarandearos como a trigo; pero yo he rogado por ti, que tu fe no falte».[a] Satanás tratará de reclutarlo también en su rebelión, pero la buena noticia es que Jesús ora continuamente por usted, ya que permanece «viviendo siempre para interceder».[b] La próxima vez que esté en medio de una guerra con el enemigo, haga una pausa y visualice a Jesucristo sentado a la derecha del Padre orando para que usted gane su guerra.

Cristo Jesús [. . .] está a la derecha de Dios e intercede por nosotros.[c]

Judas Iscariote le dio la bienvenida a Satanás[d] y conspiró con él a fin de traicionar a Jesús y entregarlo para que fuera crucificado. Todo esto constituyó una guerra espiritual. A través de la cruz, Satanás y sus demonios pensaron que finalmente habían derrotado a Jesús. Si nos imaginamos al Señor Jesús colgando en la cruz, ensangrentado y muriendo, pareciera que el diablo por fin ha ganado. Isaías 45:15 declara: «Verdaderamente tú eres Dios que te encubres». En la cruz, Jesús escondió su victoria en la derrota, escondió su gloria en la vergüenza, y escondió nuestra vida en su muerte.

a Lucas 22:31-32
b Hebreos 7:25
c Romanos 8:34, NVI
d Juan 13:27

En la cruz, Jesús sangró y murió por usted, y por medio de la fe cuando mira a la cruz, usted ve que Él haría cualquier cosa para vencer a su enemigo común. En consecuencia, las palabras de Jesús desde la cruz: «Consumado es», son su anuncio de nuestra liberación. Crucificar a Jesús fue el error más grande que el diablo haya cometido jamás. «Los gobernantes de este mundo no lo entendieron; si lo hubieran hecho, no habrían crucificado a nuestro glorioso Señor».[a] Satanás y los demonios no vieron su error fatal, porque les faltaba la vista de la fe y no entendían la humildad de Jesús.

JESÚS EL ANIQUILADOR DE DRAGONES

Una de las Escrituras más poderosas emocionalmente acerca de la victoria de Jesús sobre Satanás, el pecado y la muerte dice:

> Y a vosotros, estando muertos en pecados y en la incircuncisión de vuestra carne, os dio vida juntamente con él, perdonándoos todos los pecados, anulando el acta de los decretos que había contra nosotros, que nos era contraria, quitándola de en medio y clavándola en la cruz, y despojando a los principados y a las potestades, los exhibió públicamente, triunfando sobre ellos en la cruz.[b]

Las imágenes en este versículo de Colosenses provienen de las grandes victorias de batalla celebradas en la antigüedad. Jesús es nuestro aniquilador de dragones que vino a derrotar a nuestro enemigo el dragón y nos liberó.

Anhelamos la derrota final del dragón con el regreso de Jesús. Sin embargo, la autoridad del diablo y sus demonios en nuestras vidas ya ha terminado. Jesús nos ha liberado completamente de todas nuestras obligaciones y acuerdos con el dragón, permitiéndonos vivir de acuerdo a la siguiente escritura:

> Vivan de manera digna del Señor, agradándole en todo. Esto implica dar fruto en toda buena obra, crecer en el conocimiento de Dios y ser fortalecidos en todo sentido con su glorioso poder. Así perseverarán con paciencia en toda situación, dando gracias con alegría al Padre. Él los ha facultado para participar de la herencia de los santos

---

a 1 Corintios 2:8, NTV
b Colosenses 2:13-15

en el reino de la luz. Él nos libró del dominio de la oscuridad y nos trasladó al reino de su amado Hijo, en quien tenemos redención, el perdón de pecados.[a]

Aunque derrotado, Satanás y sus demonios no serán destruidos hasta el juicio final en el trono blanco de Jesús.[b] Posteriormente su obra continúa en la tierra, lo que significa que debes caminar con sabiduría. El diablo y sus demonios no tienen autoridad legal sobre ningún creyente. Ellos pueden aprovecharse de nuestro pecado, necedad, debilidad, miedo, incredulidad y cosas por el estilo. Sin embargo, en la cruz de Cristo fueron cancelados toda propiedad, dominio y condenación suyos con respecto a nosotros. Para aquellos que pertenecen a Cristo y creen en Él, todos los lazos demoníacos formados a través del pecado, los votos de culto, el pecado generacional y la participación en el reino demoníaco fueron anulados y derogados para siempre en virtud de la victoria completa y total de Jesucristo. Nuestro ministerio es creer y ejercer esa autoridad.

A pesar de ser un enemigo condenado y sin fuerzas, el viejo dragón sigue siendo astuto, como dice la Escritura. Su objetivo es siempre el mismo: obstaculizar y dañar nuestras relaciones, empezando por nuestra relación con Dios. Para engañarnos, Satanás, el espíritu impío, usará varias tácticas sobre las cuales la Biblia, nuestra guía de campo para la guerra, nos advierte.[c] El resto de este libro es un plan de batalla a fin de aprender las tácticas del espíritu impío y emplear estrategias para ganar nuestra guerra a través del poder del Espíritu Santo. En el próximo capítulo estudiaremos en profundidad lo que significa Juan 8:36: «Si el Hijo os libertare, seréis verdaderamente libres».

a   Colosenses 1:10-14, NVI
b   Apocalipsis 20:11-15
c   2 Corintios 2:11

CAPÍTULO 5

GANE SUS GUERRAS

*El caballo se alista para el día de la
batalla; Mas Jehová es el que da la victoria.*

—Proverbios 21:31

L A Segunda Guerra Mundial fue la guerra más destructiva y sangrienta en la historia del planeta. Más de treinta naciones estuvieron involucradas en la batalla durante seis años, comenzando con la invasión nazi de Polonia en 1939 bajo el liderazgo de Adolfo Hitler. Los historiadores estiman que entre cuarenta y cincuenta millones de personas murieron debido a que un hombre trató de gobernar como un dios falso con el poder demoníaco sobre muchas naciones.

Al final de la guerra, a pesar del suicidio de Hitler y la rendición firmada de su sucesor Karl Dönitz, las contiendas individuales continuaron. Como sucede a menudo en la guerra, algunos soldados alemanes siguieron luchando mucho después de que su nación fuera derrotada y las naciones triunfantes hubieran llevado a cabo sus desfiles de la victoria. Algunos se negaron a aceptar la realidad de que su reino había caído. A otros no les importaba que fueran derrotados y simplemente querían infligir todo el dolor y la muerte que pudieran.

La guerra entre Dios y Satanás es muy parecida a la Segunda Guerra Mundial. En la cruz de Jesucristo, Satanás fue derrotado. Sin embargo, las contiendas continúan hasta que nuestro Rey regrese de una vez por todas a reunir a los pueblos y espíritus rebeldes y sentenciarlos a una prisión eterna a medida que su reino se establece en todas las naciones de la tierra. Estas contiendas que tienen lugar en su vida no son la gran batalla. ¡El Rey Jesús ya ganó esa! Sus batallas se libran en el contexto de una guerra que ha terminado con un enemigo que es derrotado y que finalmente será desarmado y destruido.

CUANDO CESAN LAS GUERRAS

Una noche nos encontrábamos acurrucados en el sofá viendo la televisión hasta altas horas de la madrugada, yendo y viniendo de un canal a otro. Cuando nos detuvimos en el History Channel, a pesar de que mostraban imágenes de la Segunda Guerra Mundial llenas de suspenso, no nos sentimos ansiosos ni alarmados. Por otro lado, mientras veíamos las imágenes en tiempo real en el canal de noticias, estábamos notablemente más agitados y ansiosos. ¿Por qué? Conocemos el final de las noticias antiguas, pero no el de las actuales, lo que nos hizo responder a los informes de antaño de manera diferente que a los del día de hoy.

Para Dios todo es como en el History Channel, y nada es como las noticias de la noche. Dios ve todo en su estado final y nos invita a confiar en Él a fin de disfrutar de un final feliz por siempre para todo su pueblo. Caminar con Jesús es marchar en el ejército angelical con el Dios que vence al mundo. Debemos creer esto por medio de «nuestra fe» hasta que lo veamos con la vista como lo hace Dios.

El enemigo y su imperio se están desmoronando y serán aplastados. Saber esto y creer por fe que la Biblia registra con exactitud el final de la historia le dará el valor que necesita para ganar sus guerras. En nuestras batallas diarias contra el pecado, Satanás trata de tentarnos a unirnos a su ejército. Él quiere que odiemos a los otros en vez de amarlos, que los lastimemos en vez de ayudarlos, y que los castiguemos en vez de compartir las buenas nuevas de que Jesús ya recibió el castigo de ellos. Esto no solo perjudica a los demás, sino que también nos perjudica a nosotros al experimentar ansiedad en lugar de paz, angustia en lugar de alegría, y acritud en lugar de armonía.

Satanás no solo es un engañador, sino que también aparentemente se ha engañado a sí mismo pensando que puede reescribir la historia de la Biblia y derrotar a Dios de una vez por todas. Esto podría explicar por qué él continúa haciendo la guerra aunque la Biblia es clara en cuanto a que al final pierde.

Sin embargo, el mismo Jesús que *derrotó* al diablo en su primera venida finalmente lo *destruirá* en su segunda venida.

CUATRO CLAVES PARA EJERCER LA AUTORIDAD ESPIRITUAL QUE DIOS LE HA DADO

Nuestro Rey Jesús dijo: «Toda potestad me es dada en el cielo y en la tierra».[a] Si usted pertenece a Jesucristo, necesita creer las siguientes cuatro afirmaciones para que pueda ejercer la autoridad que Él le delegó mientras libra su guerra.

1. Usted ha pasado del reino de las tinieblas al reino de la luz.

Cuando usted nació, lo hizo en el sistema mundial, que es un reino falso en guerra contra el reino de Dios, ya que «el mundo entero está bajo el maligno».[b] Cuando nació de nuevo del Espíritu Santo, su ciudadanía fue transferida de este mundo al reino. Es posible que su residencia aún esté en este mundo, pero su ciudadanía está en el cielo, pues Dios «nos ha librado de la potestad de las tinieblas, y trasladado al reino de su amado Hijo».[c] Además, el Rey Jesús lo protege en este territorio enemigo: «Sabemos que todo aquel que ha nacido de Dios, no practica el pecado, pues Aquel que fue engendrado por Dios le guarda, y el maligno no le toca».[d]

Para los cristianos, en esta vida están tan cerca del infierno como lo estarán por siempre; y sufren tanto mal como el que nunca más sufrirán. Por el contrario, para los no cristianos, en esta vida están tan cerca del cielo como lo estarán por siempre; y experimentan tanto bien como el que nunca más experimentarán.

2. El ataque demoníaco no es infrecuente.

En la escuela estudiamos la historia de las guerras; en la iglesia estudiamos la guerra detrás de las guerras. No solamente los soldados marchan en batalla a lo largo de la historia, sino también los espíritus. Al igual que los soldados físicos, los guerreros demoníacos son personas hábiles que se comunican, poseen una gran inteligencia, tienen emociones que los impulsan y una voluntad por medio de la cual toman decisiones tácticas.[e]

Cuando dos naciones están en guerra, cada ciudadano también está involucrado en esa guerra. Cuando un ejército enemigo entra en una ciudad, los residentes se encuentran bajo asedio por la simple razón de que hay una guerra y todos están de un lado o del otro.

En las guerras solo los guerreros notables se convierten en leyendas.

---

a Mateo 28:18
b 1 Juan 5:19
c Colosenses 1:13
d 1 Juan 5:18
e Lucas 4:31-37; 8:28-30; Mark 1:23-24, 27

La Biblia nombra a algunos de estos guerreros demoníacos: Baal[a] y otros demonios que trabajan juntos como los baales,[b] también llamados el ejército de los cielos;[c] Astarot/Asera;[d] Quemos;[e] Moloc;[f] Diana;[g] Legión;[h] Júpiter;[i] Mercurio;[j] Diké, diosa también llamada Justicia;[k] Cástor y Pólux, los dioses gemelos;[l] Quiún, el dios-estrella;[m] la reina del cielo;[n] y Lilit, también llamada criatura dela noche.[o] Además encontramos a los príncipes de Persia y Grecia en guerra espiritual con los ángeles del Señor.[p]

Como cualquier ejército, no conocemos los nombres de la mayoría de las tropas enemigas, ya que hay muchos «dioses no conocidos» demoníacos.[q] Clinton Arnold, el erudito del Nuevo Testamento, ha señalado que además de los demonios nombrados en las Escrituras, «un experto ha contado ciento veintitrés demonios diferentes identificados por su nombre en la literatura rabínica».[1]

La Biblia también habla de demonios en términos de bestias peligrosas, comenzando con Satanás como una serpiente/dragón y un león,[r] y de otros demonios llamados cosas tales como un espíritu de adivinación,[s] demonios de becerros,[t] y fieras del desierto incluyendo avestruces, toros, hienas, lechuzas y escorpiones.[u]

Esto no es sorprendente, ya que la Biblia también se refiere a las personas malvadas, además de a los espíritus malignos, en términos de animales tales como víboras, serpientes, cabras, vacas, perros, lobos, sanguijuelas, burros y malas bestias.[v] Esto también podría significar que las «fieras» que Pablo

---

a Números 25:1-5; 2 Reyes 17:16; 21:3
b Jueces 2:11, 13
c 2 Reyes 21:3; 23:4
d Jueces 2:13; 1 Reyes 15:13; 2 Reyes 17:16; 21:3
e Jueces 11:24; 1 Reyes 11:7, 33
f Levítico 18:21; 20:2-5; 1 Reyes 11:7; 2 Reyes 23:10; Jeremías 32:35
g Hechos 19:24-35
h Marcos 5:9, 15; Lucas 8:30
i Hechos 14:8-18
j Hechos 14:8-18
k Hechos 28:1-6, LBLA
l Hechos 28:11
m Amós 5:26
n Jeremías 7:18; 44:17-19
o Isaías 34:14, NTV
p Daniel 10
q Hechos 17:23
r Génesis 3:1, Apocalipsis 12:9; 20:2; 1 Pedro 5:8
s Hechos 16:16-18
t 2 Crónicas 11:15; Isaías 13:21; 34:14
u Isaías 13:21; Salmos 22:12-13; Isaías 34:14; Lucas 10:17-20
v Mateo 3:7; 12:34; 23:33; 25:32-33; Amós 4:1; Filipenses 3:2; Apocalipsis 22:15; Mateo 7:15; 10:16; Proverbios 30:15; Génesis 16:12 (NTV); Tito 1:12

combatió en Éfeso eran en realidad personas que operaban por medio de poderes demoníacos.[a]

El ataque demoníaco es constante, a menudo seduciendo a la carne dentro de nosotros, porque estamos viviendo en medio de una guerra que ha estado llevándose a cabo con furia desde que estalló en el cielo. Saber de esta guerra puede causar pánico, pero la Biblia nos dice: «Pongan todas sus preocupaciones y ansiedades en las manos de Dios, porque él cuida de ustedes. ¡Estén alerta! Cuídense de su gran enemigo, el diablo, porque anda al acecho como un león rugiente, buscando a quién devorar. Manténganse firmes contra él y sean fuertes en su fe. Recuerden que su familia de creyentes en todo el mundo también está pasando por el mismo sufrimiento».[b] Usted tiene paz con Dios, pero guerra en la tierra, como Jesús prometió: «Estas cosas os he hablado para que en mí tengáis paz. En el mundo tendréis aflicción; pero confiad, yo he vencido al mundo».[c]

No hay ningún lugar al que usted pueda ir para evitar esta batalla, ya que la guerra se libra en todo el mundo. Sin embargo, el hecho de que a veces esté bajo ataque debería extrañamente reconfortarlo. Un súbdito leal del rey es el objetivo más probable en una guerra. Si usted es leal al Rey Jesús, entonces es normal caminar a través de un campo minado demoníaco de vez en cuando.

3. Usted viene con la autoridad de su Rey.

A veces veremos unos minutos del programa de televisión *Cops* [Policía] como un placer culpable. Revelación total: Yo (Mark) he tenido por lo menos un primo en el programa, y él *no* era uno de los policías. Hemos notado que algo curioso sucede en un episodio tras otro. Alguien que está furioso y fuera de control cambia de repente su comportamiento una vez que un oficial de policía aparece en la escena. A menudo, la persona que comete el crimen simplemente se rinde.

¿Por qué?

Porque el policía se presenta con toda la autoridad de la fuerza policial completa. Cuando aparece alguien con más autoridad, usted debe rendirse. Puede hacer esto *voluntariamente* tirándose al suelo y extendiendo sus manos hacia arriba, o puede hacerlo *contra su voluntad* una vez que es derribado al suelo y le llevan a la fuerza las manos detrás de la espalda para esposarlo. De cualquier manera, cuando alguien con mayor autoridad aparece, se rendirá.

a 1 Corintios 15:32
b 1 Pedro 5:7-9, NTV
c Juan 16:33

Cuando un demonio entra en su vida, no necesita rendirse. Usted no tiene autoridad apartado de Jesús. Todo demonio debe someterse a Jesús, porque Él tiene toda la autoridad.

Nadie ni nada tiene la misma autoridad que Jesucristo. Hoy Jesús está sentado a la derecha del Padre «en los lugares celestiales, sobre todo principado y autoridad y poder y señorío, y sobre todo nombre que se nombra, no sólo en este siglo, sino también en el venidero», con todos y todo «bajo sus pies».[a]

Sin embargo, hay más. En la carta de Pablo a los efesios leemos que Dios «juntamente con él nos resucitó, y asimismo nos hizo sentar en los lugares celestiales con Cristo Jesús».[b] Los hijos de Dios estarán sentados por toda la eternidad en autoridad con el Rey Jesús. En realidad, está llegando el día en que el pueblo de Dios va a «juzgar a los ángeles».[c] ¿Qué tan asombroso es ese concepto? Cuando todo esté dicho y hecho, el pueblo de Dios ejercerá autoridad sobre los ángeles caídos por toda la eternidad. Por lo tanto, cuando un demonio aparece en su vida, él es el criminal, usted es el policía, y viene en el nombre y con la autoridad del poder más alto en toda la eternidad: Jesús.

4. Su enemigo derrotado tiene que rendirse a su victorioso Rey.

¿Recuerda el juego de niños llamado «misericordia»? La esencia del juego es que dos niños se aprietan las manos hasta que uno de ellos se rinde gritando «misericordia».

A Satanás y los demonios parece gustarles jugar su propia versión espiritual de este juego. Ellos traerán algún tipo de problema, prueba o tentación y apretarán hasta que usted se rinda a ellos, permitiéndoles así ganar. Los demonios quieren que crea la mentira de que nunca dejarán de apretar hasta que se rinda, así que usted se dará por vencido y se rendirá para acabar con esto lo más rápido posible.

La verdad es que no tiene que jugar su juego. En vez de rendirse a los espíritus impíos, usted puede rendirse al Espíritu Santo. Si se rinde al Espíritu y le ordena a los demonios que se vayan, deben dejarlo: «Someteos, pues, a Dios; resistid al diablo, y huirá de vosotros».[d] Jesús modeló esto. Cuando nos rendimos al Espíritu, el diablo también debe rendirse a Él. No tiene que rendirse o ceder. El Espíritu de Dios en usted es más grande que los espíritus demoníacos en contra suya, y si no se rinde a los demonios, sino que se rinde a Dios, ellos también se rendirán a Él y lo dejarán como lo hicieron con Jesús.

---

a Efesios 1:15-22
b Efesios 2:6
c 1 Corintios 6:3
d Santiago 4:7

EL PODER SOBRENATURAL DE LOS ESPÍRITUS

Las limitaciones que tenemos son naturales. Como seres creados con energía limitada, todos llegamos al punto en que nos hemos agotado y decimos cosas como: «Me rindo», «Necesito un descanso», «No puedo hacer nada más», «Solo necesito sentarme» y «No me queda nada que dar».

¿Le suena familiar?

Ahora bien, considere la realidad diferente en la que viven los ángeles. Los ángeles no comparten las limitaciones de nuestra humanidad. En vez de eso, cantan y sirven «día y noche».[a] ¿Cuál es el servicio de la iglesia, el culto de adoración, la conferencia o el retiro cristiano más largo al que ha asistido? Incluso el creyente más devoto no podría respaldar a la iglesia y adorar a Dios «día y noche», día tras día y noche tras noche.

Lo que es cierto para los ángeles también lo es para los demonios. El ataque incesante de Satanás contra los creyentes es «día y noche»[b]. Los demonios no necesitan una siesta, un día libre, comida, agua o dormir, porque no se cansan ni se enferman.

¿Comprende el problema que enfrenta? Si usted tiene límites humanos, y los espíritus demoníacos que lo atacan no comparten esos límites, ¿cómo puede ganar una guerra contra ese enemigo dado que «no tenemos lucha contra sangre y carne, sino contra principados, contra potestades, contra los gobernadores de las tinieblas de este siglo, contra huestes espirituales de maldad en las regiones celestes»?[c]

Para ganar su guerra, no puede luchar con su propio poder natural. Una persona natural no puede ganar una batalla espiritual contra un demonio sobrenatural. Nadie ha derrotado nunca a los demonios con su propia fuerza. No importa cuán disciplinado sea, cuán duro lo intente, o cuán fuerte pueda ser, a la larga lo sobrenatural siempre derrota a lo natural.

A veces las personas malvadas viven por medio del poder de las fuerzas demoníacas y tienen un nivel de energía sobrehumano. Lo acosan y hostigan hasta que se siente abrumado, agotado y aventajado. Jesús liberó a dos «endemoniados» que eran «feroces en gran manera, tanto que nadie podía pasar por aquel camino».[d] Las personas tomaban la senda más larga que rodeaba la región donde vivían estos hombres. Dos hombres controlaban toda una región, hasta que Jesús expulsó a sus demonios.

---

a Apocalipsis 4:8; 7:15
b Apocalipsis 12:10
c Efesios 6:12
d Mateo 8:28-34

En Marcos 5:1-20, Jesús se encuentra a «un hombre con un espíritu inmundo». Debido a su fuerza demoníaca, «nadie podía atarle, ni aun con cadenas. Porque muchas veces había sido atado con grillos y cadenas, mas las cadenas habían sido hechas pedazos por él, y desmenuzados los grillos; y nadie le podía dominar. Y siempre, de día y de noche, andaba dando voces en los montes y en los sepulcros, e hiriéndose con piedras» (vv. 3-5).

Usted sabe que está tratando con una persona demonizada cuando hace el mal, nunca se cansa, y obliga a todos los demás a trabajar a su alrededor, evitarlos y vivir con miedo de ella. La única manera en que puede ganar su guerra contra el poder demoníaco es por medio del poder sobrenatural de Dios el Espíritu Santo: «Fortaleceos en el Señor, y en el poder de su fuerza».[a] Nuestra fortaleza proviene de la fuerza del Señor y no de la nuestra. La vida cristiana es vivida sobrenaturalmente «en el Espíritu» por el poder de Dios trabajando para usted, en usted y a través de usted. La falsificación de ser lleno del Espíritu es ser poseído por el demonio. Cuando alguien está lleno del espíritu impío, su única defensa es estar lleno del Espíritu Santo.

LLENOS DEL ESPÍRITU COMO JESÚS

La única manera de ganar una guerra contra los espíritus impíos es por medio del poder del Espíritu Santo, ya que «vosotros sois de Dios, y los habéis vencido; porque mayor es el que está en vosotros, que el que está en el mundo».[b] Jesucristo modela esta verdad para nosotros. Cuando Dios entró en la historia como Jesucristo, se unió a nosotros en nuestra humanidad y experimentó nuestras limitaciones. Después de una larga caminata por el desierto, Jesús se sentó junto a un pozo para descansar, porque estaba cansado del viaje.[c] Después de ayunar durante cuarenta días y noches, tuvo hambre.[d] Él dijo en la cruz: «Tengo sed».[e] El cuerpo de Jesús fue llevado a sus límites humanos.

Durante su vida terrenal, Jesús pudo haber hecho las cosas mucho más fáciles para sí mismo. Él podría haber escogido no vivir humildemente ni soportar las limitaciones de la humanidad, pero en cambio escogió humillarse a sí mismo para llegar a ser como usted a fin de que usted pudiera llegar a ser como Él. Jesús fue llevado a los límites de la humanidad como nosotros.

Antes de su muerte en la cruz, la mayor batalla espiritual de Jesús fue con el mismo diablo. Sabiendo que Él estaba aislado, hambriento, sediento

---

a Efesios 6:10
b 1 Juan 4:4
c Juan 4:6
d Mateo 4:2
e Juan 19:28

y cansado después de cuarenta días de ayuno en el desierto, Satanás trató de explotar la humanidad de Jesús. El diablo le ofreció al hambriento Jesús pan para comer. También le ofreció ser autoindulgente a fin de satisfacer todos los anhelos físicos que tenemos los humanos, tales como la comida, la bebida, el sexo, el sueño y el consuelo. El Padre le ofreció la abnegación para resistir todo anhelo pecaminoso y toda tentación que enfrentamos. Con toda honestidad, ¿qué camino elegirías, el camino del placer de la autoindulgencia o el camino del dolor de la abnegación?

Jesús ganó su guerra. ¿Cómo lo hizo? Jesús emprendió la marcha hacia la guerra «llevado por el Espíritu».[a] Después de ganar su guerra, «volvió en el poder del Espíritu».[b]

Usted puede ganar su guerra con el mismo poder que nuestro Cristo lo hizo. El poder sobrenatural del Espíritu Santo es «el Espíritu de Cristo» que «mora» en nosotros.[c] El mismo Espíritu que le confirió poder a la vida y la resurrección de Jesucristo mientras estuvo en la tierra está disponible para usted.

A menudo pensamos que el ministerio del Espíritu Santo es algo milagroso, pero el Espíritu Santo también ministra en lo mundano. Él está ahí a fin de ayudarlo en los tiempos de angustia, prueba y tentación para que usted pueda vivir por medio de un poder sobrenatural, la fuente de poder más increíble que pueda existir.

Tal vez una ilustración ayude. Mientras escribía un libro anterior, *Jesús lleno del Espíritu*, yo (Mark) estaba cerca de la fecha límite y disponía de horas de tiempo para escribir en un vuelo. Abrí mi computadora portátil y descubrí que mi batería se hallaba casi agotada. Admito que me sentí frustrado, porque tenía un largo vuelo y mucho trabajo que hacer para ayudar a la gente a aprender a vivir por medio del poder de Dios, pero mi computadora no tenía carga. Esta se apagó, e irónicamente pasé las horas que me quedaban deseando *tener* poder a fin de ser capaz de *escribir sobre* el poder.

Para empeorar las cosas, después de que el vuelo aterrizó, se me cayó un bolígrafo. Cuando me incliné para recogerlo, vi que debajo de mi asiento había una toma de corriente que había pasado por alto. Sí, tenía a mi disposición una fuente de energía gratuita ilimitada a la que simplemente no fui capaz de acceder.

El poder de Dios en el reino de lo invisible está disponible para el pueblo de Dios en el reino de lo visible a través del Espíritu Santo. Él nos conecta al

---

a Lucas 4:1
b Lucas 4:14
c Romanos 8:9

poder de Dios para que podamos derrotar a las mismas fuerzas demoníacas que ya fueron derrotadas en las guerras que tuvieron lugar en el cielo y la cruz.

Muchos, si no la mayoría, de los cristianos están viviendo la vida con su propio poder hasta que se desgastan y agotan. El diablo y sus demonios lo saben, así que nos debilitan hasta que nos derriban. Mientras tanto, Dios el Espíritu Santo está disponible como la fuente de poder que necesitamos para vivir una vida de victoria. Tristemente, fallamos en conectarnos a su poder. A menudo tenemos un plan mucho mejor y más intencional para conectar nuestro teléfono o nuestra computadora portátil a una fuente de energía que el que tenemos para mantener nuestra alma conectada al Espíritu. ¿Cómo? Orando, adorando, leyendo las Escritura, teniendo comunión e invitando a la presencia y la paz de Dios antes, durante y después de nuestras guerras. La clave para toda guerra espiritual es superar nuestra influencia demoníaca, como aprenderemos en el próximo capítulo.

CAPÍTULO 6

GANE SU GUERRA CONTRA LA INFLUENCIA DEMONÍACA

*Y estoy convencido de que nada podrá jamás separarnos del amor de Dios.
Ni la muerte ni la vida, ni ángeles ni demonios, ni nuestros temores de hoy
ni nuestras preocupaciones de mañana. Ni siquiera los poderes del infierno
pueden separarnos del amor de Dios. Ningún poder en las alturas ni en
las profundidades, de hecho, nada en toda la creación podrá jamás separarnos del amor de Dios, que está revelado en Cristo Jesús nuestro Señor.*

—ROMANOS 8:38-39, NTV

YO (MARK) ERA un católico no practicante que no conocía a Jesús en el
momento en que Grace y yo nos conocimos. Comenzamos a salir en
la escuela secundaria, y Grace me compró una hermosa Biblia encua-
dernada en cuero con mi nombre grabado en el frente. Me convertí en un
cristiano leyendo esa Biblia en la universidad, y en poco tiempo Grace se
trasladó para que pudiéramos asistir a la misma universidad e iglesia. En
mi primer retiro para hombres, Dios me habló y me dijo que me casara
con Grace, predicara la Biblia, entrenara a los hombres y plantara iglesias. Nos casamos en la universidad, y después de graduarnos empezamos
oficialmente a llevar a cabo nuestro ministerio guiando a los estudiantes
universitarios aproximadamente de nuestra edad.

Para estar más cerca de los estudiantes universitarios, nos mudamos a
una antigua casa de la universidad que estaba en alquiler. Éramos jóvenes,
inexpertos e ingenuos. Leímos acerca de amar a la gente y practicar la hospi-
talidad en la Biblia, y en nuestra falta de sabiduría convertimos nuestro
hogar en la base de nuestro ministerio. Vivíamos arriba con nuestros niños
pequeños, y en el piso principal estaba la oficina del ministerio junto con

nuestra cocina, sala y comedor. En el sótano vivían internos y universitarios en quiebra que necesitaban un lugar donde dormir.

Casi todas las noches de la semana organizábamos estudios bíblicos en nuestra casa. Recibíamos a unos cuantos miles de personas en nuestro hogar cada año, y eso no es una exageración.

Nos mudamos de esa casa después de un último suceso nocturno que nos llevó al límite. Nos despertamos con el sonido de alguien sacudiendo vigorosamente la manija de la puerta principal y tratando de entrar a través de varias ventanas cerradas en el piso principal. Agarré mi arma, le di instrucciones a Grace para que llamara a la policía y se quedara arriba sin importar qué sucediera, y empecé a orar para que no tuviera que predicar en el funeral de alguien a quien le hubiera disparado.

Mirando hacia afuera a través de la estrecha ventana de vidrio al lado de nuestra puerta principal, reconocí al hombre. Estaba sudando, gritando y agitado. Pensé que posiblemente se encontraba drogado, ya que vivíamos en un área donde ocurrían muchas sobredosis de la heroína llamada «alquitrán negro» durante la época del *grunge*, incluyendo a un hombre que murió en los escalones traseros del local de música *punk rock* donde teníamos la iglesia.

En pocos minutos llegó la policía. Al acercarse, el hombre comenzó a gruñir muy fuerte y audazmente como un león. La policía estaba tratando de calmarlo. Salí, y el hombre de inmediato se puso peor. Trató de correr hacia mí y la policía lo arrojó al suelo, teniendo grandes problemas para someterlo mientras él se defendía. En la lucha, el hombre de alguna manera llegó hasta el coche patrulla, donde rodeó con sus brazos y piernas un neumático y se agarró con fuerza mientras trataban de arrestarlo. Todo el tiempo gruñó como un león a pleno pulmón. Finalmente, lo esposaron, lo subieron al coche patrulla y lo arrestaron.

Obviamente sufriendo de alguna combinación de problemas demoníacos y mentales, el hombre fue examinado más tarde y no se encontraron drogas en su sistema. Sin embargo, había escapado de un pabellón psiquiátrico y caminado durante kilómetros en ropa interior, hasta que fue arrestado mientras deambulaba por la calle frente a nuestra casa. Nos complace informarles que, con ayuda espiritual y médica, esta persona fue liberada y parece estar bien hoy. Nadie está más allá del poder de Dios para la transformación.

Esta historia nos recuerda la frase: «El diablo me obligó a hacerlo». La misma fue popularizada en la década de 1970 por Flip Wilson, un comediante que presentaba un programa de televisión. En una de sus escenas, Flip se hizo pasar por una mujer que usó esto como excusa para cualquier tipo de maldad.

La primera persona en culpar a Satanás por sus pecados fue nuestra madre Eva: «La serpiente me engañó».[a] Satanás está trabajando en el mundo, sin embargo, ¿podemos realmente culpar al diablo por nuestras fechorías?

Siempre que surge el tema de Satanás y los demonios, la primera pregunta que se hace a menudo es: «¿Puede un cristiano ser poseído por un demonio?». Queremos abordar esta cuestión ahora a fin de establecer un marco para el resto de nuestro estudio juntos.

Para los no cristianos, resulta posible entregarse al pecado, la rebelión y el mal en la medida en que un espíritu impuro se instala y se hace dueño de alguien. Los Evangelios del Nuevo Testamento están llenos de informes sobre el ministerio de liberación de Jesús. Curiosamente, Jesús es la primera persona en la Biblia en expulsar a un demonio de alguien; el Antiguo Testamento no tiene registro de que esto haya sucedido antes del ministerio de Jesús. No obstante, todos los relatos de liberación demoníaca en el Nuevo Testamento siguen el modelo de Jesús. He aquí algunos ejemplos de un solo libro del Nuevo Testamento.

- Mateo 4:24 (NTV) dice: «La gente comenzó a llevarle a todo el que estuviera enfermo. Y él los sanaba a todos, cualquiera fuera la enfermedad o el dolor que tuvieran, o si estaban poseídos por demonios, o eran epilépticos o paralíticos».

- Mateo 8:16 (NTV) dice: «Le llevaron a Jesús muchos endemoniados. Él expulsó a los espíritus malignos con una simple orden y sanó a todos los enfermos».

- Mateo 9:32-33 (NTV) dice: «Un hombre que no podía hablar, poseído por un demonio, fue llevado a Jesús. Entonces Jesús expulsó al demonio y después el hombre comenzó a hablar».

- Mateo 12:22 (NTV) dice: «Luego le llevaron a Jesús a un hombre ciego y mudo que estaba poseído por un demonio. Jesús sanó al hombre para que pudiera hablar y ver».

- Mateo 15:22-28 (NTV) dice: «Una mujer de los gentiles, que vivía allí, se le acercó y le rogó: «¡Ten misericordia de mí, oh Señor, Hijo de David! Pues mi hija está poseída por un demonio que la atormenta terriblemente» [...] Y al instante la hija se sanó».

---

a Génesis 3:13

- Mateo 17:18 (NTV) dice: «Entonces Jesús reprendió al demonio, y el demonio salió del joven. A partir de ese momento, el muchacho estuvo bien».

La Biblia es muy clara. Los espíritus demoníacos pueden vencer a algunos no cristianos hasta el punto de que sufran de angustia mental y física. No toda la angustia mental y física es el resultado del control demoníaco, pero parte de ella sí lo es. En tales circunstancias, un médico para servir al cuerpo, un consejero para servir a la mente y el poder de Dios para liberar el alma pueden ser útiles a fin de ministrar a toda la persona.

¿PUEDE UN CRISTIANO SER POSEÍDO POR UN DEMONIO?

¿Y qué tal un cristiano? ¿Puede un cristiano ser poseído por un demonio? Con respecto a este tema, como dicen, el diablo está en los detalles. El *Oxford English Dictionary* [Diccionario inglés de Oxford] da lo siguiente como las primeras tres definiciones de la palabra *poseer*:

1. Tener como perteneciente a uno; propio.
2. Tener posesión de algo de forma diferente a la propiedad.
3. Tener como una habilidad, cualidad o característica.[1]

Definición #1

En el primer sentido, un cristiano no puede pertenecer a Satanás; él no puede ser nuestro dueño. La transferencia de propiedad en lo que respecta a las personas es siempre de una sola manera: aquellos que pertenecieron a Satanás y las tinieblas se convierten en el pueblo de Dios en la luz. Él «nos ha librado de la potestad de las tinieblas, y trasladado al reino de su amado Hijo».[a] La salvación es un milagro de Dios donde pasamos «de las tinieblas a la luz, y de la potestad de Satanás a Dios».[b]

Algunas personas preguntan si un cristiano puede perder su salvación, lo cual es una pregunta equivocada. La salvación no nos pertenece a nosotros, sino que «la salvación es de Jehová».[c] Por lo tanto, la pregunta es: ¿Puede Dios perder a un cristiano? La respuesta es no. Con total confianza el Espíritu Santo dice a través de Pablo: «Estoy seguro de que ni la muerte, ni la vida, ni ángeles, ni principados, ni potestades, ni lo presente, ni lo por venir, ni lo alto, ni

---

a Colosenses 1:13
b Hechos 26:18
c Jonás 2:9

lo profundo, ni ninguna otra cosa creada nos podrá separar del amor de Dios, que es en Cristo Jesús Señor nuestro».[a] Esto se debe a que los cristianos están siempre «sellados» con el Espíritu Santo como la «garantía» de la vida eterna.[b]

Nosotros tenemos cinco hijos. Ambos amamos a los bebés. Cuando los niños eran pequeños y totalmente dependientes de nosotros, a menudo nos acurrucábamos como pareja con ellos. El lugar más seguro para nuestros hijos estaba en nuestros brazos. Jesús usa este tipo de imagen verbal para referirse a sus ovejas, diciendo: «Yo les doy vida eterna; y no perecerán jamás, ni nadie las arrebatará de mi mano. Mi Padre que me las dio, es mayor que todos, y nadie las puede arrebatar de la mano de mi Padre».[c]

Definición #2

En el segundo sentido de la palabra *poseer*, un cristiano puede ser influenciado internamente por lo demoníaco sin que la propiedad de su alma se transfiera al diablo. Piense en su vida como su casa, ya que vive en ambas. Usted es el residente legal de su casa, y nadie más tiene el derecho de mudarse a menos que les dé permiso. Ahora bien, digamos que algunas personas malas vienen a su casa, usted abre la puerta para darles la bienvenida, y deciden quedarse y hacer su vida miserable. Ellos no poseen ningún derecho legal para estar allí, pero están dispuestos a ocupar su vivienda hasta que usted ejerza su autoridad legal y exija que la desalojen. En raras ocasiones, a través del pecado habitual, la incredulidad profunda, la adicción oscura o la actividad oculta un cristiano puede abrirle la puerta a la influencia demoníaca interna, la cual no tiene ninguna autoridad legal y puede ser desalojada en el nombre de Jesús.

En Hechos 5:1-11 encontramos a «Ananías, con Safira su mujer». Después de ver a Bernabé vender la tierra y darle las ganancias a la iglesia, ellos decidieron hacer lo mismo. Vendieron un pedazo de su propiedad, pero en lugar de diezmar toda la cantidad que habían prometido al Señor, el marido «sustrajo del precio, sabiéndolo también su mujer; y trayendo sólo una parte, la puso a los pies de los apóstoles» (v. 2). Estos miembros de la iglesia eran culpables de mentirle al Señor y sus líderes mientras robaban. El pastor Pedro le preguntó: «Ananías, ¿por qué llenó Satanás tu corazón para que mintieses al Espíritu Santo, y sustrajeses del precio de la heredad?» (v. 3). Luego le dijo: «No has mentido a los hombres, sino a Dios» (v. 4). Habiendo sido influenciados internamente por Satanás,

---

a Romanos 8:38-39
b Efesios 1:13-14, LBLA
c Juan 10:28-29

tanto el esposo como la esposa murieron allí mismo, causando reverencia y temor entre los otros cristianos.

Debido a que Satanás los influenció internamente, algunos especulan que estas dos personas no eran, en realidad, cristianos. Esto es lo que dice un comentario del Nuevo Testamento:

> ¿Ananías y Safira eran realmente creyentes? Los eruditos responden de al menos dos maneras: (1) eran miembros de la iglesia (los llamados cristianos nominales) que nunca establecieron con fe una relación de salvación personal con Jesús; (2) eran cristianos cuyo pecado (posiblemente el pecado de muerte de 1 Juan 5:16-17; cf. 1 Corintios 11:27-30) lo castigó Dios como un ejemplo para la iglesia, pero que obtuvieron la salvación eterna. Toda la narración parece indicar que estas personas eran cristianos nacidos de nuevo y formaban parte de la congregación de Jerusalén. No es inusual en las Escrituras encontrar que la muerte viene a los creyentes de la mano de Dios.[2]

Los cristianos pueden hacerse asequibles a la influencia interna de los poderes demoníacos participando en el mal, aunque todavía pertenezcan a Dios como su posesión. Algunos argumentan que Dios y Satanás no pueden ocupar el mismo espacio, pero eso es posible si el Señor lo permite. Como un ejemplo, en Job 1, Satanás claramente entra en la presencia de Dios y tienen una conversación con respecto a Job.

Definición #3

En el tercer sentido de la palabra *poseer*, es posible que un cristiano manifieste un carácter demoníaco o diga cosas con orígenes demoníacos. Mientras Jesús enseñaba acerca de su muerte, «Pedro, tomándolo aparte, comenzó a reconvenirle, diciendo: Señor, ten compasión de ti; en ninguna manera esto te acontezca». En repuesta, Jesús, «volviéndose, dijo a Pedro: ¡Quítate de delante de mí, Satanás!».[a] Pedro era un creyente, pero en ese momento se hizo eco de lo que Satanás estaba diciendo y reprendió al Señor como si Él estuviera pecando. Jesús identificó a Satanás como el origen principal de lo que Pedro estaba haciendo y diciendo.

En resumen, Satanás puede mentirle, tentar y atacar a un cristiano, como lo hizo con Jesucristo. Sin embargo, es imposible que un demonio posea a un creyente como su posesión.

Mientras que Dios no puede perder a un cristiano, una persona puede

---

a Mateo 16:21-23

fingir tener fe. Este fue precisamente el caso de Judas Iscariote. Él actuaba de manera increíblemente encubierta, ocultando el hecho de que durante años, como contable de Jesús, «era ladrón, y teniendo la bolsa, sustraía de lo que se echaba en ella».[a] Aunque Judas parecía un creyente por fuera, no lo era. Sabiendo que muchos asumirían erróneamente que Judas era un creyente en quien «entró Satanás»,[b] el Señor dejó claro que él nunca fue un verdadero cristiano. Jesús dijo de sus discípulos menos Judas: «Yo los guardé, y ninguno de ellos se perdió, sino el hijo de perdición».[c]

En lo que respecta al verdadero cristiano, no hay excusa para permitirle a las fuerzas demoníacas una influencia interna. El problema no está en los demonios, sino en nosotros. No podemos controlar lo que hacen los demonios, pero sí podemos controlar lo que hacemos, ya que «cada uno es tentado, cuando de su propia concupiscencia es atraído y seducido».[d] Los demonios no pueden controlar a los creyentes ni obligarnos a hacer nada, porque tenemos las armas para ganar nuestras guerras espirituales. Siempre hay una manera de escapar de un ataque demoníaco.[e]

Convertirse en cristiano es recibir a Jesús y rechazar a Satanás. En el Día de la Expiación en el Antiguo Testamento, dos animales eran sacrificados por esta misma razón. El primer animal era un cordero sin mancha que moría como sustituto del pecador, mostrando la aceptación de Jesús. El segundo animal era un chivo expiatorio al que se le imputaba el pecado al ser expulsado, mostrando la renuncia a Satanás. Heiser añade este interesante detalle en su libro *The Unseen Realm* [El reino invisible]:

> El desierto era el lugar donde los israelitas creían que vivían los «demonios del desierto», incluyendo a Azazel. El asunto de Azazel es especialmente revelador, ya que [...] la práctica judía del ritual del Día de la Expiación en los tiempos de Jesús incluía llevar el chivo «para Azazel» al desierto fuera de Jerusalén y empujarlo por un acantilado a fin de que no pudiera regresar. El desierto era un lugar asociado con lo demoníaco, así que no es de extrañar que allí sea donde Jesús se encuentra con el diablo.[3]

---

a Juan 12:6
b Lucas 22:3
c Juan 17:12
d Santiago 1:14
e 1 Corintios 10:13

De manera similar, la fórmula bautismal de la iglesia primitiva incluía tanto la aceptación de Jesús como la renuncia a Satanás: «La renuncia al diablo en el bautismo es una costumbre que se remonta ciertamente al siglo segundo».[4]

Aprendemos además: «El primer testigo de las renuncias [...] es Tertuliano [...] Al entrar en el agua, hacemos profesión de la fe cristiana según las palabras de su decreto, damos testimonio público de que hemos renunciado al diablo, su pompa y sus ángeles».[5]

La clave para vivir libre de la influencia demoníaca como cristiano es doble. Primero, debes aceptar a Jesucristo y su derrota de lo demoníaco. Segundo, debes renunciar a cualquier fundamento que le des a lo demoníaco a través de cosas tales como el pecado, la rebelión, la incredulidad, el orgullo y los otros asuntos que discutimos a lo largo de este libro. Esto es precisamente lo que Santiago 4:7 quiere decir cuando afirma: «Someteos, pues, a Dios [aceptad]; resistid al diablo [renunciad], y huirá de vosotros» (amplificación añadida).

TERRORES NOCTURNOS

Una forma clave de resistir un ataque demoníaco es «¡Estén alerta!».[a] Esto puede indicar que cuando estamos dormidos, somos más vulnerables al reino demoníaco, el cual nunca duerme. Para algunas personas la oscuridad física que desciende a la hora de acostarse viene con la correspondiente oscuridad espiritual. Muchas personas sufren de pesadillas y terrores nocturnos, ya que el miedo se apodera de ellas durante el sueño.

Los sobrevivientes de traumas, como los soldados, los primeros en responder y las víctimas de asalto sexual son más propensos a las pesadillas. Las personas con pesadillas y terrores nocturnos recurrentes son propensas a autolesionarse e incluso a suicidarse. Una noticia reporta:

> Los sobrevivientes de un trauma —específicamente aquellos que sufren de Trastorno por Estrés Postraumático (TEPT)— son más propensos a experimentar pesadillas. De hecho, aunque solo entre el 2,5 y el diez por ciento de los adultos experimentan pesadillas [...] hasta el noventa por ciento de los que padecen TEPT han informado de «sueños perturbadores con cierto grado de similitud con el evento traumático real» [...] más del cincuenta por ciento de los veteranos de la guerra de Vietnam con TEPT dijeron que experimentaban pesadillas «con bastante frecuencia», mientras que solo el tres por ciento de los civiles informaron de lo mismo.[6]

---

a 1 Pedro 5:8, NTV

Durante la escritura de este libro, varias veces cuando Mark estaba lejos predicando fuera del estado o el país, yo (Grace) me desperté de repente debido a las formas oscuras y borrosas que se movían en nuestro dormitorio. Una incluso voló hacia mí aparentemente para atacar. De inmediato pronuncié el nombre de Jesús para ordenarles que se fueran. Continué orando contra el miedo y el enemigo y por la protección de nuestro hogar y nuestra familia hasta que pude volver a dormirme. Lamentablemente, esto no es poco común, en particular en épocas de un ministerio intenso.

Como la mayoría de las personas, ambos hemos experimentado pesadillas y el terror que traen. El corazón se acelera, reaccionando al sueño como si fuera un suceso real, hasta que finalmente uno se despierta desorientado e inseguro acerca de lo que realmente está sucediendo. Nuestros hijos han tenido la misma experiencia, y esto no es raro. La Fundación para la Salud del Sueño afirma que aproximadamente del diez al cincuenta por ciento de los niños experimentan pesadillas.[7]

Sabemos de un hijo de un joven pastor piadoso que comenzó a actuar inusualmente malhumorado y decaído. Los padres comenzaron a disciplinar al niño, pero en el transcurso de unos días se mostró más desanimado. Preocupados, los padres sentaron al niño, oraron amorosamente por él y le pidieron que les comentara cualquier otra cosa que pudiera estar sucediendo. El niño se negó a revelar nada, pero los padres podían asegurar que les ocultaba algo estaba. Con el tiempo, el niño reveló que un «hombre malo» se estaba apareciendo en su habitación por la noche «diciendo cosas malas» sobre Jesús y la familia, y amenazando con que «lastimaría a su familia» si el niño les contaba todo a los padres. El pobre niño se hallaba privado del sueño y traumatizado, y se estaba estableciendo una brecha demoníaca entre el niño y sus padres.

También sabemos de otros niños que han tenido terrores nocturnos causados por demonios a los que se refieren como «amigos invisibles». Algunos niños ponen cubiertos extras en la mesa durante sus juegos o hablan de conversaciones que tienen con su «amigo invisible». A veces se trata de una imaginación activa o de un juego de rol ficticio y divertido, como niños que se disfrazan de princesa o bombero, pero en otras ocasiones se trata literalmente de un demonio que finge engañosamente ser un amigo. Este tipo de encuentros demoníacos puede y de hecho contribuye a algunos terrores nocturnos para los niños y puede continuar hasta la edad adulta.

Job describe un terror nocturno, diciendo: «Me llegó en una inquietante visión durante la noche, cuando la gente duerme profundamente. El miedo se apoderó de mí, y mis huesos temblaron. Un espíritu pasó frente a mi cara, y se me pusieron los pelos de punta. El espíritu se detuvo, pero no pude ver su forma; había una silueta delante de mis ojos. En el silencio, oí una voz».[a] A veces el terror nocturno es demoníaco, como lo describe Job; a veces es simplemente nuestra mente jugándonos una mala pasada. La ciencia todavía busca entender todo acerca de las formas en que nuestro cuerpo trabaja mientras dormimos.

Cuando se trata de terrores nocturnos, hay esperanza para los hijos de Dios: «Cuando te acuestes, no tendrás temor, sino que te acostarás, y tu sueño será grato. No tendrás temor de pavor repentino».[b] La autoridad que disfrutamos en Cristo incluye nuestros tiempos de sueño. «No temerás el terror nocturno».[c]

Para nuestros hijos y nosotros esto significa que una rutina nocturna que invite a la presencia de Dios en nuestra casa y el sueño resulta esencial. Esto puede incluir cosas tales como orar por nuestra casa, leer la Biblia, orar de forma personal, adorar, arrepentirse de cualquier pecado y lo que llamamos «oración ofensiva». Con esto nos referimos a la oración que toma una postura ofensiva contra el enemigo. Muy a menudo los cristianos están a la defensiva, esperando un ataque enemigo y luego respondiendo. En cualquier guerra es mejor estar a la ofensiva, golpeando a sus enemigos antes de que lo golpeen a usted.

A lo largo del libro de Salmos usted puede encontrar cantos de adoración para orar y adorar ofensivamente contra los enemigos tanto espirituales como físicos (por ejemplo, Salmos 18, 27, 31, 35, 83). En nuestra peor temporada de guerra espiritual, una en la que nos sentíamos bajo ataque día y noche, escribimos Salmos 31 y lo colocamos en nuestra habitación para que nos recordara las promesas de Dios y orar ofensivamente. Podemos confirmar que mientras llevamos a cabo la guerra contra el reino demoníaco al orar y adorar a Dios, la presencia y la paz divinas ocupan el centro de nuestras vidas y expulsan todo lo que es oscuro y demoníaco. Y no solo la influencia demoníaca y los terrores nocturnos son expulsados por medio de la oración y la adoración, sino que también lo son los ídolos potenciales en nuestras vidas que buscan tomar el lugar de Dios, sobre los cuales aprenderemos a continuación.

---

a   Job 4:13-16, NTV
b   Proverbios 3:24-25
c   Salmos 91:5

CAPÍTULO 7

GANE SU GUERRA CONTRA LA IDOLATRÍA

Por tanto, mis queridos hermanos, huyan de la idolatría.

—1 Corintios 10:14, nvi

L os samaritanos estaban sexualmente confundidos, iniciaron un culto, e incluso sacrificaron a sus hijos a demonios que se hacían pasar por dioses. Mientras que otros caminaban alrededor de Samaria, Dios vino a la tierra y fue a dar un largo paseo hasta ese mismo lugar.

En el calor del desierto, Jesús se sentó junto a un pozo para tener una conversación con una mujer samaritana, como relata Juan 4. Ella era una marginada, se había casado cinco veces, y vivía con un sujeto que se había aprovechado de su estado de abuso y confusión.

Jesús era judío. La mujer era samaritana. Entre estos dos grupos hubo una guerra motivada por la adoración. En los días de Esdras y Nehemías, los exiliados judíos que habían regresado a Jerusalén comenzaron a reparar y reconstruir el templo para poder adorar a Dios allí. Los samaritanos se ofrecieron a ayudar, pero se les dijo que como idólatras impíos que no poseían la salvación su ayuda no era bienvenida.[a]

En respuesta, el judío renegado Manasés se casó con una mujer samaritana y construyó otro templo en el monte Gerizim, situado en el corazón de Samaria, para que sirviera como su lugar de adoración y sacerdocio.[b] Dios creó un templo en Jerusalén, y Satanás lo falsificó en Samaria. Hoy en día simplemente lo llamaríamos un culto. El templo samaritano falsificado permaneció en uso durante unos trescientos años, hasta que los judíos lo quemaron por completo.

---

a Esdras 4:1-5
b Nehemías 13:23-31

Mientras permanecía sentada con Jesús, la mujer samaritana le preguntó sobre *el* tema teológico de la división de sus religiones, razas y adoración: ¿Adónde debía ella ir para adorar a Dios?

La respuesta de Jesús cambió el curso de la historia humana.

Jesús declaró el fin de la adoración samaritana y judía, y en cambio favoreció la adoración en espíritu y en verdad. El Padre estaba buscando activamente adoradores. Debido al Espíritu, las personas ya no necesitarían ir a un lugar o templo; podrían adorar en cualquier parte, porque Dios convertiría sus cuerpos en templos.

Jesús le habla todo esto a una mujer samaritana sola y pecadora. Él la conoce, y ahora ella lo conoce a Él, así que su relación eterna comienza. Sorprendida, ella corre a la ciudad contando las buenas nuevas de Jesús como uno de los primeros y más grandes evangelistas de todo el Nuevo Testamento, lo que desencadena un avivamiento en Samaria.

La historia de esta mujer es lo que significa «convertirse de los ídolos a Dios».[a] Ella tenía muchos problemas —relacionales, matrimoniales, espirituales, sexuales y sociales— pero subyaciendo a todos ellos se encontraba la idolatría.

Esta mujer era apasionada y continuaba adorando a pesar de que adoraba la cosa equivocada. Cualquiera que se casa cinco veces y aprovecha otra oportunidad es realmente apasionado en lo que respecta a tener una relación. Esa persona es un devoto desesperado que dedica toda su pasión a la cosa equivocada. Dios nos creó para adorarlo, pero la idolatría es la falsificación de la adoración. Como la mujer samaritana junto al pozo, adoramos nuestro camino hacia los problemas al adorar las falsificaciones, y podemos adorar nuestra salida de los problemas al adorar a nuestro Creador.

ADORACIÓN

La adoración como opuesto a la idolatría es uno de los temas principales de la Biblia. Dios proveyó los Diez Mandamientos en orden de importancia. El primer mandamiento nos enseña a *quién* adorar y a quién o a quién *no* adorar. El segundo mandamiento nos enseña *cómo* adorar y cómo *no* adorar.

Es imposible adorar al único Dios verdadero mientras se desobedecen los mandamientos restantes. La deshonra, el asesinato, el adulterio, la codicia, la mentira y la envidia tienen lugar porque elegimos cometer idolatría, adorando a alguien o algo falso en lugar de a Dios el Creador. Nuestros dioses falsos nos conducen a la esclavitud *al* pecado en vez de a la libertad *del* pecado.

---

a 1 Tesalonicenses 1:9

La adoración comienza con Dios. Dios es un adorador. Por toda la eternidad el Padre, el Hijo y el Espíritu se han estado derramando en amor y servicio de los unos a los otros en una relación perfecta. Dios nos hizo a su imagen y semejanza como adoradores. La adoración no es simplemente una parte de lo que hacemos y algo que comienza y termina; la adoración es lo que todos hacen todo el tiempo. La cuestión no es si adoramos, sino a quién, qué y cómo adoramos.

IDOLATRÍA

Cuando los fanáticos de los deportes entusiasmados pagan mucho dinero por las entradas, llegan temprano al partido, usan ropa del equipo, se pintan la cara y se ponen de pie gritando durante unas pocas horas, esto constituye, para muchos, un día de adoración en su «iglesia» con forma de estadio. Cuando el club de fans se presenta para el concierto de su banda favorita a un gran costo y con grandes expectativas, mientras sudan y cantan cada palabra, puedes estar seguro de que esa es su versión de una reunión de avivamiento. Cuando alguien gasta todo su tiempo y dinero en el golf, la navegación, la pesca, el sexo, el juego, ver la televisión, navegar por Internet o despotricar sobre la política, está haciendo un sacrificio, lo cual es un acto de adoración. El alcohólico adora a la botella, el drogadicto adora estar intoxicado, la persona codependiente adora su relación de pareja, la persona codiciosa adora al dios demonio Mamón como amante del dinero, el fanático del control adora estar a cargo, y el padre sobreprotector adora a su hijo.

La adoración es lo que tiene lugar cuando adoramos al Dios Creador de la manera correcta, «en espíritu y en verdad» (Juan 4:24). La idolatría es lo que tiene lugar cuando adoramos a un dios falso o adoramos al Dios correcto de una manera falsa. ¿Qué constituye un dios falso o un objeto de culto? «La respuesta de Martín Lutero, reflexionando sobre el primer mandamiento de su catecismo mayor, fue: "Cualquier cosa a la que su corazón se aferra y en la que confía, ése es su Dios; solo la confianza y la fe del corazón hacen a Dios y al ídolo"».[1]

Mientras que la idolatría se manifiesta externamente, se origina internamente. Como cristianos, de manera habitual les preguntamos a las personas si han aceptado a Jesús en sus corazones; la falsificación se trata de que las «personas han hecho de su corazón un altar de ídolos».[a] El consejero cristiano David Powlison dice: «La idolatría es, por un gran margen, el problema más discutido en las Escrituras».[2]

---

a Ezequiel 14:1-8, NVI

La idolatría subyacente es la mentira de que alguien o algo que no sea Dios puede hacer un buen trabajo siendo el objeto de nuestra adoración. Cuando creemos la mentira, cometemos idolatría e intercambiamos al verdadero Dios que creó a todos y todo por alguien o algo que Dios hizo a fin de que sea nuestro dios falso.[a]

Dios nos hizo para adorarlo disfrutando de todos y todo lo que Él misericordiosamente provee para nosotros. Satanás quiere que amemos los dones más que a su Dador. A Satanás no le importa lo que usted adore siempre y cuando adore a alguien o algo que no sea Dios. La idolatría tiene lugar cuando tomamos algo bueno y lo ponemos en el lugar de Dios. La idolatría ocurre cuando alguien o algo se vuelven demasiado importante para nosotros, desplazando a Dios como el centro de nuestra vida, y comenzamos a sacrificar nuestro tiempo, dinero, energía, salud e incluso nuestra relación con Dios para servir al ídolo. Este puede ser una relación de pareja, un promedio de calificaciones, un trabajo, nuestro cónyuge, un hijo, una posesión, un pasatiempo, un deporte o incluso un sentimiento de comodidad, relajación o seguridad.

Debido a que Dios ve detrás de lo natural a las fuerzas espirituales en acción, promoviendo el entretenimiento, la política, los deportes, la educación y varias espiritualidades y religiones, Él conecta repetidamente la idolatría con lo demoníaco. Los poderes demoníacos harán que la adoración a los ídolos sea provechosa, placentera y preferible a la adoración al Dios real. Las prácticas paganas nunca han sido realmente actualizadas, porque siguen siendo las más vendidas. El sexo, el dinero, el poder, la fama, la belleza, la comodidad y otras cosas por el estilo nunca dejan de estar en demanda.

¿Cómo se siente Dios con respecto a la idolatría que los poderes demoníacos hacen que sea omnipresente, poderosa y popular? Celoso. Los celos de Dios se mencionan con frecuencia en la Biblia en el contexto de la idolatría.[b] Los celos surgen cuando alguien ocupa nuestro lugar. Dios nos ama, y cuando amamos a alguien o algo en vez de a Él, se siente como una persona casada se sentiría si viniera a casa a cenar con su cónyuge y encontrara a la persona con la que su cónyuge está cometiendo adulterio sentada en su asiento en la mesa familiar.

ESCLAVITUD ESPIRITUAL

Hay un camino corto del *pecado*, que es infrecuente, al *pecado habitual*, que tiene un ciclo más frecuente, y a la *adicción*, que es frecuente. Las personas a menudo descienden de un nivel a otro por la pendiente resbaladiza

---

a Romanos 1:25
b Éxodo 20:5; 34:14; Deuteronomio 5:8-10; Nahúm 1:2; 1 Juan 5:21

sin ser conscientes de ello, por lo que amigos honestos y profesionales capacitados pueden ayudarnos a ver nuestros puntos ciegos.

The Diagnostic and Statistical Manual of the American Psychiatric Association [El Manual Diagnóstico y Estadístico de la Asociación Estadounidense de Psiquiatría] define la *adicción a las drogas* como «caracterizada por la compulsión, la pérdida de control y el uso continuado a pesar de las consecuencias adversas [...] El comportamiento compulsivo es reforzador (gratificante o placentero) al principio, pero la tolerancia y la dependencia conducen a una disminución de su efectividad para producir placer. Con el tiempo, el individuo pierde la capacidad de limitar la ingesta y el proceso de adicción progresa. La capacidad de la droga para producir el placer asociado es reemplazada por la necesidad de esquivar la abstinencia».[3]

Diferentes personas tienen diferentes luchas y adicciones, así que siéntase libre de insertar su propio vicio en lugar de las drogas (por ejemplo, su «droga» de elección puede ser el sexo, la pornografía, la comida, el alcohol, un comportamiento de alto riesgo, la gente agradable, el enojo y la rabia, los juegos de azar, ir de compras, o algo más).

El mundo es la falsificación del reino de Dios. En el reino, las personas adoran a Dios practicando el autocontrol. En el mundo, las personas adoran al placer como dios y pierden el autocontrol, así que su carne pecaminosa los controla.

Para los cristianos, luchar contra la adicción los hace miserables. Pablo habla de su lucha contra el pecado. El deseo del cristiano de «hacer lo que es correcto» se siente como luchar contra la gravedad cuando el pecado se ha apoderado de un área de la vida, así que «no quiero hacer lo que está mal, pero igual lo hago».[a]

Mientras que la cultura usa la palabra *adicción*, la Biblia usa la palabra *esclavitud*. «Porque uno es esclavo de aquello que lo controla».[b] Si usted no puede abandonar un patrón pecaminoso, es un esclavo. Algunas personas niegan esta verdad y afirman que pueden detener su comportamiento adictivo en cualquier momento, pero hasta que no den el primer paso hacia la libertad, admitan que tienen un problema, y dejen de poner excusas y en su lugar hagan cambios, permanecen en la esclavitud.

Si usted fuera libre, sería libre de detenerse. Sin embargo, si no puede hacerlo, es un esclavo que no tiene libertad en absoluto. Cuando los cristianos son adictos, realmente solo tienen cuatro opciones.

---

a Romanos 7:14-25, NTV
b 2 Pedro 2:19, NTV

1. **Minimización:** Tratar de manejar el pecado para evitar que empeore. Estos esfuerzos están condenados al fracaso. El pecado es como el cáncer; o lo matamos o él nos mata.

2. **Compartimentación:** Intentar esconderlo, vivir una doble vida secreta, esperando ansiosamente que no los atrapen, expongan y descubran.

3. **Celebración:** Aceptar esto como su nueva identidad y estar orgullosos de ella, aunque deberían estar avergonzados. Esto explica por qué el mundo organiza desfiles para las cosas cuando debería realizar funerales.

4. **Liberación:** Caminar en la libertad que Dios quiere al matar lo que los está matando. «Haced morir, pues, lo terrenal en vosotros: fornicación, impureza, pasiones desordenadas, malos deseos y avaricia, que es idolatría».[a] Examinaremos cómo esto es posible en el resto del capítulo.

LIBERTAD DE LA ESCLAVITUD

Los esclavos necesitan libertad. Para ser liberado de la esclavitud, se necesita un redentor, lo cual es un tema importante en las Escrituras. La gran idea es que alguien o algo mantiene cautivas a todas las personas, incapaces de liberarse; a menos que un redentor intervenga, están indefensas y son impotentes.

La palabra *redención* y sus derivados (por ejemplo, *redentor*, *redimir*) aparecen aproximadamente ciento cincuenta veces en la Biblia en inglés. El prototipo para la redención es la historia del Éxodo, donde Dios por medio de su poder divino liberó a las personas de la esclavitud para que lo adoraran libremente.[b]

Satanás es el gobernante detrás de las tentaciones de este mundo. «Vivían en pecado, igual que el resto de la gente, obedeciendo al diablo—el líder de los poderes del mundo invisible—, quien es el espíritu que actúa en el corazón de los que se niegan a obedecer a Dios. Todos vivíamos así en el pasado, siguiendo los deseos de nuestras pasiones y la inclinación de nuestra naturaleza pecaminosa».[c]

La vida eterna no comienza el día que morimos. La vida eterna comienza el día que encontramos a Jesús. Cuando Jesús nos redime, tenemos un nuevo gobernante que nos ama y nos bendice para que experimentemos la

---

a Colosenses 3:5
b Éxodo 15:1-18; Deuteronomio 7:8; 15:15; 2 Samuel 7:23; 1 Crónicas 17:21; Isaías 51:10; Miqueas 6:4
c Efesios 2:2-3, NTV

plenitud de la vida. Los cautivos del reino demoníaco necesitan que Jesús los libere. Jesús comenzó su ministerio público prometiendo: «Me ha enviado a proclamar libertad a los cautivos [...] a poner en libertad a los oprimidos».[a]

EL CAMINO DEL PLACER

Todo el mundo comienza su vida como esclavo del pecado. Los esclavos del pecado necesitan confiar en Jesús como su Redentor, quien murió para que ellos pudieran vivir. ¡Jesús viene a destruir todo lo que gobierna sobre usted, liberándolo para que adore a Dios con toda su vida! Satanás desea que usted peque, y quiere que ese pecado destruya su matrimonio, su familia, su salud, y finalmente lo lleve al infierno eterno con él. Solo a través de Jesús puede ser redimido de la esclavitud que lo mantiene atado al diablo y sus demonios.

Cuando es un adicto o está esclavizado a un pecado en particular, es porque está facultando a su carne para que gobierne sobre usted. Cuando la Biblia habla de su carne, está hablando de una semilla rebelde de locura y muerte que vive en usted y quiere arrastrarlo al pecado y la esclavitud. Toda la humanidad ha heredado esa semilla de Adán. Solo a través de Jesús puede ser libre de su esclavitud al pecado. «Nuestro viejo hombre fue crucificado juntamente con él, para que el cuerpo del pecado sea destruido, a fin de que no sirvamos más al pecado. Porque el que ha muerto, ha sido justificado del pecado».[b]

La esclavitud a las adicciones pecaminosas es un problema tanto físico como espiritual. Dios nos hizo como una persona en dos partes, con un cuerpo físico y un alma espiritual. Por lo tanto, además de comprender la naturaleza espiritual de la esclavitud, también es útil comprender la naturaleza física de la misma. En los últimos años el campo de la biopsicología ha descubierto cómo la esclavitud a la adicción reconecta el cerebro humano. Por ejemplo, un cristiano llamado William Struthers ha observado el lado físico de la esclavitud adictiva a la pornografía. En su libro *Wired for Intimacy* [Diseñado para la intimidad], él utiliza una analogía útil sobre la cual nos expandiremos.

Imagínese que ha ido a dar un paseo por el bosque. No había sendero, pero al final de la caminata disfrutó mucho de lo que descubrió, algo así como una cascada, una hermosa vista, un río fresco, y así sucesivamente. Imagínese si en las caminatas frecuentes siguiera sus mismos pasos hasta que se forme un sendero, llamémosle su sendero del placer. Mientras más camina por ese sendero, más ancho y profundo se vuelve, hasta que rápidamente puede hacer

---

a Lucas 4:18
b Romanos 6:6-7

el mismo viaje una y otra vez con menos y menos intención consciente. Los sentidos de su cuerpo —sus ojos viendo el camino, sus pies recordando los pasos— harían ese viaje con más rapidez y facilidad cada vez que usted se dirigiera por el camino del placer.

En lo que respecta a casi cualquier placer, en nuestros cerebros y cuerpos sucede lo mismo en la medida en que una vía neural es creada a través de un comportamiento repetido. Struthers lo dice así: «La corteza orbitofrontal es nuestro sistema de modulación emocional. Este es nuestro sistema de toma de decisiones. Ser adicto a algo significa liberar dopamina, la cual causa que uno desee esa cosa y tome la decisión de buscarla. Ese es nuestro camino de adicción».[4]

Dios creó el camino del placer para su gloria y nuestro bien. Fuimos hechos para disfrutar a Dios y todo lo que Él proveyó para nuestro deleite en este mundo. Si el pecado no hubiera entrado en el mundo y en nuestros cuerpos, solo tendríamos placer sin todo el dolor. Si el pecado no hubiera entrado, solo conoceríamos la libertad de disfrutar lo que Dios ofrece sin caer en la esclavitud.

El problema con los ídolos es que mienten. Su engaño demoníaco es que el pecado puede satisfacer. En realidad, el adicto nunca está satisfecho, lo que lo empuja a niveles más profundos de adicción, dejando atrás un camino de desesperación, destrucción y muerte.

Solo Dios —la vida con Dios, la obediencia a Dios y la libertad a través de Dios— puede satisfacer. Prácticamente hablando, es por eso que Dios quiere que practiquemos la castidad antes del matrimonio y la libertad en el matrimonio, para que tengamos un solo camino neural hacia el disfrute de la intimidad solo con nuestro cónyuge. Es también por eso que Dios nos llama a llenarnos del Espíritu en vez de emborracharnos, porque la embriaguez invita a los «espíritus» de licores impíos. Del mismo modo, no debemos permitir que nuestro «estómago» se convierta en nuestro «dios», llevándonos a nosotros mismos a la obesidad, los padecimientos, la enfermedad y la muerte.[a] Ninguna falsificación puede reemplazar al Creador.

La buena noticia es que podemos construir nuevos caminos. Cuando usted está enojado, en lugar de permitir que su furia escale, puede empezar a trazar un nuevo camino hacia la presencia de Dios a través de la adoración y la oración. Cuando está asustado y ansioso, puede pasar tiempo en la Palabra de Dios en lugar de beber demasiado para calmar sus nervios. Cuando desea intimidad, puede construir amorosamente una relación

---

a Filipenses 3:19, NVI

completa y saludable con su cónyuge en lugar de involucrarse en un pecado sexual. Con el tiempo usted puede construir el ímpetu para que su cerebro, cuerpo y alma tomen el camino hacia la presencia de Dios de manera más natural y rápida en lugar de tomar el camino demoníaco del placer, que es una mentira que solo conduce al dolor. Para experimentar esta libertad se requiere humildad, la cual exploraremos a continuación.

SU RELACIÓN CONSIGO MISMO

CAPÍTULO 8

GANE SU GUERRA
CONTRA EL ORGULLO

El orgullo [...] Nada de eso proviene del Padre, sino que viene del mundo.
—1 Juan 2:16, ntv

CUANDO ESTÁBAMOS PLANTANDO nuestra primera iglesia hace años, ninguno de nosotros recuerda haber tenido un sueño profético o realmente saber algo acerca de ellos. Yo (Mark) en verdad no estaba seguro de que tales cosas milagrosas sucedieran en esta época y era un escéptico total en cuanto a los sueños proféticos. Inesperadamente, mientras dormía, Dios me dio un sueño en el cual me encontraba parado en el vestíbulo de nuestro templo alquilado en la noche de la inauguración de nuestra iglesia. Cuando me di la vuelta en mi sueño, un hombre mayor entró solo. Llevaba una Biblia en un estuche de cuero marrón y vestía una camisa azul, pantalones cortos verdes y sandalias, con una cruz hecha en casa alrededor de su cuello. Reveló que había estado conspirando encubiertamente para apoderarse de la iglesia bebé. Entonces Dios declaró Hechos 20:28-31 y 1 Pedro 5:1-4, exhortándonos a proteger al rebaño de los lobos.

Me desperté para decirle a Grace que Dios me había revelado que el hombre mayor era un lobo enviado por Satanás y que Jesús quería que protegiéramos y guiáramos al pequeño rebaño que nos había dado. Oramos juntos esa noche, pero los dos estábamos un poco conmocionados. Al día siguiente le conté a mi entrenador de plantación de iglesias y a algunos otros acerca de este extraño suceso. Ayunamos y oramos durante la semana previa a nuestro primer servicio público. Esperábamos una gran concurrencia de unas cien personas.

En la noche de la inauguración de nuestra iglesia en octubre de 1996, el servicio recién comenzaba cuando Grace se dio cuenta de que había olvidado su Biblia en el vestíbulo. Me levanté para buscarla y, al darme la vuelta, me encontré solo en el vestíbulo, tal como lo había estado en el sueño. Un hombre mayor entró por la puerta vestido con la misma ropa que en mi sueño y dijo cada palabra que esuché en el sueño. Aturdido, me quedé momentáneamente sin habla. Recobrando mis pensamientos, le dije que se fuera de nuestra iglesia y que nunca volviera. Después de despedir al hombre mayor, caminé por el pasillo de la iglesia y le entregué a mi esposa su Biblia en mi camino hacia el estrado para predicar el primer sermón e inaugurar la iglesia.

Unos meses después, un pastor mayor se puso en contacto conmigo y me dijo que su denominación había disciplinado al «lobo» bajo sospecha de socavar a los pastores jóvenes y tomar dinero de las nuevas iglesias. Dios salvó sobrenaturalmente a nuestra iglesia bebé llena de cristianos nuevos de un hombre mayor orgulloso que estaba decidido a tomar el control y causar división.

NUESTRO DIOS AMOROSO TAMBIÉN ODIA

¿Qué es lo que usted odia? Si tuviera que hacer una pequeña lista de cosas que odia —cosas que hacen que su estómago se revuelva, le hierva la sangre y le duela la cabeza— ¿cuáles serían?

¿Sabía que nuestro Dios amoroso tiene múltiples listas de cosas que odia? Proverbios 6:16-19 dice: «Seis cosas aborrece Jehová, y aun siete abomina su alma». En la parte superior de la lista están los «ojos altivos». La Biblia Amplificada en inglés traduce esto como: «Una mirada orgullosa [la actitud que hace que uno se sobrevalore a sí mismo y desprecie a los demás]». Todos conocemos a esta persona, la que literalmente se considera por encima de los demás y los mira con desdén, disgusto o desprecio.

Dios no solo odia el orgullo, sino que también le declara la guerra. Haciéndose eco de Proverbios, tanto el hermano de Jesús como su discípulo principal afirman: «Dios resiste a los soberbios».[a] Si insistimos en buscar nuestro camino, nuestra fama, nuestra gloria y nuestro mejor interés, el Dios viviente del universo obrará contra nosotros en oposición directa. Nuestro orgullo nos coloca en esta posición demoníaca de escoger pelear con Dios.

Ciertamente, no estamos calificados para escribir sobre la humildad y contra el orgullo. La triste verdad es que ninguno de nosotros está calificado. Usted es orgulloso. Ellos son orgullosos. Todos somos orgullosos de diferentes maneras. Es fácil señalar el orgullo en los demás sin ser conscientes de nuestros propios puntos ciegos. Algunos pensamos que merecemos más dinero. Algunos pensamos que merecemos más respeto. Algunos

---

a Santiago 4:6; 1 Pedro 5:5

pensamos que merecemos más consuelo. Algunos pensamos que merecemos más elogios.

REALICE LA PRUEBA DEL ORGULLO

Tal vez un poco de autoexamen ayude. Considere cada una de las siguientes afirmaciones y califíquese de esta manera:

Siempre – 5 puntos
Frecuentemente – 4 puntos
A veces – 3 puntos
Rara vez – 2 puntos
Nunca – 0 puntos

✓ En las conversaciones, prefiero hablar de mí mismo o que otros hablen de mí en lugar de escuchar a otras personas.

✓ En la mayoría de las situaciones estoy pensando en cómo las cosas me beneficiarán, me afectarán o trabajarán a mi favor.

✓ Si soy honesto, cuando tomo decisiones tiendo a hacer lo que creo que es mejor para mí en lugar de lo que glorificaría a Dios.

✓ Cuando alguien dice que lo he lastimado u ofendido, tiendo a pensar que es esa persona la que tiene el problema.

✓ Cuando le suceden cosas buenas a otras personas, tiendo a ponerme celoso y me cuesta trabajo sentirme feliz por ellas.

✓ Deseo mucha atención y afirmación.

✓ Creo que por lo general soy mejor que la mayoría de la gente.

✓ No soy una persona generosa y soy más propensa a tomar que a dar.

✓ Siento que el mundo sería un lugar mejor si las personas estuvieran de acuerdo con la forma en que creo que deberían comportarse.

✓ Me cuesta mucho no ganar y soy una persona demasiado competitiva.

✓ Es más común que las personas me sirvan a mí que yo a ellas.

✓ Me molesta cuando hago algo bueno y no recibo crédito por ello.

✓ Me cuesta mucho felicitar a otros, hablar bien de los demás y honrarlos.

✓ Siento que ciertas tareas serviles están por debajo de mí y debe realizarlas otra persona.

✓ Escondo mis convicciones cristianas cuando estoy con gente que podría estar en desacuerdo conmigo, juzgarme o rechazarme.

✓ Me cuesta mucho cumplir órdenes, recibir correcciones o estar bajo autoridad.

✓ Pienso en mí más de lo que pienso en Dios y los demás.

✓ Prefiero ser el profesor informando a los demás que el estudiante que está aprendiendo.

✓ Me importa mucho cómo me veo ante los demás: mi apariencia, mis posesiones y las personas con las que me relaciono.

✓ Tiendo a presumir de mí mismo y a criticar a los demás.

En una escala del 0 al 100, ¿cuál es su puntaje? ¿Cuánto esfuerzo tiene que hacer?

Antes de que saltemos arrogantemente a juzgar a otros, debemos juzgarnos a nosotros mismos con cuidado y humildad. Antes de usar la Biblia como binoculares para mirar a otras personas, necesitamos usarla como un espejo para mirarnos a nosotros mismos.

Un diccionario bíblico dice de la versión King James: «Las diez palabras hebreas y dos palabras griegas generalmente usadas para orgullo se refieren a ser encumbrado o exaltado en actitud, lo opuesto a la virtud de la humildad, la cual Dios recompensa y alaba muy a menudo. Otra palabra griega se refiere a una persona que está siendo llenada o inflada de orgullo o egoísmo. La idea es que uno da la impresión de sustancia, pero en realidad solo está lleno de aire (ver, por ejemplo, 1 Corintios 5:2; 8:1; 13:4; Colosenses 2:18)».[1]

Cualquiera que piense que el orgullo es algo con lo que *solía* luchar es probablemente uno de los más orgullosos. El orgullo es quizás más incesante en la gente religiosa que se siente superior y juzga a aquellos que luchan por tener un progreso moral o teológico. Esta gente arrogante no se da cuenta de que el orgullo es posiblemente el peor pecado de todos.

La humildad es una dirección en la que viajamos, no un destino al que llegamos. La pregunta no es: «¿Es usted humilde?», sino más bien: «¿Lo está intentando?». La Biblia nos exhorta a humillarnos a nosotros mismos, porque el camino hacia arriba en el reino de Dios es yendo hacia abajo. Al pueblo de Dios se le exhorta a que se humille, y los que lo hacen son reconocidos por ello.[a] «Humillaos delante del Señor, y él os exaltará».[b]

Algunos viven guiados por el mito de que las circunstancias pueden hacer humilde a una persona. La verdad es que las circunstancias pueden *humillarlo*, pero el único que puede hacerlo *humilde* es usted mismo. Mientras que las circunstancias a menudo deben producir humildad, tristemente respondemos con orgullo o control para que no ocurran de nuevo en lugar de aprender de ellas.

LA TRINIDAD FALSIFICADA: YO, YO Y YO

Desafortunadamente, ninguno de nosotros considera el orgullo con tanta seriedad como debería. Ninguno de nosotros considera su orgullo algo tan en serio como lo hace Dios. ¿Alguna vez se ha preguntado por qué Dios odia el orgullo con tanta pasión?

El orgullo es demoníaco.

---

a   Éxodo 10:3; 2 Reyes 22:19; 2 Crónicas 34:27; Daniel 10:12
b   Santiago 4:10

El orgullo vino a la tierra con Satanás y sus demonios: «Se enalteció tu corazón, y dijiste: Yo soy un dios».[a] Satanás y los demonios, así como las personas a las que han engañado, no reconocen ninguna autoridad más allá de ellos mismos. Así es como vive la gente orgullosa, como si fueran los dioses de sus propias vidas. La verdad es que nadie morirá y rendirá cuentas ante un espejo; usted responderá a un Dios muy real, no a sí mismo. En cualquier guerra, el enemigo pone trampas para la oposición. En su guerra contra Dios, Satanás nos pone la trampa del orgullo. Pablo les advierte a los jóvenes líderes cristianos sobre la trampa del orgullo del diablo.[b]

En el libro de Job, Satanás le declara la guerra a Job debido a su humildad. El plan de Satanás es que Job se convierta en una persona arrogante y se vuelva contra Dios debido a su inmenso e inmerecido sufrimiento. Job sufre en el reino de lo visible y no tiene idea de que Dios y Satanás están en guerra en el reino de lo invisible.

Parte de la trampa de Satanás para Job —y para nosotros— involucra a un espíritu demoníaco llamado Leviatán[2] que busca tentar nuestro orgullo para que ataquemos a Dios y lo culpemos por el sufrimiento que el reino demoníaco ha causado. El orgullo es la falsificación de la humildad.

La manera de salir de la trampa del diablo es resistir su tentación a mostrarnos orgullosos y en cambio humillarnos ante Dios como lo hizo Job. Dios «da gracia con generosidad» a los que buscan la humildad, lo que significa que si usted está luchando contra el orgullo con humildad, Él lo ayudará a ganar su guerra. Si con humildad se somete a Dios, podrá por medio del poder divino «resistir al diablo». Y al no caer en su trampa del orgullo o al salir de esta con arrepentimiento, a la larga «él huirá» de usted.[c]

El reino de las tinieblas ha financiado muy bien los esfuerzos de mercadeo a fin de presentar al orgullo como autoestima, amor propio y autorrealización, pero sigue tratándose de una trampa. En el pecado del orgullo, la trinidad falsificada es yo, yo y yo, con poco espacio para considerar a Dios u otros excepto en lo que tiene que ver con cómo me benefician. El orgullo reemplaza a Dios por mi persona como el centro del universo. Lutero le llamó a esto una teología de gloria en la cual Dios y otros existen para glorificarme a mí en vez de que todos nosotros existamos para glorificar a Dios.[3]

Agustín, el padre de la iglesia, comparó al orgullo con una madre que está embarazada de todos los demás pecados.[4] Con orgullo, Satanás se rebeló contra Dios, porque deseaba ser Dios. Con orgullo, Adán y Eva comieron

---

a   Ezequiel 28:2
b   1 Timoteo 3:6-7
c   Santiago 4:6-7, NTV

el fruto prohibido, porque querían ser como Dios. Con orgullo rechazamos la sabiduría, la voluntad y la Palabra de Dios, porque pensamos que somos un dios mejor. Todo pecado nace del orgullo, y toda virtud, toda santidad y toda gloria a Dios nacen de la humildad.

EL ORGULLO VIENE DEL INFIERNO; LA HUMILDAD VIENE DEL CIELO

Después de que Satanás trajo orgullo a la tierra, Jesús vino a traernos humildad. Él nació en la pobreza en lugar de en la riqueza, de padres sencillos en lugar de la realeza, en un pueblo pequeño en lugar de una gran ciudad, y fue colocado en un pesebre en lugar de en una cuna de oro. A diferencia de Satanás, a diferencia de Adán y Eva y a diferencia de nosotros,

> [Jesús], siendo en forma de Dios, no estimó el ser igual a Dios como cosa a que aferrarse, sino que se despojó a sí mismo, tomando forma de siervo, hecho semejante a los hombres; y estando en la condición de hombre, se humilló a sí mismo, haciéndose obediente hasta la muerte, y muerte de cruz. Por lo cual Dios también le exaltó hasta lo sumo, y le dio un nombre que es sobre todo nombre, para que en el nombre de Jesús se doble toda rodilla de los que están en los cielos, y en la tierra, y debajo de la tierra; y toda lengua confiese que Jesucristo es el Señor, para gloria de Dios Padre.[a]

Jesús fue humilde, y Dios el Padre lo glorificó como resultado. De la misma manera, si nos arrepentimos de nuestro orgullo y buscamos la humildad por medio del poder del Espíritu, algún día seremos glorificados con Él. Hacemos la guerra contra nuestro orgullo al enfocarnos no en nuestra humildad —lo cual es solo otra manera de enfocarnos en nosotros mismos— sino en la humildad de Jesucristo. Alguien ha dicho sabiamente que la humildad no es pensar menos de uno mismo, sino más bien pensar menos en uno mismo.

Así como Jesús bajó a la tierra con humildad, así también el Espíritu Santo baja para darles a las personas orgullosas el poder para que se conviertan en seguidores cada vez más humildes de nuestro humilde Jesús. En cualquier guerra, la clave para no recibir un disparo es mantener la cabeza baja y permanecer agachado en el suelo. Esto es el equivalente espiritual de la humildad.

Satanás es tan astuto que incluso nos permitirá experimentar una victoria espiritual a fin de prepararnos para el orgullo y la derrota espiritual. La

---

a Filipenses 2:6-11

Biblia describe exactamente este escenario: «Volvieron los setenta con gozo, diciendo: Señor, aun los demonios se nos sujetan en tu nombre. Y les dijo: Yo veía a Satanás caer del cielo como un rayo. He aquí os doy potestad de hollar serpientes y escorpiones, y sobre toda fuerza del enemigo, y nada os dañará. Pero no os regocijéis de que los espíritus se os sujetan, sino regocijaos de que vuestros nombres están escritos en los cielos».[a]

Rebosantes de alegría por su nuevo poder espiritual, estos creyentes estaban asombrados de su autoridad delegada sobre las fuerzas demoníacas. Intencionalmente, Jesús cambió su enfoque de la autoridad sobre los demonios al amor de Dios por ellos. En medio del orgullo podemos enfocarnos tanto en nosotros mismos y nuestro progreso y destreza espiritual que dejamos de mirar a Dios.

Para concluir, no solo es importante que aprendamos sobre la humildad, sino también que no nos sintamos orgullosos de las lecciones que estamos aprendiendo y la humildad que estamos demostrando. Cuando se trata de lo demoníaco, puede ser tentador incluso pensar que tenemos el poder y la autoridad para ordenarles a los espíritus impuros que se sometan a nosotros y nos obedezcan. Tristemente, esto es común en los círculos con malas enseñanzas cuando los líderes de los ministerios se levantan, a menudo con corazones altivos, para gritarle al diablo, darle órdenes y hacerle demandas. En contraste, «cuando el arcángel Miguel contendía con el diablo [...] no se atrevió a proferir juicio de maldición contra él, sino que dijo: El Señor te reprenda».[b]

Si uno de los ángeles más poderosos que se clasifica como general del ejército del Señor trata con lo demoníaco humildemente y no haciendo uso de su propio poder o autoridad, entonces nosotros debemos hacer lo mismo. Una clave para mantener la humildad es entender su identidad espiritual, la cual examinamos a continuación.

---

a Lucas 10:17-20
b Judas 9

CAPÍTULO 9

GANE SU GUERRA CONTRA SU IDENTIDAD

Ha sido expulsado el acusador de nuestros hermanos, el que los acusaba día y noche delante de nuestro Dios [...] ¡ay de la tierra y del mar! El diablo, lleno de furor, ha descendido a ustedes, porque sabe que le queda poco tiempo.

—APOCALIPSIS 12:10, 12, NVI

E N EL MOMENTO en que yo (Grace) empecé a salir con Mark cuando era adolescente en la escuela secundaria, mi tío John era lo más cercano que tenía a un abuelo. El tío John era un anciano sin hijos propios, y nos amábamos mucho. Lamentablemente, su esposa Gladys desarrolló Alzheimer y vivió en un centro de atención a tiempo completo, pues él ya no podía cuidarla. Ella no podía recordar quién era ni quién era su marido.

Sin embargo, todos los días el tío John salía a desayunar y guardaba algunas frutas frescas en una caja para llevárselas a Gladys. Al menos una vez al día se sentaba a visitar a su esposa, que había olvidado por completo su identidad.

Me pregunto si Dios se siente a menudo como el tío John. Dios está presente en la vida de los miembros de su amada esposa, la iglesia, pero día tras día olvidamos quién es Él y quiénes somos nosotros en relación con Él. Muchos cristianos a los que Dios ama han olvidado quiénes son.

Si usted tuviera que elegir una palabra para describir quién es, ¿cuál sería? Su respuesta a esa pregunta conforma su identidad y por lo tanto moldea su vida, provoca sus emociones y define sus relaciones.

Cómo se ve a usted mismo define su identidad. Nuestra cultura habla de la identidad como autoimagen o autoestima. Como cristianos, sabemos que no nos definimos a nosotros mismos, sino que más bien nos encontramos a nosotros mismos en una relación con Dios. La Biblia nos dice primero quién es Dios y luego nos indica quiénes somos en relación con Él.

La cuestión de la identidad es una con la cual los seres humanos han luchado desde el primer pecado. Solo viéndonos de manera correcta y bíblica entre Dios y los animales podemos tener humildad y dignidad. Entendemos quiénes Dios desea que seamos al conocer nuestra posición bajo Dios como seres creados, y al ser humildes y dependientes de Él. Al entender nuestra posición de dominio sobre la creación, abrazamos nuestra dignidad como superiores a los animales y esperamos más de los demás y de nosotros mismos como portadores de la imagen de Dios.

Esta es una pregunta a la que yo (Grace) tengo que volver repetidamente cuando estoy luchando para no creer las mentiras del enemigo. Incluso mientras escribía este libro, él trató de decirme que no era lo suficiente inteligente, lo suficiente piadosa o lo suficiente segura para contribuir. Hubo días en los que tuve que llamar a mis amigos para orar, releer escrituras que me recordaban la verdad, y clamar al Señor para que me dijera quién soy en Él. El enemigo merodea, pero nuestro Padre provee para sus hijos.

Dios lo creo a usted para que lo glorificara mientras se encuentra aquí en la tierra, y cuando muera, si está en Cristo, permanecerá con Dios por siempre, glorificándolo perfectamente. Es crucial que conozca su identidad, porque esto determina lo que hace. Cuando usted sabe quién es, sabe qué hacer. Conocer su identidad es la cosa principal que lo cambia todo.

Satanás le declara la guerra a su identidad, porque sabe que es quizás la manera más segura de arruinar la relación entre usted y su Dios. Satanás se negó a aceptar la identidad que Dios le había dado y en cambio buscó establecer una nueva identidad aparte de Dios. Él nos tienta a hacer lo mismo, lo cual es demoníaco. Dios lo creó con una identidad, y Satanás quiere que viva con una identidad falsa.

LA GUERRA POR SU IDENTIDAD

La guerra demoníaca contra la identidad comenzó cuando nuestros primeros padres, Adán y Eva, se encontraron con la serpiente, la cual era más «astuta» que cualquier otra cosa creada por Dios.[a] Y la serpiente comenzó atacando la identidad misma de Dios.

La Biblia habla de Dios como Padre. Hay básicamente dos tipos de padres. El padre con la luz roja dice que no la mayor parte del tiempo; tiene muchas reglas; es controlador, dominante y exigente; y como resultado no

---

a   Génesis 3:1

es muy relacional o divertido. El padre con la luz verde dice que sí la mayor parte del tiempo; tiene solo unas pocas reglas; es muy liberador, alentador y servicial; y como resultado es muy relacional y muy divertido.

El Dios de la Biblia es un padre con luz verde y no un padre con luz roja. Él le dijo a Adán y Eva que tenían luz verde con toda la creación: «De todo árbol del huerto podrás comer».ᵃ ¿Se dio cuenta de eso? Todo era luz verde (sí) con una sola luz roja (no): «Mas del árbol de la ciencia del bien y del mal no comerás; porque el día que de él comieres, ciertamente morirás».ᵇ Nuestro Padre dijo que sí a todo menos a una cosa, y nos dijo que Él prohibió esa acción porque nos haría daño. Nuestro padre quiere que vivamos en libertad y alegría. Resulta vital que entienda la identidad de Dios como un padre amoroso, relacional, servicial, seguro, sabio y con luz verde. ¿La entiende usted?

Satanás atacó la identidad de Dios. Satanás realmente buscó presentar a Dios como un padre con luz roja que estaba reteniendo el bien de sus hijos: «Pero la serpiente era astuta...dijo a la mujer: ¿Conque Dios os ha dicho: No comáis de todo árbol del huerto?».ᶜ

Como cristiano usted debe basar su identidad en dos cosas, quizás las más importantes que puede aprender estudiando la Biblia: (1) quién es realmente Dios y (2) quién dice Dios que usted es en realidad. No debe sorprender que el ataque demoníaco comience en esos dos frentes, con Satanás atribuyéndole una identidad falsa a Dios y a usted. Si tiene una visión equivocada de Dios o de quién es en relación a Dios, entonces todo en su vida se sale de control, como sucedió con Adán y Eva.

¿Notó la estrategia satánica? Satanás quería que ellos alcanzaran una identidad rebelándose y viviendo separados de Dios para que llegaran «a ser como Dios».ᵈ ¿Recuerda lo que Dios dijo sobre la identidad de Adán y Eva? Justo antes, «dijo Dios: Hagamos al hombre a nuestra imagen, conforme a nuestra semejanza [...] Y creó Dios al hombre a su imagen, a imagen de Dios lo creó; varón y hembra los creó».ᵉ Dios nos hizo a su «semejanza», y todo lo que necesitamos hacer es recibir esta identidad. Cuando Satanás tentó a nuestros primeros padres para que se volvieran «como Dios», estaba mintiendo; ellos ya habían sido creados a semejanza de Dios, y todo lo que necesitaban hacer era confiar en ese hecho por fe.

Satanás intentó este mismo truco con Jesús. En Lucas 4:1-13, leemos

---

a Génesis 2:16
b Génesis 2:17
c Génesis 3:1
d Génesis 3:5, NVI
e Génesis 1:26-27

que Jesús pasó cuarenta días en el desierto siendo «tentado por el diablo». «Entonces el diablo le dijo: *Si* eres Hijo de Dios...» (énfasis añadido). ¿Se da cuenta de su artimaña? Satanás estaba atacando la identidad de Jesús como el Hijo de Dios. Una vez más, Satanás estaba tentando a Jesús para que no viviera según la identidad que recibió del Padre. Justo antes, en el bautismo de Jesús, Dios Padre dijo: «Tú eres mi Hijo amado; en ti tengo complacencia».[a]

No hay autoridad en toda la creación igual o superior a Dios Padre. Cuando Él dice que Jesús es el Hijo de Dios, eso es un hecho eterno. Con la Trinidad presente en el bautismo de Jesús, el Espíritu Santo desciende a fin de darle poder a Jesús para que viva la identidad que Dios le ha dado, y ahora hace lo mismo con los cristianos.

¿Observa también cómo Jesús obraría a partir de la identidad recibida del Padre y no de una identidad alcanzada por Él mismo? Antes de que Jesús predicara un sermón, realizara un milagro o expulsara a un demonio, el Padre tenía «complacencia» en Él. Lo mismo es cierto de usted. Es un hijo de Dios, y esa identidad es segura. Puede obrar a partir de esa identidad con gozo y alegría, sabiendo que el amor del Padre está seguro.

No es sorprendente que Satanás declare la guerra contra la identidad de nuestro Padre y nuestra familia. Apocalipsis habla de la guerra en el cielo con «el gran dragón, la serpiente antigua, que se llama diablo y Satanás, el cual engaña al mundo entero».[b] Desde que fue lanzado fuera y llegó a la tierra, «el acusador de nuestros hermanos» los acusa «día y noche».[c] Muchas de estas acusaciones se refieren a su identidad.

Cuando Satanás lo acusa para atacar su identidad, usted necesita recordar lo siguiente:

- Su identidad la recibe de Dios, no la alcanza por sí mismo.

- Su identidad es algo a partir de lo cual trabaja, no algo para lo que trabaja.

- Su identidad viene de una relación con Dios, no de vivir independientemente de Él.

- No se define por lo que le han hecho, sino por lo que Jesús ha hecho por usted.

- Lo que hace no determina quién es; quién es en Cristo debe determinar lo que hace.

---

a Lucas 3:22
b Apocalipsis 12:9
c Apocalipsis 12:10

Si Satanás puede hacer que usted crea lo contrario, ha corrompido el núcleo de su existencia como hijo de un Padre amoroso.

EL DIABLO TIENE SEÑALES COMO EN EL PÓQUER

Las fuerzas demoníacas frecuentemente atacan a los cristianos en el área de su identidad, pero la mayoría de nosotros no somos conscientes de ello. En los relatos de Adán y Jesús que acabamos de examinar, vemos un indicio increíblemente perspicaz. Al igual que en un jugador de póquer, el comportamiento sutil de Satanás es detectable si usted lo observa y puede alertarlo de su ataque a su identidad. Al hablarle a Adán, Jesús y usted, el reino demoníaco habla en segunda persona. A Adán y Eva, Satanás les dijo: «No moriréis» y «seréis como Dios». Al hablar con Jesús, Satanás le dijo dos veces: «Si eres Hijo de Dios».

Cuando usted habla de sí mismo, usa el pronombre «Yo» en primera persona. Cuando alguien más le habla, usa el pronombre de la segunda persona, «usted». Cuando un ser físico nos habla en segunda persona, reconocemos fácilmente que alguien más nos está hablando. Sin embargo, cuando un ser espiritual nos habla en segunda persona, tenemos que decidir si estamos escuchando a Dios o al diablo y sus demonios. A veces, cuando un demonio nos habla, podemos fácilmente pasar por alto el hecho de que es un demonio quien nos está hablando, porque ellos no se ven.

He aquí algunos ejemplos comunes de lo que Satanás le dice al creyente para atacar su identidad:

- No vales nada.
- Eres un fracaso.
- Tuviste lo que te merecías.
- Nunca cambiarás.
- No tienes remedio.
- Eres repugnante.
- No eres un cristiano de verdad.
- Dios está harto de ti.
- Si la gente supiera cómo eres realmente, todos te odiarían.
- Probablemente irás al infierno.
- Deberías suicidarte.

Si algo de esto le suena familiar, usted tiene que saber que es demoníaco. Estas son mentiras falsas que Satanás dice para socavar la verdad de lo que Dios afirma acerca de su pueblo. Nuestro Padre no le dice cosas así a ninguno de sus hijos.

Trágicamente, algunas personas pasan por alto lo demoníaco y piensan que se están diciendo cosas horribles a sí mismas. Suponen de forma errónea que hablan de sí mismas negativamente y tienen una mala imagen de su persona, cuando la verdad es que están siendo atacadas. Esto lleva al autodesprecio.

Peor aún, algunas personas confunden el mensaje demoníaco con una palabra de Dios. Satanás es tan astuto que tratará de hacerle creer que su ataque es realmente de su Padre celestial, lo cual lleva a despreciar a Dios.

En más de dos décadas de liderazgo en las iglesias hemos explicado esto innumerables veces. Cuando usted recibe un mensaje acerca de su identidad en segunda persona, necesita probarlo por medio de la Palabra de Dios. Jesús hizo esto. Cuando Satanás atacó la identidad de Jesús, Él se mantuvo diciendo: «Escrito está…» y citó la Escritura, porque la verdad echa fuera las mentiras y la luz echa fuera las tinieblas. Jesús no se puso a la defensiva ni se vio obligado a discutir. Él dejó que la batalla fuera entre el enemigo de Dios y la Palabra de Dios, porque esa es una batalla que la Palabra siempre gana.

Si olvida esto cuando el enemigo ataca su identidad, terminará con una historia triste como la de Gladys. Tendrá un Dios que lo ama y está presente con usted todos los días como un esposo, pero no recordarás quién es Él ni quién es usted.

MALDICIONES GENERACIONALES

Con respecto a la identidad, una de las preguntas más comunes que los cristianos se hacen es si las maldiciones generacionales en su familia se extienden o no a ellos. Para los no creyentes (personas que no pertenecen a Dios) es completamente posible que líneas familiares enteras sean maldecidas con lo que a menudo llamamos esclavitud ancestral o generacional. Por ejemplo, hemos encontrado algunas familias ocultas que son tan demoníacas que cada generación nace en el mal puro —asaltos sexuales repetidos entre sí desde la infancia y todo tipo de maldad—que se extiende hacia atrás tantas generaciones que nadie puede recordar un momento en que la familia no era demoníaca. Trágicamente, esto puede parecer normal en lugar de maléfico.

Comenzando en Génesis, el tema de las líneas familiares maldecidas y bendecidas aparece repetidamente y se extiende por toda la Biblia hasta que no habrá más maldición.ª De principio a fin, la Biblia habla de generaciones de líneas familiares que han sido bendecidas o maldecidas. En Egipto la gente adoraba a toda la familia de los faraones como dioses, mientras que generación tras generación se involucraban en la espiritualidad demoníaca y buscaban maldecir al pueblo hebreo que Dios bendijo. Los edomitas, como otro ejemplo a través de la Escritura, continuamente trataron de destruir a los hijos de Dios, incluyendo al rey Herodes cuando mató a los niños en los días de Jesús y buscó asesinar al Mesías.[1] Dios creó a su familia, y Satanás la falsificó con familias malvadas que atacan a la familia de Dios.

Esto ayuda a explicar por qué a través del Antiguo Testamento, Dios ordena que grupos enteros de personas sean borrados de la tierra. Deuteronomio 7 es un capítulo entero dedicado al pueblo de Dios que aniquila a siete naciones: «al heteo, al gergeseo, al amorreo, al cananeo, al ferezeo, al heveo y al jebuseo» (v. 1). Dios ordena que cuando «las hayas derrotado, las destruirás del todo; no [...] tendrás de ellas misericordia. Y no emparentarás con ellas; no darás tu hija a su hijo, ni tomarás a su hija para tu hijo. Porque desviará a tu hijo de en pos de mí, y servirán a dioses ajenos» (vv. 2-4).

El problema es entre una línea familiar bendecida por Dios y maldecida por Satanás, y una línea familiar maldecida por Dios y bendecida por Satanás. Mientras la línea demoníaca permanezca, buscará destruir la línea divina y también seducirá a aquellos en la línea divina hacia una sexualidad y espiritualidad falsas y demoníacas. Por lo tanto, Dios ordena: «Sus altares destruiréis, y quebraréis sus estatuas, y destruiréis sus imágenes de Asera, y quemaréis sus esculturas en el fuego» (v. 5). Además, «consumirás a todos los pueblos que te da Jehová tu Dios; no los perdonará tu ojo, ni servirás a sus dioses, porque te será tropiezo [...] Las esculturas de sus dioses quemarás en el fuego [...] y no traerás cosa abominable a tu casa, para que no seas anatema; del todo la aborrecerás y la abominarás, porque es anatema» (vv. 16, 25-26). La Biblia incluye numerosas situaciones similares.ᵇ

Algunas familias y naciones enteras que descienden o siguen a una familia son demoníacas y por lo tanto están malditas. Estas personas no serán salvas y son usadas por Satanás para causarle daño al pueblo de Dios de cualquier manera que pueda. Son como los demonios que se pusieron del lado de Satanás y nunca van a cambiar. Esto se parece un poco a un intruso que viene a su casa solo para hacerle daño a su familia. No tiene intención de detenerse, no se puede razonar con él, y por lo tanto debe impedírsele

a Apocalipsis 22:3
b Números 21:2-3; Deuteronomio 2:33-34; 3:6; 13:12-15; Josué 6:21

que cause un mal y un daño grandes. Aquellos a los que les gusta la paz a toda costa deben entender que no existe tal cosa como un tratado de paz negociado con lo demoníaco; la única forma en que la paz llega es cuando lo demoníaco sea derrotado y destruido.

Para el cristiano, esta es la razón por la que Jesús murió. Jesús murió para levantar la maldición contra nosotros y adoptarnos en la familia de Dios. Esto comenzó con Abraham, nuestro padre en la fe: «Cristo nos redimió de la maldición de la ley, hecho por nosotros maldición (porque está escrito: Maldito todo el que es colgado en un madero, para que en Cristo Jesús la bendición de Abraham alcanzase a los gentiles, a fin de que por la fe recibiésemos la promesa del Espíritu».[a]

La bendición sobre el pueblo de Dios es lo opuesto a la maldición sobre los enemigos de Dios. Dios dice: «Yo soy Jehová tu Dios, fuerte, celoso, que visito la maldad de los padres sobre los hijos hasta la tercera y cuarta generación de los que me aborrecen, y hago misericordia a millares, a los que me aman y guardan mis mandamientos».[b] Los que odian a Dios experimentan esa maldición de generación en generación hasta que llegan a amar a Dios, momento en que son bendecidos de generación en generación.[c]

Algunas familias transmiten los valores demoníacos de generación en generación y son maldecidas por Dios, pero «bendecidas» por Satanás. Sin embargo, estas familias pueden ser radicalmente cambiadas si al menos una persona se convierte en cristiana y se une a la familia bendita de Dios por medio de la fe. Cuando esto sucede, una persona ya no está bajo la maldición de su familia de nacimiento físico, porque fue colocada en la familia de Dios en virtud de su nuevo nacimiento espiritual.

Admito que la posición que mantenemos con respecto a este asunto es una con la que otros cristianos creyentes en la Biblia y amantes de Jesús estarían en desacuerdo. Ellos lo animarían a identificar las maldiciones generacionales y a romperlas. Nosotros simplemente afirmamos que una vez que Jesús lo salvó, Él identificó y rompió todas las maldiciones generacionales al adoptarlo en la familia de Dios de forma completa, íntegra e instantánea. No creemos que usted necesite hacer nada más, ya que Jesús hizo todo lo que se podía hacer; la fe es simplemente confiar en que cualquier maldición ancestral o generacional se rompió cuando Dios se convirtió en su Padre, y vivir esa nueva vida como una nueva persona. Si usted es un cristiano con maldiciones generacionales en su línea familiar, Dios es ahora su Padre, y

a   Gálatas 3:13-14
b   Éxodo 20:5-6
c   Véase también Éxodo 34:7.

todos los creyentes «fueron rescatados de la vida absurda que heredaron de sus antepasados».[a] Ser cristiano es tener un nuevo Padre y una nueva familia que está bendecida y no maldita. Por lo tanto, tenga la seguridad de que su identidad es totalmente nueva en Cristo y es una de bendición y no de maldición. Usted puede arrastrar algunos conceptos, hábitos, patrones o problemas malos de su familia, pero Dios está ahí para corregir estas cosas y no para maldecirlo por ellas. A veces esto incluye a los juramentos internos, los cuales examinamos a continuación.

---

a 1 Pedro 1:18-20, NVI

CAPÍTULO 10

GANE SU GUERRA CONTRA LOS JURAMENTOS INTERNOS

No juren de ningún modo.
—MATEO 5:34, NVI

EN NUESTRA PRIMERA cita, yo (Mark) me sentía nervioso. Éramos adolescentes que cursaban la escuela secundaria, y estaba muy enamorado de Grace y sabía que su padre era pastor. Conduciendo mi primer auto, un Chevy de 1956 que compré con el dinero que gané en mi primer trabajo, tuve que armarme de valor para aparcar el coche y conocer a sus padres. La familia de Grace vivía en una calle sin salida, y yo conduje el auto muchas veces dando vueltas hasta que finalmente reuní algo de coraje y me detuve en el camino de entrada a la vivienda.

Años más tarde, después de casarnos y tener unos cuantos hijos, me quedé atascado en otra calle sin salida. No había perdonado algo en nuestro pasado. Grace se había disculpado y se había arrepentido, pero yo perpetuaba mi dolor y seguía guardando rencor. Los años habían pasado, pero seguía arrastrando el doloroso pasado hacia el presente. Como un arqueólogo relacional, desenterraría el asunto una y otra vez, revelando que no la había perdonado ni enterrado el problema con la muerte de Jesús por nuestro pecado. Como resultado, nuestros desacuerdos cayeron en una rutina muy usada con ambos conduciendo en círculos hasta que nos exasperábamos.

Antes de que Grace y yo nos conociéramos, ambos habíamos tenido experiencias de citas poco saludables, nefastas e infelices. Como resultado, cuando empezamos a construir una relación en la escuela secundaria, ambos estábamos un poco golpeados. No me di cuenta plenamente en ese momento, pero me hice un juramento interno a mí mismo como no

85

cristiano. Grace también había hecho juramentos que el enemigo usaba para crear una brecha entre nosotros.

Al cabo de unos años conocí a Cristo y nos casamos como cristianos mientras aún estudiábamos en la universidad. Los primeros años de nuestro matrimonio fueron divertidos. Estábamos quebrados, pero contentos de estar juntos. Al poco tiempo habíamos plantado una iglesia y dado la bienvenida a nuestro primer hijo al mundo. Pronto los otros niños también llegaron.

Nos amábamos, pero había algo entre nosotros. Éramos fieles el uno al otro, estudiábamos la Biblia, servíamos en el ministerio y tratábamos de crecer en nuestra relación con Cristo, pero rápidamente nos quedábamos atascados. Esto sucedió muchas veces, y cuando ocurría, íbamos al mismo lugar emocionalmente una y otra y otra vez. El resentimiento siguió creciendo y causando dolor.

Cuando éramos jóvenes, Grace, sin saberlo, había violado ese juramento interno que yo había hecho como no cristiano. De adultos, ese juramento de años anteriores nos estaba causando dolor y problemas a ambos. Dios nos ayudó a superar este desafío, y compartiremos cómo más adelante en este capítulo.

JURAMENTOS INTERNOS DEFINIDOS

Un juramento interno es una respuesta típica al dolor. Alguien o algo nos lastimó, y queremos asegurarnos de que nunca volveremos a experimentar ese dolor. En lugar de perdonar a las personas involucradas y confiar en que el Señor es nuestro escudo de protección, hacemos un juramento interno. En general, un juramento interno es una promesa de «nunca más» que nos hacemos a nosotros mismos. «Nunca más alguien dirá, hará, verá o causará este dolor que he soportado». He aquí algunos ejemplos:

> Una persona que ha sido engañada en una relación de noviazgo o matrimonio puede hacer el juramento interno de no permitir que nadie esté lo suficiente cerca como para lastimarla de nuevo.

> Una persona con un padre dominante, autoritario y abusivo puede hacer el juramento interno de no someterse nunca más a ninguna autoridad.

> Una persona abusada sexualmente puede hacer el juramento interno de no volver a disfrutar nunca más del placer sexual, incluso con su cónyuge.

Una persona avergonzada en su pasado puede hacer el juramento interno de nunca permitirse estar en una situación en la que se puedan volver a burlar de ella.

Una persona que ha sido molestada y acosada puede hacer el juramento interno de ser el agresor con el que nadie quiere meterse.

Una persona que ha sido herida o traumatizada puede hacer el juramento interno de nunca perdonar a su ofensor.

Una persona que ha experimentado una relación controladora puede hacer el juramento interno de ser la que controla, por lo que no muestra control en las relaciones futuras.

Una persona con padres demasiado estrictos que establecen reglas puede hacer el juramento interno de que merecen pecar y divertirse un poco para variar.

DIEZ IDEAS SOBRE LOS JURAMENTOS INTERNOS

Hacerse un juramento a usted mismo es la falsificación de hacer un pacto con Dios. Un juramento interno es una promesa de vivir por una ley que usted hace sin importar lo que la ley de Dios dice. He aquí diez ideas más que hemos aprendido sobre los juramentos internos.

1. Hacemos juramentos internos precipitadamente en medio del dolor.

Cuando estamos sufriendo profundamente, a menudo no pensamos profundamente. En esos momentos el diablo tiene un punto de apoyo para susurrarnos al oído y alentarnos a hacer un juramento interno. Proverbios 20:25 advierte: «Lazo es al hombre hacer apresuradamente voto de consagración, y después de hacerlo, reflexionar».

2. Algunos de nosotros hacemos juramentos internos a una edad muy temprana.

Los juramentos internos hechos a una edad temprana se convierten en parte de cómo vemos la vida y lidiamos con ella. Los llevamos de la infancia a la edad adulta, donde se convierten en hábitos que ignoramos parcialmente hasta que la verdad brilla como una luz sobre la oscuridad.

3. Algunos juramentos internos se afianzan como comportamientos generacionales.

Algunos de nosotros convertimos los juramentos internos en leyes familiares que rigen durante generaciones. Por ejemplo, conocemos a muchos hombres que no abrazan a sus hijos ni le dicen «Te amo» a su esposa, porque esos fueron los juramentos internos que algunos hombres le transmitieron a su familia en generaciones anteriores.

4. Los juramentos internos pueden tomar el lugar de Dios.

Dios ya no es el Señor sobre esa área que hemos prometido proteger. En cambio, el juramento interno gobierna en lugar de Dios. No podemos ser guiados por el Espíritu o libres para caminar en la voluntad de Dios. Por el contrario, el juramento nos guía y caminamos según la voluntad del juramento.

5. Nos volvemos leales al juramento interno en vez de al Señor.

Cuando se pone a prueba nuestra lealtad, permanecemos fieles a nuestro juramento interno, aunque esto signifique que no podemos estar cerca de Dios o las personas que se supone son las más importantes en nuestra vida. Protegeremos el juramento a toda costa en lugar de confiar en que el Señor nos protege.

6. A menudo hacemos juramentos internos sin una conciencia profunda.

En el momento en que experimentamos dolor o problemas en el presente, simplemente podemos llegar a una decisión destinada a protegernos en el futuro que parece razonable sin pensarlo mucho. A menudo permanecemos inconscientes de que hemos hecho un juramento interno hasta que alguien lo viola y nos provoca. Cuando alguien viola nuestro juramento, a menudo nos sorprende que no vean de inmediato lo horrible que han hecho, porque para nosotros han cruzado una línea sagrada.

7. La violación de un juramento interno a menudo desencadena una reacción exagerada.

Cuando nuestro juramento interno es violado, nos volvemos más emocionales de lo que la situación típicamente ameritaría. Nuestras pasiones se elevan rápidamente a medida que nuestro juramento interno es atacado, porque este se ha convertido para nosotros en algo que falsamente pensamos que nos está protegiendo del dolor. Si el juramento es violado, entonces tememos que sufriremos el mismo tipo de gran dolor que intentamos prevenir cuando hicimos el juramento en primer lugar.

8. Nos cuesta mucho no ver nuestros juramentos como iguales a las leyes de Dios.

Todos deben someterse a las leyes de Dios, pero nadie está obligado a someterse a nuestros juramentos. No somos Dios, y se nos exhorta: «No añadas a sus palabras, para que no te reprenda».[a] Cuando ponemos nuestro juramento a la misma altura de la Palabra de Dios, exigimos que otras personas nos obedezcan como Dios.

9. Castigamos a las personas que rompen nuestros juramentos internos.

La desobediencia a nuestro juramento interno desencadena algún tipo de castigo a otros para hacerlos pagar. En las relaciones abusivas esto puede ser similar a un culto, donde una persona asume el papel de dios cruel y gobierna sobre otra con juramentos que son fortalezas demoníacas.

10. Un juramento interno le abre la puerta al enemigo.

El juramento interno es un punto de entrada para el daño demoníaco, porque el mismo es de alguna manera una mentira. La Biblia es clara: así como un padre tiene hijos, Satanás es el «padre de mentiras».[b] La mentira bajo un juramento interno es que este lo protegerá. Como todas las mentiras, esta es demoníaca y ofrece lo contrario de lo que promete.

A la luz del peligro demoníaco de los juramentos internos, no es sorprendente que la Biblia advierta contra ellos. Jesús señala: «Pero yo os digo: No juréis en ninguna manera [...] Ni por tu cabeza jurarás [...] Pero sea vuestro hablar: Sí, sí; no, no; porque lo que es más de esto, de mal procede».[c] Haciéndose eco de su hermano mayor, Santiago dice: «No juréis, ni por el cielo, ni por la tierra, ni por ningún otro juramento; sino que vuestro sí sea sí, y vuestro no sea no, para que no caigáis en condenación».[d]

Los juramentos internos producen un corazón de piedra. El dolor de nuestro pasado, si no se lamenta de la forma adecuada, y los errores de nuestro pasado, si no se perdonan por completo, ofrecen una oportunidad para que el diablo nos anime a hacer un juramento interno. El juramento está destinado a proporcionar una dura capa de protección sobre nuestro corazón herido. Trágicamente, esto se convierte en una tumba en la que morimos lentamente.

Satanás hizo el primer juramento interno: «Tú que decías en tu corazón: Subiré al cielo; en lo alto, junto a las estrellas de Dios, levantaré mi trono, y en el monte del testimonio me sentaré [...] sobre las alturas de las nubes

---

a Proverbios 30:6
b Juan 8:44
c Mateo 5:34-37
d Santiago 5:12

subiré, y seré semejante al Altísimo».[a] Toda la guerra entre Dios y Satanás comenzó cuando Satanás hizo el juramento interno de que suplantaría a Dios como gobernante de todo. Dios creó a Satanás para vivir en un pacto con Él, y Satanás lo falsificó con un juramento interno a sí mismo. Satanás invitó entonces a Adán y Eva a adoptar su juramento interno y a ser también «como Dios». Hasta el día de hoy Satanás permanece leal a su juramento interno, el cual ha usado para reemplazar a Dios como la autoridad más alta en su vida. Muchas personas han adoptado erróneamente el juramento interno del diablo también y causado daño. Desde el principio, los juramentos internos han sido fortalezas demoníacas.

¿Alguien lo ha herido profundamente, y en lugar de perdonarlo y entregarle ese dolor al Señor para que sea sanado, usted también pecó al hacer un juramento interno y endurecer su corazón? Si es así, este juramento interno le da al diablo acceso a sus pensamientos, sentimientos y decisiones.

Reflexione extensamente en sus juramentos internos. ¿Le resultan tan familiares que ya no los reconoce? ¿Le ha pedido al Espíritu Santo que traiga a su mente algún juramento interno que pueda haber hecho? ¿Ha invitado a personas piadosas que formen parte de su vida a que le señalen cualquier juramento interno que no reconozca porque constituyen puntos ciegos?

Lo mejor que puede hacer con un juramento interno es matarlo antes de que lo mate a usted y a su relación con Dios y los demás. Romper su juramento interno invita al Espíritu Santo a gobernarlo, guiarlo y dirigirlo. Al renunciar a su juramento, usted invita al Espíritu Santo a sanar su corazón de piedra herido, haciéndolo tierno para Dios y los demás y dispuesto a establecer relaciones saludables. Dios promete: «Os daré corazón nuevo, y pondré espíritu nuevo dentro de vosotros; y quitaré de vuestra carne el corazón de piedra, y os daré un corazón de carne [...] y vosotros me seréis por pueblo, y yo seré a vosotros por Dios. Y os guardaré».[b]

¿Cómo lo sabemos? Como comentamos al principio de este capítulo, hemos vivido el dolor de este problema. Afortunadamente, Dios me mostró (Mark) cómo perdonar a Grace por lo que hizo, ella me perdonó por no perdonar, y Dios me perdonó por hacer un juramento interno. El juramento interno de Grace de no permitir volver a ser lastimada, como lo había sido en relaciones anteriores, y una falsa identidad de no tener valor que ambos revelamos, fueron luego sanados al trabajar juntos para responder con la bondad de Cristo. Experimentamos liberación espiritual, sanación emocional

a Isaías 14:13-14
b Ezequiel 36:26-29

y calidez relacional. Desde entonces Dios ha enviado continuamente a su Espíritu a fin de darnos corazones amorosos y tiernos para tener una relación con Él y los demás. Si no hubiera ocurrido este cambio, quién sabe dónde nos encontraríamos hoy. Probablemente no estaríamos escribiendo un libro sobre cómo ganar su guerra, porque todavía estaríamos perdiendo nuestra guerra. Todos hemos perdido algunas batallas y necesitamos ser limpiados del pasado, lo cual estudiaremos a continuación.

CAPÍTULO 11

GANE SU GUERRA CONTRA LA CONTAMINACIÓN

Serán purificados de todos sus pecados en la presencia del Señor.
—Levítico 16:30, ntv

H E AQUÍ UNA parte de una carta que recibimos hace un tiempo y representa a muchas personas que se acercan a nosotros en su lucha por ganar la guerra contra la contaminación. Oramos para que se sienta animado por la respuesta de Grace a esta carta y encuentre esperanza a través de las enseñanzas de este capítulo. Si usted se identifica con esta carta, lo animamos a que no solo lea este capítulo, sino que también busque las Escrituras, encuentre un consejero cristiano de confianza y comience el proceso de sanación.

Estimados pastor Mark y Grace:

Espero que respondan a mi pregunta. He tenido esta pregunta en mi mente desde que era muy joven. Fui abusada sexualmente [...] no tengo a nadie con quien hablar de ello, y he orado y visto sus vídeos desde que tenía catorce años. En sus vídeos usted dice que Jesús puede limpiarnos, pero me siento muy culpable no solo por no haber sido virgen, sino por haber tenido sexo después de mi abuso, así que siento que cualquier oportunidad de estar limpia en lo que respecta a mi cuerpo fue saboteada por ello. No me siento lo suficiente buena para un hombre o para Dios, y por mucho que quiera creer que Jesús no me juzga duramente por ello, simplemente no puedo. ¿Qué puedo hacer? Sé que hay otras mujeres que son puras y yo simplemente no lo soy, o nunca lo fui. ¿Cómo puedo limpiarme por medio de Jesús? ¿Cómo lidiar con todo este sentimiento de no ser lo suficiente buena para nadie debido a que soy tan impura? He llorado mucho por esto a lo largo de los años, y no sé cómo lidiar con ello. Espero que respondan a mi pregunta. ¡Que Dios lo bendiga y a su familia! ¡Me hace feliz ver cómo usted habla de sus hijas, y ellas son muy bendecidas por tener a un padre involucrado en sus vidas! ¡Su esposa es muy hermosa, y estoy agradecida de que haya compartido su historia, y me hace feliz que haya sido bendecida con una hermosa familia ahora!

P.D.: ¿Cómo debo vivir mi vida de ahora en adelante si quiero ser vista pura a través de los ojos de Dios?

Querida Dinah:

Como madre de dos hijas, esta historia trajo lágrimas y un profundo dolor a mi corazón mientras la leía. Eso está mal, y no es lo que Dios quiere que les suceda a las dulces jovencitas. Es algo malvado, es difícil de perdonar, es una cicatriz en el alma de una mujer joven, es algo que usted no puede borrar. Lo siento muchísimo. ¡Sin embargo, aunque esto requiere afligirse y trabajar a través de estas heridas, la otra parte de su historia puede incluir sanidad y perdón y pureza a los ojos de Dios! Ha tenido el valor de contar lo que pasó y cómo se siente ahora. Dios no quiere que viva bajo la vergüenza y la condenación que el enemigo continuamente usa para perseguirla. Aunque su padre terrenal quizás no la protegió, su Padre celestial quiere que experimente la libertad de la vergüenza de los pecados cometidos contra usted y de los pecados que cometió más tarde. ¡Eres amada, valiosa y preciosa para el Padre!

Mientras trataba con mi propio abuso, lloré, me enojé y hablé con gente en la que confiaba, incluyendo consejeros cristianos. Luego lloré un poco más y le pedí a Dios que me sanara de maneras que solo Él podía hacerlo. Escribí una carta de procesamiento (no para compartir con otros) con el propósito de desahogar todo el sufrimiento, la ira y el dolor que estaba sintiendo. Al final de la carta, le pedí al Señor que me ayudara a perdonar a mi abusador y a liberarme de la carga de la vergüenza y la impureza. No fue la última vez que tuve que perdonar, porque hubo momentos en que recordé el horror y tuve que perdonar de nuevo. El perdón no requiere que usted se reconcilie con su abusador, solo significa que le ha entregado el problema a Dios y que confía en que Él se encargará de ello.

Con el tiempo, sentí que la carga se aliviaba y una libertad la reemplazaba. A la larga, después de que Dios me ayudó a verme a través de sus ojos (una hija redimida, pura y amada a causa de la muerte de Jesús en la cruz), pude compartir mi historia sin deseos vengativos, y ayudar a otros a liberarse de la esclavitud de la condenación de Satanás. No estaría escribiendo esto ahora si Dios no fuera algo más que fiel al sanarme. Lo he visto traer libertad a la vida de muchas mujeres, que es lo opuesto a lo que el enemigo quiere. Anímese porque en el momento en que aceptó a Jesús, Dios la vio limpia debido a lo que Jesús hizo *por* usted, no sucia por lo que le hicieron *a* usted. Me alegro mucho de que nos haya escrito, y estamos orando por su vida.

GRACE

ES HORA DE CAMBIARSE DE ROPA

Todos los días nos despertamos y decidimos qué nos pondremos. Lo que vestimos dice algo sobre cómo nos percibimos y nos presentamos ante los demás. ¿Qué le gusta ponerse? ¿Cuál es su estilo?

¿Sabía que al diablo y sus demonios también les gusta vestir a las personas y están tratando de vestirlo a usted? Satanás quiere tomar la inmundicia del pecado —tanto los pecados que ha cometido como los que se han cometido contra usted— y hacer que lleve esa culpa y vergüenza. Esto se ilustra en Zacarías 3:1-5. En una escena celestial en el reino de lo invisible, encontramos al «sumo sacerdote Josué», quien intercede por los pecadores en la presencia de Dios.

En la revelación, Josué, representándolo a usted y a todo el pueblo de Dios, está parado entre dos personas. Una es «el ángel de Jehová», que es Jesucristo. La palabra para *ángel* es amplia y generalmente significa «mensajero». Y el Antiguo Testamento distingue entre «un ángel de Jehová», que se refiere a uno de los ángeles creados por Dios, y «el ángel de Jehová», que a menudo es Dios mismo descendiendo.[1]

De acuerdo con la revelación de Zacarías 3, imagine a Jesús de un lado. Del otro lado imagine a Satanás listo para acusar. Sitúese a usted mismo en medio de la escena. Escucha a Satanás trayendo a colación todos los pecados que ha cometido. Escucha todas las cosas sucias, obscenas, repugnantes, horribles y espantosas que ha dicho. Confrontándolo con su culpa, él ahora añade todo el vil mal que le han hecho otros, como el abuso (verbal, físico, mental, espiritual o sexual), los insultos, el abandono y el rechazo. Imagine que mientras Satanás acumula una repulsa verbal sobre usted, con cada afirmación él agarra un gran cubo lleno de lodo y heces y se lo lanza un puñado a la vez. Cuando Satanás termina, usted está ahí de pie, llevando todo su pecado y vergüenza como «vestiduras sucias». Los demonios se burlan de usted mientras mira al suelo derrotado, deshonrado y contaminado.

Imagínese luego escuchar la voz de Jesús que se levanta con justa ira para anunciar con toda autoridad: «Jehová te reprenda, oh Satanás; Jehová [...] te reprenda».[a] Incapaz de defenderse, de repente se da cuenta de que Jesús está a su lado y lo defiende. Entonces escucha a Jesús darle una orden a un soldado angelical que está listo: «Quitadle esas vestiduras viles [...] he quitado de ti tu pecado, y te he hecho vestir de ropas de gala».[b] Con lágrimas de alegría en sus ojos y una sonrisa en su rostro, usted mira hacia arriba para ver el rostro amoroso de Jesús mientras lo abraza.

En la cruz, Jesús usó espiritualmente nuestras vestiduras sucias. Para recordarnos esto, cuando Jesús salió de la tumba, dejó allí sus ropas de sepultura. Una vez que usted fue perdonado, nadie —incluidos usted y Jesús— necesitó usarlas de nuevo. A los teólogos les gusta llamarle a esto *doble imputación*. En la cruz, Jesús intercambió la ropa con nosotros. Él usó nuestras ropas sucias de pecado y puso sobre nosotros sus ropas limpias de justicia: «Por nosotros lo hizo pecado, para que nosotros fuésemos hechos justicia de Dios en él».[c] Martín Lutero llamó cariñosamente a esto «el gran intercambio». Jesús tomó nuestro lugar y vistió nuestra ropa, y nos puso en su lugar para que nos pusiéramos su ropa.

Tristemente, los cristianos confundidos continúan usando sus viejas vestiduras espirituales de pecado y vergüenza, repulsión y deshonra, suciedad y fracaso. Son un poco como Lázaro en Juan 11. Lázaro era uno de los mejores amigos de Jesús. Cuando él murió, Jesús lloró y viajó a la tumba de su amigo. Muerto desde hacía cuatro días, la Biblia dice que Lázaro «hiede ya» (v. 39).

Parado junto a la tumba, Jesús llamó: «¡Lázaro, ven fuera!». Un viejo predicador británico señaló que fue bueno que Jesús dijera el nombre de Lázaro, de lo contrario habría vaciado todo el cementerio. ¡Lázaro, que estaba muerto, fue resucitado! Sin embargo, todavía llevaba su ropa vieja, la cual los amigos tuvieron que ayudarlo a quitarse.

---

a Zacarías 3:2
b Zacarías 3:4
c 2 Corintios 5:21

Muchos cristianos son como Lázaro. Satanás los enterró con ropas de sepultura sucias, pero Jesús los sacó y Él tiene ropa fresca y limpia para que se la pongan. Como Lázaro, los amigos piadosos nos ayudan a quitarnos nuestras ropas viejas y sucias, así que dejamos de usarlas y empezamos a usar el manto limpio de justicia que Jesús tiene para nosotros. La ropa vieja es la falsificación de Satanás de la ropa nueva que Jesús tiene para ti.

BUENAS NOTICIAS PARA LOS CULPABLES

Usted no solo comete pecados, sino que también se cometen pecados en su contra. El pecado no solo lo hace culpable, sino que también lo ensucia.

Aproximadamente una docena de palabras bíblicas hablan del pecado en términos de manchar nuestra alma, contaminarnos y causar que seamos sucios o inmundos.[a] El efecto del pecado, particularmente el pecado sexual cometido contra nosotros, es que nos sentimos sucios. Esto explica por qué las víctimas de asalto sexual a menudo se duchan después de su abuso buscando limpiar tanto el cuerpo como el alma a fin de no contaminarse. Para hacer referencia al pecado sexual, la Biblia usa palabras como amancillar, violar, ser infiel o infame.[b] Más allá del pecado sexual hay innumerables otras causas para nuestra contaminación, incluyendo la participación demoníaca en la religión oculta y falsa, así como la violencia y el trauma.[c]

La Biblia menciona tres categorías de contaminación:

1. **Los lugares pueden ser contaminados.**[d] Tendemos a evitar los lugares donde sucede algo demoníaco y traumático, pensando en ellos como embrujados o impíos. ¿Qué lugares contaminados está evitando siempre que le sea posible?

2. **Los objetos, como el lecho matrimonial, pueden ser contaminados.**[e] Para algunas personas, su propio cuerpo o casa pueden sentirse contaminados. ¿Qué cosas parecen contaminadas para usted?

3. **Las personas pueden ser contaminadas.** El Antiguo Testamento y los Evangelios registran las vidas de muchas personas que eran ritualmente inmundas y a las que la gente no debía

---

a   Salmos 106:39; Proverbios 30:11-12; Marcos 7:20
b   Génesis 34:5; 1 Crónicas 5:1; Números 5:27; Levítico 21:14
c   Levítico 19:31; Ezequiel 14:11; Lamentaciones 4:14
d   Levítico 18:24-30; Números 35:34
e   Hebreos 13:4

asociarse o incluso tocar. Los lavados ceremoniales y otros similares a lo largo del Antiguo Testamento prefiguran el poder limpiador de la muerte y la resurrección de Jesús. ¿Considera que usted mismo o alguien más (por ejemplo, su cónyuge, padre, antiguo amigo) está contaminado o es impuro?

LA VERGÜENZA CAUSA SUFRIMIENTO

El resultado predecible de la contaminación es la vergüenza, incluyendo el miedo a ser descubierto y conocido, a ver revelado nuestro profundo y oscuro secreto. Dios creó a nuestros primeros padres para que estuvieran desnudos juntos como una pareja casada, lo cual mostraba completa intimidad y unidad sin ninguna vergüenza. Una vez que Satanás apareció, el pecado sucedió, y nuestros primeros padres experimentaron vergüenza por primera vez, cubriéndose con hojas de higuera, tratando de ocultar su contaminación. Se escondieron de Dios y los demás, temerosos de ser verdaderamente conocidos. Como la gente culpable y sucia, no podían mirar a Dios o a otras personas a los ojos.

Afortunadamente, Dios vino y los vistió como un presagio de lo que Jesús haría por nosotros en la cruz. Dios les quitó sus vestiduras de vergüenza y las reemplazó por vestiduras de gracia, y hace lo mismo por usted.

No debemos seguir llevando puesto lo que hemos hecho o lo que nos han hecho. ¡En vez de eso, debemos llevar puesto lo que Jesús ha hecho *por* nosotros! En la cruz, Jesús trató con el pecado que ha manchado su alma. En la cruz, Jesús perdonó y limpió todos los pecados cometidos por usted, y limpió todos los pecados cometidos en su contra. Jesús fue a la cruz para tomar no solo su pecado, sino también su vergüenza: «Jesús, el iniciador y perfeccionador de nuestra fe, quien, por el gozo que le esperaba, soportó la cruz, menospreciando la vergüenza que ella significaba, y ahora está sentado a la derecha del trono de Dios».[a] ¿Cuál fue el gozo al otro lado de la cruz para Jesús? Glorificar a Dios vistiéndolo a usted de gloria.

CAMINEMOS EN LA LUZ

Quitarse la ropa sucia comienza con confesar lo que ha estado llevando puesto. Este es el proceso de enfrentarse con los quebrantamientos, arrepentimientos, abusos, pecados y dolores que ha estado llevando para que pueda quitárselos. En la práctica, significa orar y elegir cuidadosamente

---

a   Hebreos 12:1-3, énfasis añadido

a una persona segura que pueda ser un consejero y confidente sabio para usted. Puede ser un cónyuge, mentor, pastor, líder de ministerio o amigo cercano. Esto se debe hacer en privado con el objetivo de que alguien lo ayude a quitarse las ropas de sepultura que ha estado usando. Ellos necesitan saber que su papel es ayudarlo a ver la falsificación demoníaca que ha estado vistiendo, y ayudarlo a removerla y reemplazarla por la justicia que Jesucristo ganó para usted.

Jesús quiere que usted sea despojado de toda la inmundicia, toda la ropa vieja y todas las cargas, y que estas sean reemplazadas por su justicia, su santidad y su alegría. Algunas partes de la vida se sienten tan sucias que parecen imposibles de limpiar. En respuesta, las escondemos avergonzados o las aceptamos como nuestra identidad. No debemos estar avergonzados u orgullosos del pecado, sino más bien limpios de todo pecado. A medida que usted continúe creyendo estas verdades, las mentiras caerán mientras que su fe se eleva.

Algunas veces Dios hace que su pueblo pase por rituales físicos para recordarle verdades espirituales. Cada vez que lave su ropa, lave sus platos, sus manos o su cara, tome una ducha, o cepille sus dientes, deténgase y recuérdese que Dios también lo ha limpiado ante sus ojos. Incluso cuando peca, Él lo limpia tal como usted limpia las cosas en su vida.

Por último, al menos de vez en cuando, vista algo blanco. En la Biblia, cuando el pueblo de Dios se prepara para adorarlo, se pone ropa fresca, limpia y blanca. Jesús no solo perdona, sino que también limpia. La iglesia de Jesucristo es su novia, y todos sabemos que la iglesia es una novia con muchas faltas y fracasos. Sin embargo, a «su esposa [...] se le ha concedido que se vista de lino fino, limpio y resplandeciente».[a] Como cristiano, usted está limpio gracias a Cristo, razón por la cual el Nuevo Testamento a menudo le dice que se despoje de lo viejo y se vista con lo nuevo, como lo haría con la ropa sucia. El Espíritu Santo está listo ahora mismo para ayudarlo a hacer esto. Y a medida que lo hace, pueden incluso experimentar sanaciones sobrenaturales, las cuales estudiaremos a continuación.

---

a Apocalipsis 19:7-8

CAPÍTULO 12

GANE SU GUERRA CONTRA LA ENFERMEDAD DEMONÍACA

Ciertamente llevó él nuestras enfermedades, y sufrió nuestros dolores; y nosotros le tuvimos por azotado, por herido de Dios y abatido. Mas él herido fue por nuestras rebeliones, molido por nuestros pecados; el castigo de nuestra paz fue sobre él, y por su llaga fuimos nosotros curados.

—Isaías 53:4-5

PARECÍA UNA TÍPICA noche familiar de sábado. Nos acurrucamos en pijama, comimos caramelos de regaliz y palomitas de maíz, y vimos una película juntos. Luego oramos con los niños y los metimos en la cama antes de acostarnos temprano nosotros mismos en anticipación de una larga jornada al día siguiente sirviendo en la iglesia.

Durante la noche, mientras ambos estábamos profundamente dormidos, yo (Mark) sentí como si alguien o algo grande y pesado cayera sobre mi pecho, dejándome sin aliento. Grace no sabía lo que estaba sucediendo, pero yo me encontraba luchando. Pensé que tal vez un árbol había caído sobre nuestra casa y se había estrellado contra mi pecho. Al mismo tiempo, sentía como si alguien tuviera sus manos alrededor de mi garganta y no pudiera respirar.

Al abrir los ojos, no pude ver nada ni a nadie. Me encontraba presionado contra la cama, incapaz de moverme por el peso enorme de algo o alguien sobre mi pecho, y sentía que me iba a desmayar, incapaz de respirar.

Traté de llamar a Grace, pero no pude hablar. También traté de clamar a Dios en oración sin éxito. Comencé a entrar en pánico. Recordé que cuando oramos, no necesitamos orar en voz alta. Satanás y los demonios pueden escuchar nuestras palabras, pero no pueden conocer nuestros pensamientos. Solo Dios conoce nuestros pensamientos. Aunque no podía ordenarle verbalmente a cualquier cosa que estuviera sobre mí que me dejara, podía llamar a Dios en el silencio de mi mente e invitarlo a que me liberara. Tan pronto como empecé a orar en mi mente, la batalla terminó y todo se levantó.

Como era de madrugada y había estado profundamente dormido, no estaba seguro de si se trataba de un ataque demoníaco o una pesadilla. Luego de un tiempo, mi adrenalina disminuyó, y algunas horas después pude volver a dormir y descansar un poco antes de predicar. Por la mañana, le conté a Grace sobre el extraño incidente sucedido en la noche y pasé a predicar. Al día siguiente, cuando me quité la camisa en el baño y me miré al espejo, tenía moretones en el pecho que me decían que todo no había sido un sueño. Un ataque espiritual desde el reino invisible dañó mi cuerpo físico, lo cual puede ocurrir tanto por medio de lesiones como de enfermedades.

Dios lo hizo como una persona en dos partes. Una parte es inmaterial y espiritual: su alma. Una parte es material y física: su cuerpo. Usted es una persona completa, y sus aspectos espirituales y físicos se afectan mutuamente. Es lo mismo para todos nosotros: el pecado ha infectado y afectado cada dimensión de lo que somos.

El pecado le ha traído sufrimiento al cuerpo. Cada uno de nosotros está luchando contra una lesión o enfermedad o bien tiene una relación con alguien que lo está haciendo. Considere por un momento cuánto dinero y energía gastamos en la guerra contra el sufrimiento físico: ambulancias y hospitales, doctores y enfermeras, dispositivos médicos y medicamentos.

Afortunadamente, el Dios que nos hizo también envió a su Hijo para curarnos, tanto en cuerpo como en alma, con una sanación externa e interna: «Mas él herido fue por nuestras rebeliones, molido por nuestros pecados; el castigo de nuestra paz fue sobre él, y por su llaga fuimos nosotros curados».[a] Jesús murió tanto por nuestro pecado como por nuestro sufrimiento. Es importante destacar que esta promesa de curación física no viene con un marco de tiempo. Algunos integrantes del pueblo de Dios experimentarán la sanidad corporal en esta vida; todo el pueblo de Dios experimentará la sanidad total en sus cuerpos de resurrección en la vida eterna. En el resto de este capítulo examinaremos la enfermedad y la curación según la Biblia.

¿POR QUÉ HAY ENFERMEDAD Y LESIONES?

Cuando Dios terminó de hacer el mundo, todo era «bueno en gran manera» y vivo; el pecado hizo todo muy malo y trajo la muerte. Hay al menos tres razones por las que las personas sufren enfermedades y lesiones. Estas

---

a Isaías 53:5

categorías no son mutuamente excluyentes, y a veces las tres funcionan juntas, lo que requiere múltiples niveles de cuidado para ayudar a una persona a experimentar una curación total.

Primera, la caída de la humanidad ha infectado y afectado a toda la creación. Por lo tanto, no toda persona que está enferma o herida tiene una causa directa de pecado personal. A veces el sufrimiento resulta de estar en un mundo quebrantado, caído y moribundo. «El pecado entró en el mundo por un hombre, y por el pecado la muerte, así la muerte pasó a todos los hombres».[a] El sufrimiento es algo que experimentamos personalmente, pero la causa puede ser general y no personal. En casos como este, las respuestas espirituales como la oración y las respuestas físicas como la visita al médico son los pasos a seguir en el camino hacia el bienestar.

Segunda, no solo el mundo está caído, también lo está cada persona en el planeta. El pecado y sus efectos no solo son un problema general a nuestro *alrededor*, sino que también son un problema específico *en* nosotros. A veces nuestro pecado causa directamente nuestro sufrimiento. Una de las iglesias más rebeldes e impías del Nuevo Testamento estaba en una ciudad al estilo de Las Vegas llamada Corinto, en cuya congregación había de todo, desde homosexualidad hasta embriaguez y prostitución. Algunos miembros de la iglesia estaban muriendo, ya que Dios se cansó de verlos hacer cosas enfermas: «Esa es la razón por la que muchos de ustedes son débiles y están enfermos y algunos incluso han muerto».[b] Dios puede ver el futuro y sabe cuándo el pecado continuará sin arrepentimiento. En casos como este, el arrepentimiento del pecado personal y la invitación al Espíritu Santo para que con su poder haga posible un nuevo estilo de vida son las claves para sanar.

Tercera, a veces el pecado detrás del sufrimiento no es el pecado general de Adán o el pecado específico de la víctima, sino el pecado demoníaco, ya que los espíritus que odian a Dios atacan a las personas que Dios ama. Este es el caso de la historia de Job. Job era un hombre piadoso que soportó una cruel temporada de lesiones y enfermedades únicamente debido al ataque satánico. Al no entender esta tercera categoría, sus «amigos» seguían tratando de hacer que se sincerara con respecto a cualquier pecado personal o secreto que estuviera causando su sufrimiento. Solo conocían la categoría dos (pecado personal que causa sufrimiento) y no entendían la categoría tres (sufrimiento demoníaco). Este caso de estudio es importante, porque nos muestra que para ayudar a la persona en su totalidad, necesitamos entender toda la Biblia.

---

a Romanos 5:12
b 1 Corintios 11:30, NTV

Muchas veces en el ministerio de Jesús la gente fue sanada a través de la liberación. El demonio trajo la enfermedad o lesión, y una vez que el demonio se fue, también lo hizo la enfermedad.[a]

¿LA SANIDAD REEMPLAZA A LA MEDICINA TRADICIONAL?

Un doctor llamado Lucas escribió más del Nuevo Testamento que nadie. Sus libros concurrentes, el Evangelio de Lucas y Hechos, registran sanaciones verificadas por medio del poder del Espíritu Santo operando a través de Cristo y los cristianos. Lucas también fue el médico personal de Pablo y viajó en varios viajes misioneros, vendándolo después de sus palizas, disturbios o encarcelamientos. Pablo y Lucas tenían una amistad cercana y eran compañeros en el ministerio. Estableciendo un ejemplo para todos los cristianos y cuidadores, Pablo tenía un médico que cuidaba su cuerpo y su alma: «Lucas el médico amado».[b]

Dios puede sanar y de hecho lo hace. A veces, Dios sana naturalmente a través de un médico. A veces, Dios sana sobrenaturalmente como el Gran Médico. Por lo tanto, la sanidad no sustituye a la medicina tradicional. Como demuestra el doctor Lucas, es bíblico creer tanto en la ciencia médica como en la oración llena de fe. Conocemos a muchos profesionales médicos que fueron a la universidad para obtener un título y también acuden al Espíritu para obtener poder. Ellos ministran no solo a los cuerpos de sus pacientes, sino también a sus almas. Este es el ejemplo del doctor Lucas, el cual ayuda a prevenir el pensamiento de que alguien necesita ser sanado solo a través de la oración o solo a través de un médico.

¿DIOS SANA HOY?

Jesús comenzó su ministerio público leyendo de Isaías 61: «El Espíritu del Señor está sobre mí, por cuanto me ha ungido para dar buenas nuevas a los pobres; me ha enviado a sanar a los quebrantados de corazón; a pregonar libertad a los cautivos, y vista a los ciegos; a poner en libertad a los oprimidos; a predicar el año agradable del Señor» (Lucas 4:18-19). Jesús declaró que todo su ministerio sería llevado a cabo por medio del poder de Dios el Espíritu Santo. Él podría haber sanado a las personas como resultado de su divinidad, pero la mayor parte del tiempo lo hizo por el poder del Espíritu para darnos un ejemplo. Muchos eruditos creen que el Evangelio de Lucas es el único que se escribió cronológicamente. El capítulo 4 incluye una referencia

a   Mateo 4:23-24; 8:16; 9:32-33; 12:22-23; Marcos 2:5-12
b   Colosenses 4:14

a Jesús como «Médico»[a] y registra la forma en que sanó a un hombre de la enfermedad echando fuera al demonio que le estaba haciendo daño.[b] El resto del Evangelio del doctor Lucas registra otras curaciones que Jesús realizó.

Una enseñanza cristiana dice en efecto que Dios obró de manera sobrenatural en la iglesia primitiva, pero eso ha cesado en gran medida en nuestros días. Hay matices en esta posición, pero se le conoce comúnmente como cesacionismo. Tanto la Biblia como la historia de la iglesia refutan esta falsa enseñanza. Además, no podemos simplemente descartar el testimonio de los santos de todo el mundo que reportan la sanidad divina porque no encaja en un paradigma teológico defectuoso.[1]

Para empezar, Jesús fue sanado. Él sufrió y murió en la cruz y luego resucitó para vencer al pecado, la enfermedad y la muerte. Cuando Jesús resucitó de la muerte, algunas personas muertas también se levantaron como un presagio del poder sanador del reino de Dios. Jesús también sanó a otros. Aproximadamente veintisiete veces en los Evangelios vemos a Jesús sanar a un individuo. Alrededor de diez veces lo vemos sanar a grupos enteros de personas.[c] Él realizó otras sanidades verificadas que no se registran en la Biblia.[d] Los milagros de liberación específicos que Jesús llevó a cabo por medio del Espíritu Santo incluyen sanaciones de sangrado, epilepsia, sordera, mutismo y ceguera.[e]

Una vez que Jesús regresó al cielo después de resucitar de entre los muertos, algunos se preguntaron si Dios continuaría sanando a las personas. El doctor Lucas escribió su libro de seguimiento, Hechos, el cual reporta los actos sobrenaturales del Espíritu Santo a través de cristianos que continuaron el ministerio lleno del Espíritu de Cristo. Así como el Espíritu Santo descendió sobre Cristo en su bautismo, el Espíritu Santo descendió en ese entonces sobre los cristianos para que pudieran vivir con su poder y continuar su ministerio en el reino.

El libro de Hechos registra aproximadamente catorce milagros de sanidad. Doce de los veintiocho capítulos de Hechos mencionan una curación milagrosa reportada por el doctor Lucas. Esto era de esperarse, ya que es lo que Jesús les prometió a sus primeros seguidores: «Sanad enfermos, limpiad leprosos, resucitad muertos, echad fuera demonios».[f] Mostrando obediencia, leemos de la iglesia primitiva: «Pero los que fueron esparcidos iban por todas partes anunciando el evangelio. Entonces Felipe, descendiendo a la ciudad

---

a   Lucas 4:23
b   Lucas 4:31-37
c   Mateo 4:23-25; 8:16; 12:15; 14:14, 34-36; 15:30; 19:2; 21:14; Lucas 6:17-19
d   Juan 20:30
e   Lucas 13:11-16; Mateo 17:14-18; Marcos 7:35; Mateo 9:22-23; 12:22
f   Mateo 10:8

de Samaria, les predicaba a Cristo. Y la gente, unánime, escuchaba atentamente las cosas que decía Felipe, oyendo y viendo las señales que hacía. Porque de muchos que tenían espíritus inmundos, salían éstos dando grandes voces; y muchos paralíticos y cojos eran sanados; así que había gran gozo en aquella ciudad».[a] En pocas palabras, lo milagroso es parte del ministerio.

También es importante notar que los problemas surgen cuando la gente busca lo milagroso más que al Dios que hace los milagros. Jesús advirtió de esta tendencia: «La generación mala y adúltera demanda señal».[b] El pueblo de Dios no debe perseguir las señales y los prodigios, sino más bien usar su energía para buscar a Dios. Al seguir a Dios, las señales y maravillas nos seguirán.

¿POR QUÉ DIOS SANA?

Sabemos de al menos cinco razones por las que Dios sana. Estas razones no son mutuamente excluyentes, y en su creatividad amorosa Dios a menudo sana a la gente por más de una razón.

Uno, la sanación le revela el amor y la misericordia de Dios a la persona afligida.

Dos, la sanación valida a alguien como un siervo de Dios elegido.

Tres, la sanación revela el reino de Dios.

Cuatro, la sanación motiva a los cristianos a aumentar la fe y la adoración. Cuando Dios hace algo maravilloso, anima a su pueblo a adorarlo. El mismo día que estamos escribiendo este capítulo, una joven pareja se presentó ante nosotros en la iglesia a fin de compartir su testimonio para aumentar nuestra fe. Ellos viven fuera del estado, pero una semana al año permanecen en Arizona por trabajo. Un año antes se habían enfrentado a una enfermedad que les había impedido tener hijos. Mientras yo (Mark) predicaba sobre la sanidad, la esposa reportó que por única vez en su vida Dios le habló prometiéndole que sería sanada y tendría un bebé. Un año después de ese encuentro con Dios estaban de vuelta en la ciudad para su visita anual, ¡y con lágrimas en sus ojos y sonrisas en sus rostros testificaron de su sanidad divina y me presentaron a su hermosa niña recién nacida! Esperamos que este tipo de testimonio aumente su fe y adoración a Dios como lo hace con nosotros.

Cinco, la sanación evangeliza a los no cristianos. Algunas personas vienen a Cristo por persuasión, y algunas personas vienen a Cristo por poder. Aquellos que vienen a Cristo por persuasión tienen muchas preguntas y

---

a Hechos 8:4-8
b Mateo 16:4

objeciones que necesitan que una persona reflexiva, investigadora e ilustrada responda antes de cruzar la línea de la fe. Aquellos que vienen a Cristo por el poder ven a Dios mostrarse de una manera sobrenatural y confían en la realidad de su experiencia. Este fue el caso de mi mamá (de Mark). Ella fue sanada en una reunión de oración, lo que la llevó a comprometerse a una relación personal con Jesús como la primera creyente en nuestra familia.

CUATRO MANERAS DE MINISTRAR A LOS ENFERMOS

Para seguir los pasos de Jesús, debemos ministrar a los enfermos. Conocemos al menos cuatro maneras de hacerlo.

1. Ore desde la distancia.

Jesús sanó de lejos por lo menos en tres oportunidades en los Evangelios.[a] En ocasiones Él viajaba a fin de estar presente para sanar a alguien. Otras veces oraba a distancia y la persona se curaba. Esto demuestra que, estemos presentes o no, mientras el Espíritu Santo esté presente con la persona que sufre, existe la posibilidad de sanar.

2. Ponga las manos sobre las personas y ore.

Poner las manos sobre los enfermos para orar por ellos era parte del ministerio terrenal de Jesús[b] y es parte del ministerio de la iglesia local.[c] La imposición de manos es una doctrina fundamental para el ministerio cristiano,[d] y es relacional en el sentido de que le ofrece consuelo y amistad a la persona que sufre. La imposición de manos forma parte del ministerio de la presencia. Tener a una persona amorosa presente con nosotros en nuestro sufrimiento constituye un ministerio tremendo. Colocar las manos sobre alguien puede incluir la transferencia espiritual, donde la presencia y el poder de Dios son liberados. Un manual de liberación dice: «Así como el poder está en la mano de Dios (Habacuc 3:4), también está en las manos de sus siervos (Hechos 5:12; 19:11). Hay un tremendo poder liberado a través de manos ungidas y santas».[2]

3. Unja a las personas con aceite.

Jesús ungió a las personas con aceite y espera que la iglesia haga lo mismo.[e] El aceite es un símbolo del Espíritu Santo que nos unge para el ministerio. Al orar y ungir con aceite, estamos mostrando con nuestras palabras y

---

a Marcos 7:24-30 cf. Mateo 15:21-28; Mateo 8:5-13 cf. Lucas 7:1-10; Juan 4:46-54
b Lucas 4:40; Mateo 9:18
c Santiago 5:14
d Hebreos 6:1-2
e Marcos 6:13; Santiago 5:14-15

obras que invitamos a la presencia de Dios a la situación para ministrarle a la persona que sufre.

4. Ministre con fe.

Si Jesús estuviera caminando en la tierra hoy, las personas que sufren acudirían a Él. Solo porque Jesús haya vuelto al Padre no significa que no podamos acercarnos a Él, ya que podemos acercarnos y lo hacemos por medio de la fe, a fin de sanar en nuestro reino desde su reino. «Acerquémonos, pues, confiadamente al trono de la gracia, para alcanzar misericordia y hallar gracia para el oportuno socorro».[a]

¿TODA SANACIÓN VIENE DE DIOS?

Las personas que sufren son personas vulnerables. Cuando usted o un ser querido está luchando con un dolor o sufrimiento crónico, o está en proceso de morir, el dolor y el miedo pueden ser abrumadores. Esto nos obliga a intentar casi todo para lograr la salud y dejar de sufrir, incluyendo gastar grandes sumas en tratamientos médicos o asumir riesgos en la medicina experimental.

El reino demoníaco es tan malvado que los demonios buscan oportunidades para explotar a las personas que sufren. El diablo y sus demonios incluso sanarán a alguien si esa es una manera de alejarlo del Señor. Esta es la falsificación de Satanás para la sanidad de Dios. Piense en ello como un médico malvado que infecta a un paciente sin su conocimiento con la intención de enfermarlo, y luego le cobra una tarifa exorbitante por el antídoto. Jesús advirtió de esto mismo: «Porque se levantarán falsos Cristos, y falsos profetas, y harán grandes señales y prodigios, de tal manera que engañarán, si fuere posible, aun a los escogidos».[b]

¿Por qué haría esto Satanás? Él está dispuesto a cambiar el sufrimiento físico a corto plazo en la tierra por el sufrimiento espiritual a largo plazo en el infierno. Si se necesita un milagro de sanidad para que alguien adore a un gurú, un falso dios o un engaño espiritual, entonces él sanará a alguien para guiarlo por el mal camino. Esto explica la ocurrencia de verdaderos milagros de sanidad en las religiones y espiritualidades falsas: las fuerzas demoníacas traen la enfermedad y alivian ese sufrimiento a cambio de un engaño poderoso e ilusorio. Es mejor sufrir en esta vida y ser sanado en la eternidad que ser sanado en esta vida y sufrir por la eternidad.

---

a Hebreos 4:16
b Mateo 24:24

¿PUEDE TODO EL MUNDO RECIBIR SANIDAD EN ESTA VIDA?

Dios puede sanar a las personas en esta vida, y Él sanará completamente a todo su pueblo en la eternidad. A veces el reino de Dios se muestra con poder, y el poder sobrenatural de Dios invade el reino natural. Estas son ocasiones de señales, maravillas y milagros, incluyendo la curación. Esto nos lleva a una pregunta razonable sobre si todos los que buscan la sanidad de Dios la reciben en esta vida.

Al examinar todas las ocurrencias de la sanidad divina en el Nuevo Testamento, a veces la fe de la persona juega un papel, ayudando de alguna manera a desatar el poder de Dios para traer la sanidad sobrenatural al reino natural. Sin embargo, otras veces la persona sanada no evidencia ninguna fe en absoluto. La misma no busca ni pide curación, sino que es totalmente pasiva y no participa activamente en el proceso de sanidad.

Un ejemplo se encuentra en Juan 5. Un hombre que no había podido caminar durante treinta y ocho años se sentaba día tras día en un lugar del templo donde Dios, en ocasiones, proporcionaba sanidad. Jesús llegó y le preguntó: «¿Quieres ser sano?» (v. 6). Sin demostrar fe alguna, el enfermo le respondió: «Señor [...] no tengo quien me meta en el estanque cuando se agita el agua; y entre tanto que yo voy, otro desciende antes que yo» (v. 7). A pesar de que el hombre no tenía fe, Jesús le dijo: «Levántate, toma tu lecho, y anda. Y al instante aquel hombre fue sanado, y tomó su lecho, y anduvo (vv. 8-9).

Dios es libre de hacer lo que quiera por las razones que quiera. Esta es una de las principales diferencias entre el paganismo y la creencia bíblica. En la creencia pagana a través de varios sistemas de creencias, su dios, dioses o diosas no son completamente libres y pueden ser manipulados. El paganismo enseña que el reino natural visible puede manipular al reino espiritual invisible.

Hemos ministrado a numerosos antiguos practicantes de Wicca, así como también a conversos de varias creencias paganas a través de los años. Durante ese tiempo hemos visto la creencia común unificadora de que el reino invisible no es bueno, soberano o libre, y debe ser manipulado por gente que se dedica a algún tipo de actividad que obliga al reino espiritual a darle a la persona lo que quiere. Hechizos, encantamientos, sacrificios, conjuros y juramentos, ofrendas y cosas similares se usan para forzar al reino demoníaco a desencadenar algunas bendiciones o resultados deseados, como la sanidad o la prosperidad. Dios no es como los demonios. El Creador no es como la falsificación.

Según el Nuevo Testamento, hay momentos en que podemos contribuir a nuestra curación. Si el problema es un pecado habitual del que no nos hemos arrepentido, podemos arrepentirnos y destruir la fortaleza que le hemos dado al reino demoníaco, lo cual puede traer sanidad física. Si el problema es la incredulidad, podemos orar y actuar con fe a fin de darle la bienvenida al poder de Dios para que obre en nuestra vida. Sin embargo, ser una persona piadosa y llena de fe no garantiza que alguien pueda desbloquear el poder de Dios y desatar la sanidad en su vida. Esto se debe a que podemos cooperar con Dios, pero no podemos controlarlo.

Para empezar, necesitamos mirar al Señor Jesús. En el huerto de Getsemaní, en la víspera de su crucifixión, Jesús estaba sufriendo, siendo incapaz de dormir por el estrés y sudando gotas de sangre. Él, por supuesto, no tenía pecado, pero tenía una fe perfecta. Sabiendo que debía soportar la ira de Dios en la cruz, Jesús oró en serio toda la noche pidiendo que el sufrimiento terminara antes de que su vida fuera derramada. Al final, se entregó diciendo: «Padre mío [...] hágase tu voluntad».[a]

Dios responde a cada oración de una de estas tres maneras. Sí, ahora; no, nunca; o más tarde, ya que tengo planeado un mejor momento. La respuesta a la oración llena de fe de Jesús fue no. Su dolor continuó y se intensificó hasta que soportó el mayor sufrimiento posible: la separación del Padre y el Espíritu, tomando nuestro lugar, soportando la ira de Dios hasta que murió.

Del mismo modo, Pablo dejó «a Trófimo [...] en Mileto enfermo».[b] Trófimo era un hombre piadoso. Esta sección de las Escrituras menciona a personas que han traicionado y abandonado a Pablo en su tiempo de prueba y angustia. Afortunadamente, Trófimo fue un modelo de lealtad que caminó con Pablo cuando otros se alejaron. Él llevaba fielmente dinero para el ministerio a los santos en Jerusalén.[c] A diferencia de Judas, Trófimo había sido probado, examinado y comprobado, pero se enfermó demasiado para viajar con Pablo. A pesar de ser alguien piadoso, lleno de fe y que había visto a muchas otras personas sanadas, Trófimo no fue sanado.

Pablo incluso fue incapaz de sanarse a sí mismo: «Me fue dado un aguijón en mi carne, un mensajero de Satanás que me abofetee, para que no me enaltezca sobremanera; respecto a lo cual tres veces he rogado al Señor, que lo quite de mí. Y me ha dicho: Bástate mi gracia; porque mi poder se perfecciona en la debilidad».[d] Pablo padecía de algún tipo de sufrimiento físico que tenía una causa demoníaca, pero necesitaba aprender a vivir con él en vez de ser liberado de él.

Pablo escribió por lo menos trece libros de la Biblia (catorce si es el autor de

---

a   Mateo 26:42
b   2 Timoteo 4:20
c   Hechos 20:4-6; 21:29
d   2 Corintios 12:7-9

Hebreos) y es la figura humana central en el libro de Hechos, el cual registra su conversión y la expansión de la iglesia cristiana a través de sus viajes misioneros. Pablo mantuvo su fe a través de golpizas, naufragios, encarcelamientos, azotes, hostigamientos y disturbios, que soportó gustosamente hasta que fue condenado a muerte, la única manera de silenciarlo. Aquellos que aman a Jesús pueden sufrir por Jesús y sufrir como Jesús, no porque les falte fe, sino porque tienen suficiente fe para amar a Cristo más que a su propia comodidad.

¿CUÁNDO RECIBIRÁ SANIDAD TODO EL PUEBLO DE DIOS?

Cuando Dios hizo al mundo, no había pecado, enfermedad o sufrimiento. Cuando el pecado entró en el mundo, desató lo demoníaco, la dificultad y la muerte.

Los cristianos son residentes de una nación terrenal, pero ciudadanos del reino de Dios. Los cristianos debemos vernos como «extranjeros y peregrinos».[a] Un extranjero es alguien que está lejos de su patria, y un peregrino es alguien que se ve a sí mismo como un misionero que recorre una tierra foránea hasta que regresa a casa.

La Biblia repite esto a menudo, porque somos propensos a olvidarlo. Pablo escribe: «A todos los santos en Cristo Jesús que están en Filipos».[b] Ellos viven en la ciudad de Filipos, su hogar temporal. A estos cristianos se les recuerda que «nuestra ciudadanía está en los cielos».[c] Aunque viven en Filipos, no se sienten como en casa, porque su hogar está en el cielo con Dios. Sin embargo, el versículo siguiente dice que de allí un día esperamos «al Salvador, al Señor Jesucristo; el cual transformará el cuerpo de la humillación nuestra, para que sea semejante al cuerpo de la gloria suya, por el poder con el cual puede también sujetar a sí mismo todas las cosas».[d]

Ese es nuestro dilema: ya somos ciudadanos del reino, pero aún no somos residentes del reino. Algunos cristianos tratan de resolver este dilema con algo llamado *escatología subrealizada*. La gran idea es que el reino existe en el cielo y no aparece hasta que viene con el Rey Jesús. Por lo tanto, no debemos esperar mucho lo sobrenatural o milagroso, como la curación.

Otros cristianos intentan resolver este dilema con algo llamado *escatología sobrerealizada*. Esas grandes palabras significan que algunos creyentes piensan que ya que nuestra ciudadanía está en el cielo, todo el poder y la prosperidad de nuestra vida en el reino eterno son nuestros para disfrutarlos

a   1 Pedro 2:11
b   Filipenses 1:1
c   Filipenses 3:20
d   Filipenses 3:20-21

en esta vida. Las dos cartas de Pablo a los tesalonicenses fueron escritas a cristianos que se equivocaron de esta manera, diciéndoles que la obra de Dios no será completada hasta que Jesús regrese por segunda vez y los muertos sean resucitados.

Cada cristiano será sanado de forma plena, total, completa y eterna, para siempre. Esto sucederá en la segunda venida de Jesucristo y la resurrección de los muertos. En ese día la maldición será completamente levantada, la muerte será derrotada, y «enjugará Dios toda lágrima de los ojos de ellos; y ya no habrá muerte, ni habrá más llanto, ni clamor, ni dolor; porque las primeras cosas pasaron».[a]

Hasta el día del regreso de Jesús, la resurrección de los muertos, la eliminación de la maldición, la ruina de Satanás y los demonios, y la recreación del mundo, estamos en el tiempo entre los tiempos. El reino de Dios se muestra con poder a veces, trayendo avivamientos, despertares, sanidades y derramamientos de la presencia de Dios que son anticipos, visiones y ensayos generales para la venida del Rey Jesús y el reino de Dios. Hasta ese día en que todo sea visible, los justos viven por medio de la fe y el perdón, los cuales estudiaremos a continuación.

---

a   Apocalipsis 21:4

SUS RELACIONES CON LOS
DEMAS

CAPÍTULO 13

GANE SU GUERRA CONTRA LA FALTA DE PERDÓN

Airaos, pero no pequéis; no se ponga el sol sobre vuestro enojo, ni deis lugar al diablo [...] Quítense de vosotros toda amargura, enojo, ira, gritería y maledicencia, y toda malicia. Antes sed benignos unos con otros, misericordiosos, perdonándoos unos a otros, como Dios también os perdonó a vosotros en Cristo.

—Efesios 4:26-27, 31-32

¿Alguna vez ha sido parte de una disputa familiar? Si es así, entonces sabe que pueden extenderse para siempre y volverse demoníacas, escalando hasta que todos pierden y nadie gana. Una disputa familiar llegó hasta la Corte Suprema de los Estados Unidos. Los legendarios Hatfield y McCoy eran familias montañesas de los Apalaches en el siglo diecinueve. El patriarca de la familia Hatfield era William Anderson, a quien llamaban «Devil Anse». Su contraparte en la disputa era Randolph McCoy. Cada hombre engendró al menos trece hijos. Las familias vivían a cada lado de un arroyo y el agua servía de línea divisoria.[1]

Las dos familias tuvieron peleas ocasionales, pero las cosas empeoraron cuando los McCoys le dispararon a Ellison Hatfield. En represalia, los Hatfield secuestraron y asesinaron a tres hombres de McCoy. A partir de ese momento, la amarga batalla se desencadenó mientras las dos familias se secuestraron, se robaron, se mataron y se quemaron casas los unos a los otros, aparentemente hasta cobrando la vida de mujeres y niños.[2]

¿Qué causó la guerra? Ese es un gran misterio a través del tiempo. Nadie lo sabe realmente. Esto demuestra que a veces nos volvemos tan amargados y estamos tan listos para una batalla que ya no podemos ni siquiera recordar cuál era el problema en primer lugar. Todos hemos pasado por eso, y si no tenemos cuidado de nuestra carne, podemos permitir que nuestro dolor se convierta en odio también.

La falta de perdón tiene muchos nombres: heridas, desilusiones, sufrimientos, resentimientos, amarguras, quebrantos y cargar con una ofensa. No perdonar es lo opuesto al amor. Cuando mantenemos un registro de los errores, estamos actuando como contadores y llevamos la cuenta de la deuda espiritual que otros han acumulado con nosotros. Por eso las personas que no perdonan dicen cosas como: «Ellos me deben», «Los haré pagar» y «Me vengaré».

Jesús nos enseña que cuando perdonamos a alguien, estamos cancelando cualquier deuda que nos deba. La oración más famosa de la historia es el padre nuestro. Hay dos versiones en la Biblia. En una de ellas, Jesús nos enseña a orar: «perdónanos nuestras deudas, como también nosotros perdonamos a nuestros deudores».[a] Tal vez mientras la enseñaba en otra ocasión, Jesús hace una pequeña modificación: «perdónanos nuestros pecados, así como nosotros perdonamos a los que pecan contra nosotros».[b] ¿Captó la diferencia? Jesús usa las palabras «deudas» y «pecados» como sinónimos.

Cuando alguien peca contra nosotros, acumula una deuda con nosotros. ¿Quién pagará su deuda? Si usted lo hace pagar, eso es venganza. La venganza es algo que necesitamos confiarle a Dios y no tomarla en nuestras propias manos. Dios dijo: «Mía es la venganza, yo pagaré».[c]

Si usted acepta la pérdida y paga por la persona, eso es perdón. Al perdonar a alguien, usted elige no sentarse como juez y dictar una sentencia contra otra persona. En vez de eso, está enviando ese caso a la corte superior de Dios, lo cual resultará en que la persona sea sentenciada a la prisión del infierno de los deudores eternos o en que Jesús pague su deuda en la cruz.

JESÚS PAGÓ NUESTRA DEUDA

Nuestra relación con Dios solo es posible porque Jesús pagó nuestra deuda con Dios. Dios es la mayor víctima en toda la historia. Todos han pecado contra Dios, y Él no ha pecado contra nadie. En vez de hacernos pagar, Dios envió a su Hijo Jesucristo para que pagara nuestra deuda con Él. Esto era necesario, ya que la deuda (o paga) que se le debe a Dios por el pecado se paga solo con la muerte: «Porque la paga del pecado es muerte».[d] La Biblia usa el término financiero «rescate» para explicar nuestra deuda espiritual

a   Mateo 6:12
b   Lucas 11:4, NTV
c   Romanos 12:19
d   Romanos 6:23

con Dios. Jesús dice: «El Hijo del Hombre [...] vino [...] para dar su vida en rescate por muchos».[a]

La mayoría de las religiones tienen algún concepto acerca del fracaso humano y una deuda que pagar. Esto se debe a que Dios nos hizo con una conciencia, y aunque no sepamos cuán bueno es Él, sí sabemos cuán malos somos nosotros. Básicamente en todas las religiones, excepto en la cristiana, hay que pagar la deuda. El hinduismo enseña erróneamente que usted necesita reencarnar y sufrir para pagar su deuda con el karma. En las religiones basadas en las obras, como el islam, sus obras buenas deben pesar más que sus obras malas para que pueda pagar su deuda con Dios.

La única persona que ha caminado por la tierra que nunca ha pecado o acumulado ninguna deuda espiritual es Jesucristo. Él vivió una vida que nosotros no hemos vivido, sufrió la muerte que debimos haber sufrido, y pagó el precio que nosotros no pudimos pagar. Nosotros respondimos atacándolo, calumniándolo, arrestándolo y asesinándolo. En la cruz de Jesús se revelaron tanto la bondad de Dios como la maldad del hombre. Mientras estaba colgado en la cruz, las primeras palabras de Jesús fueron: «Padre, perdónalos».[b] Jesús comienza con el perdón.

Odiando lo que Jesús estaba diciendo, los soldados romanos le pusieron una esponja en la boca. Esa esponja era probablemente parte de su equipo de campaña y lo que usaban como papel higiénico para lavarse después de ir al baño. Con el sabor de un movimiento intestinal en sus labios, nuestro Dios y Salvador contestó su propia oración y murió en nuestro lugar para pagar el precio por nuestros pecados. Si usted pertenece a Jesucristo, está total, completa y eternamente perdonado de todo su pecado en el pasado, presente y futuro. Jesús pagó el precio más alto por usted y perdona su deuda con Dios como un regalo gratuito llamado gracia.

EL PERDÓN ES UN REGALO PARA COMPARTIR

Usted no solo es un pecador, sino que también es una víctima de los pecadores. Así como ha hecho el mal que aflige a Dios, otros han hecho el mal que lo aflige a usted. ¿Quién le debe algo? ¿Quién le ha hecho el mayor daño, le causado el dolor más profundo y le dejado la cicatriz más fea?

El perdón no es solo un regalo que recibimos de Dios, sino también un regalo que Dios requiere que compartamos. Las personas que han sido perdonadas deben perdonar a los demás. «Vestíos, pues, como escogidos

---

a Marcos 10:45 cf. 1 Timoteo 2:5-6
b Lucas 23:34

de Dios, santos y amados, de entrañable misericordia, de benignidad, de humildad, de mansedumbre, de paciencia; soportándoos unos a otros, y perdonándoos unos a otros si alguno tuviere queja contra otro. De la manera que Cristo os perdonó, así también hacedlo vosotros».[a]

Cuando perdona a alguien, trata a su enemigo como Dios lo trató a usted cuando era su enemigo. Cuando perdona a alguien, deja el asunto en las manos de Dios y sigue adelante con su vida. El perdón no requiere confianza; el perdón es gratuito, pero la confianza se gana. El perdón tampoco precisa que haya una reconciliación en la relación. Perdonar es el primer paso para bendecir a alguien. En realidad, bendecir a su enemigo es la prueba de que realmente lo ha perdonado como Jesús dice, «de todo corazón».[b] Hasta que no pueda de alguna manera bendecir a la persona, no la ha perdonado verdaderamente. ¿Por qué? Porque Dios no solo lo ha perdonado, sino que también lo ha bendecido, y la forma en que tratas a los demás debe reflejar, o glorificar, la forma en que Dios en Cristo lo ha tratado a usted.

LOS DEMONIOS SE TRANSPORTAN EN LA AMARGURA

En el reino físico, los diferentes medios de transporte (por ejemplo, un automóvil o un avión) llevan a los seres humanos de un lugar a otro. En el reino espiritual, varios medios de transporte llevan a personas demoníacas. La amargura, o la falta de perdón, es un vehículo por medio del cual las fuerzas demoníacas viajan a su vida y sus relaciones. Santiago dice que lo que la gente amargada está demostrando «no es la sabiduría que desciende del cielo, sino que es terrenal, puramente humana y diabólica».[c]

Usted vive en la tierra, el campo de batalla entre el cielo y el infierno. El infierno es el lugar de la falta de perdón; cuando no perdona, está llevando el infierno hacia arriba a su vida. El cielo es el lugar del perdón; cuando perdona, está bajando el cielo a su vida.

Para ayudarnos a entender esto, Jesús nos cuenta una parábola en la que alguien tiene una gran deuda financiera,[d] digamos un millón de dólares para simplificar. Incapaz de pagar, el hombre va a su prestamista rogándole que no lo vendiera como esclavo junto con su esposa e hijos. Mostrándole gracia, el prestamista perdona toda la deuda del hombre, pagándola él mismo. Esta imagen del evangelio del perdón representa la forma en que

---

a Colosenses 3:12-13
b Mateo 18:35
c Santiago 3:14-15, NVI
d Mateo 18:21-35

Jesús nos trata. Rebosante de alegría, el hombre exonerado se apresura a regresar a casa para compartir las buenas noticias con su familia.

No había pasado mucho tiempo cuando el hombre al que se le perdonó una gran deuda confronta a otro que le debe una deuda mucho más pequeña, diremos que mil dólares. En vez de perdonarle a su consiervo su deuda menor de la misma manera que le habían perdonado su deuda mayor, Jesús dice que se abalanzó hacia el hombre y «asiendo de él, le ahogaba, diciendo: Págame lo que me debes». Su consiervo se postró y le rogó: «"Ten paciencia conmigo, y yo te lo pagaré todo". Mas él no quiso, sino fue y le echó en la cárcel, hasta que pagase la deuda».[a]

Los testigos de esta horrible escena se apresuran a informarle acerca de este hombre implacable a la persona que lo perdonó en primer lugar. Su respuesta es: «Siervo malvado, toda aquella deuda te perdoné, porque me rogaste. ¿No debías tú también tener misericordia de tu consiervo, como yo tuve misericordia de ti? Entonces su señor, enojado, le entregó a los verdugos, hasta que pagase todo lo que le debía. Así también mi Padre celestial hará con vosotros si no perdonáis de todo corazón cada uno a su hermano sus ofensas».[b]

El punto de Jesús es que cuando usted permite que su dolor se convierta en odio, invita al tormento demoníaco a su vida, causando que parezca como si estuviera cumpliendo una sentencia de cárcel en una mazmorra oscura y desesperanzadora. La imagen del carcelero en las enseñanzas de Jesús es Satanás y el reino demoníaco. Satanás y sus demonios lo condenan, persiguen y atormentan. Lo animan a responder a su dolor hiriendo a otros y a su tormento atormentando a otros. Dios crea el perdón, y Satanás lo falsifica con la amargura.

Satanás y los demonios nunca son perdonados por nada y nunca perdonan a nadie por nada. Cuando usted elige no perdonar, está eligiendo darle la bienvenida a lo demoníaco y satánico a su vida.

En la temporada más brutal de nuestra vida y ministerio, mientras estábamos bajo una avalancha abrumadora de ataques externos, nos reunimos con un pastor mayor piadoso y consejero licenciado para que nos ayudara a procesar, aprender, liberarnos de nuestras cargas, arrepentirnos y perdonar. Durante ese tiempo también estudiamos el perdón y la falta de perdón en la Biblia a un nivel muy profundo. Aprendimos que la Biblia a menudo habla de la falta de perdón y lo demoníaco juntos.

---

a Mateo 18:28-30
b Mateo 18:32-35

Muchas de esas secciones las escribió Pablo, quien previamente trabajó para el diablo, persiguiendo a los cristianos y asesinando a Esteban, el líder de la iglesia primitiva. Al morir, Esteban se hizo eco de Jesús y oró por sus asesinos: «Señor, no les tomes en cuenta este pecado».[a] La oración de Esteban fue respondida. Pablo fue salvado, su deuda con Dios quedó perdonada por medio de Jesucristo, y dejó de servir a Satanás y comenzó a servir a su Salvador predicando el perdón. Esto demuestra que si usted perdona a sus enemigos y ora por ellos, Dios puede usarlo para ayudar a levantar al próximo apóstol Pablo en la tierra.

¿Quién le ha causado dolor? El Espíritu Santo a través de Pablo, quien escribe en páginas mojadas de «muchas lágrimas», les pide a los que habían sido lastimados por cierto individuo que ahora deben «perdonarlo y consolarlo». Luego enseña que cuando estamos heridos, el diablo busca acceso a nosotros, a nuestra familia y a nuestra familia de la iglesia, así que escribe para asegurarse de «que Satanás no se aproveche de nosotros. Pues ya conocemos sus maquinaciones malignas».[b] ¿Cuál es el plan de batalla de Satanás? Encontrar a una persona herida y animarla a no perdonar, para que él pueda aumentar su dolor persiguiéndola, amargándola y atormentándola.

¿Hay alguien a quien usted no haya perdonado completamente de corazón? ¿Cómo ha usado el demonio su herida para causarle más daño?

De acuerdo a Colosenses 2:13-15, usted puede desarmar y derrotar lo demoníaco a través del arma del perdón. Había una «deuda que teníamos pendiente por los requisitos de la ley» (NVI). Considere por un momento cuál sería el registro completo de todos sus pecados. No pase por alto ningún pensamiento que haya tenido, una acción que haya hecho, una palabra que haya dicho o un motivo que haya escondido. No considere solamente sus pecados de comisión, cuando ha hecho algo malo, sino también cuente sus pecados de omisión, cuando ha fallado en hacer lo correcto. ¿Cuántas páginas tendrían todas las deudas de su vida?

Ahora, crea por fe que cuando los soldados clavaron los clavos en las manos y los pies de Jesús, también estaban en el reino de los espíritus tomando toda su deuda pecaminosa pendiente y «clavándola en la cruz». Cuando Jesús murió, el resultado fue «que anuló esa deuda que nos era adversa» «al perdonarnos todos los pecados». Al perdonarlo a usted, Jesús venció a lo demoníaco. «Desarmó a los poderes y a las potestades, y [...] los humilló en público al exhibirlos en su desfile triunfal».[c] ¿Cómo derrotó

---

a Hechos 7:60
b 2 Corintios 2:1-11, NTV
c Colosenses 2:15

y desarmó Jesús al reino demoníaco? Pagando el precio de la muerte para que nuestra deuda con Dios sea perdonada.

Para derrotar y desarmar a lo demoníaco usted debe perdonar como ha sido perdonado. Si no perdona, puede ser perdonado por Dios, pero aun así ser perseguido, atormentado y quebrantado hasta que perdone.

EL PERDÓN INVITA AL ESPÍRITU SANTO A DERROTAR AL ESPÍRITU IMPÍO

En nuestras pocas décadas en el ministerio juntos hemos escuchado a personas heridas, lastimadas y ofendida decir una y otra vez: «No puedo perdonarlos». Estamos de acuerdo. No podemos por nuestra cuenta perdonar a alguien. Perdonar verdaderamente «de corazón» como dice Jesús es un milagro. Y un milagro es algo sobrenatural que no podría ocurrir sin el poder de Dios obrando de una manera inusual.

El Espíritu Santo a través de Pablo habla del milagro del perdón: «Airaos, pero no pequéis; no se ponga el sol sobre vuestro enojo, ni deis lugar al diablo».[a] La ira no es un pecado, ya que Dios mismo se enoja, como cuando Jesús hizo un látigo y echó del templo a los negociantes religiosos corruptos. Sin embargo, la ira puede llevarnos al pecado si no tenemos cuidado. Como hemos escuchado al pastor Jimmy Evans decir muchas veces: «La ira de hoy no es un problema, pero la ira de ayer sí lo es».

En el mundo judío un día comienza al atardecer, así que llevar la ira desde el día hasta la noche era arrastrar la ira de ayer hasta el día de hoy. Ese enojo implacable, ardiente e intenso es un poco como el infierno, y el tipo de lugar donde al diablo le gusta residir. Sabemos que todavía sentimos una ira antigua cuando las palabras que decimos violan este mandamiento: «Ninguna palabra corrompida salga de vuestra boca, sino la que sea buena para la necesaria edificación, a fin de dar gracia a los oyentes».[b]

Esto es doblemente cierto cuando los cristianos pelean con otros cristianos frente a los incrédulos, porque la única persona que gana esa guerra es el diablo. Para derrotar y desarmar lo demoníaco, la Biblia nos manda: «Sed benignos unos con otros, misericordiosos, perdonándoos unos a otros, como Dios también os perdonó a vosotros en Cristo».[c] Este tipo de perdón no es natural, sino sobrenatural. Afortunadamente, el mismo Espíritu Santo que le dio poder a Jesús para pagar su deuda y perdonar su pecado también está listo para darle a usted poder para perdonar así como ha sido perdonado.

---

a Efesios 4:26-27
b Efesios 4:29
c Efesios 4:32

Cuando no invitamos a su presencia y poder a nuestro dolor, «contrist[amos] al Espíritu Santo de Dios».[a]

El Espíritu Santo quiere ayudarlo a perdonar a aquellos que lo han lastimado para que las fuerzas demoníacas que le causan daño puedan ser derrotadas, desarmadas y despedidas, siendo reemplazadas por la esperanza, la ayuda y la sanidad divinas. Si usted entrega a su enemigo y el daño que le ha causado al Espíritu Santo, puede entonces, por el poder de Dios, liberarse de «toda amargura, furia, enojo, palabras ásperas, calumnias y toda clase de mala conducta».[b] Cuando usted se enfoca en el que lo lastimó, ignora al que puede sanarlo.

Cuando perdona, deja de enfocarse en ganar y empieza a enfocarse en la adoración. Cuando perdona, no deja que los que lo ofenden se salgan con la suya, sino que se aparta de todo. Cuando perdona, no solo bendice a los otros, sino que también se bendice a sí mismo. Cuando perdona, cambia la persecución de los espíritus impíos por la sanidad del Espíritu Santo.

Lo amamos, y queremos lo mejor para usted. Así que lo instamos a que programe una reunión con Dios y escriba la lista de deudas que la(s) persona(s) que usted necesita perdonar ha(n) acumulado. Entonces, mientras tiene lo que llamamos un «funeral del corazón» con Dios, queremos que haga lo que Jesús hizo por nosotros, «anular la deuda que teníamos pendiente».[c] Queme su lista para que le recuerde las llamas del infierno de donde Jesús lo salvó o entiérrala para recordar que Jesús fue sepultado por su pecado. De esta manera está haciendo un registro de lo que está mal y perdonando esa deuda total, pero sin guardarlo, ya que «el amor [...] no [...] lleva un registro de las ofensas recibidas».[d] Yo (Grace) he hecho esto durante las traiciones más desafiantes de mi vida. Un consejero sabio me dijo que escribiera cartas de procesamiento (no para ser compartidas con otros o publicadas, sino solo para mi sanidad personal) que me permitieran purgar mi dolor, enojo y frustración, y realmente aliviarme a través del perdón. Al hacer esto, sentí que me liberaba de un peso y la persona (o personas) ya no tenían control sobre mi vida. Le entregué todo a Dios y experimenté una profunda libertad personal.

Cuando usted perdona, algo se rompe en el reino de lo invisible. En el momento en que el primer mártir cristiano, Esteban, estaba muriendo a manos de sus enemigos y orando por su perdón, tuvo una visión sobrenatural

---

a Efesios 4:30
b Efesios 4:31, NTV
c Colosenses 2:14, NVI
d 1 Corintios 13:5, NTV

del cielo y vio a Jesús de pie.[a] Al perdonar a sus enemigos, imagine a Jesucristo levantándose de su trono para animarlo mientras el diablo huye de usted. Como la luz echa fuera las tinieblas, así el perdón echa fuera lo demoníaco.

Perdonar a alguien no solo hace que Jesús se ponga de pie y anime en el concilio divino, sino que también hace más fácil que la persona que pecó en su contra se arrepienta ante Dios y usted, porque la bondad conduce al arrepentimiento.[b] Cuando usted perdona a alguien, se aparta del camino y deja que Dios trate con la persona directamente. A veces se arrepiente, lo que también rompe algo en el reino invisible y causa una explosión de celebración en el concilio divino. La gente comúnmente dice que cuando un pecador se arrepiente hay regocijo en la presencia de Dios. Eso seguro es cierto, pero la Biblia afirma específicamente acerca del concilio divino que cuando perdonamos en la tierra, Dios se regocija en el salón del trono mientras los ángeles lo miran alegrarse. «Hay gozo delante de los ángeles de Dios por un pecador que se arrepiente».[c]

Piense en la posibilidad de que usted pueda perdonar a alguien ahora mismo, y Jesús saltaría de su trono para celebrar como un fanático de los deportes entusiasta en un juego con los ángeles uniéndose a Él. Entonces la persona que pecó contra usted un día se arrepiente, y Jesús salta para guiar a los ángeles en otra celebración de victoria total, ya que todos ganan cuando hay perdón.

Por otro lado, si no perdonamos, nos convertimos en personas malvadas, y Satanás trae a otras personas malvadas a nuestra vida para formar alianzas impías o lazos del alma, y todos hacemos el mal juntos. A menudo esto viene en la forma de un enemigo o causa común para hacer daño en nombre de la venganza. Vemos ejemplos de estas alianzas impías entre personas malvadas a lo largo de la Biblia, incluyendo a Janes y Jambres, quienes se opusieron a Moisés; Sanbalat y Tobías, quienes se opusieron a Nehemías; Ananías y Safira, quienes se opusieron a Pedro; e Himeneo y Alejandro, a quienes Pablo «entreg[ó] a Satanás».[d] ¿Alguna vez se ha preguntado cómo es que las personas amargadas y malvadas que no se conocen terminan convirtiéndose en aliados? El secreto es simple. Aunque las personas no se conocen entre sí, sus demonios sí se conocen y llevan a cabo las presentaciones. Esto a menudo comienza con mentiras, las cuales exploraremos a continuación.

---

a Hechos 7
b Romanos 2:4
c Lucas 15:10
d 1 Timoteo 1:20

CAPÍTULO 14

GANE SU GUERRA CONTRA LAS MENTIRAS

Vosotros sois de vuestro padre el diablo, y los deseos de vuestro padre queréis hacer. Él [...] no ha permanecido en la verdad, porque no hay verdad en él. Cuando habla mentira, de suyo habla; porque es mentiroso, y padre de mentira.

—JUAN 8:44

CUANDO PLANTAMOS THE Trinity Church en Scottsdale, Arizona, como un proyecto familiar, Dios tuvo la gentileza de proporcionarnos un edificio de iglesia moderno de mediados de siglo como nuestra primera sede. En una serie de provisiones milagrosas de Dios pudimos comprarlo y renovarlo antes de lanzar públicamente la iglesia. La alfombra azul oscuro del auditorio era probablemente igual a la que usara Noé en el arca. Cuando la enrollamos para tirarla, descubrimos que el piso de concreto debajo de la alfombra estaba agrietado y desmenuzado en un gran círculo.

Evidentemente, la vieja cúpula del techo de vitrales se había estado filtrando durante mucho tiempo. Año tras año, cuando la lluvia rara llegaba al desierto, caía por debajo, asentándose en el hormigón bajo la alfombra. Año tras año, década tras década y goteo tras goteo, el agua encontró los puntos bajos, se asentó hasta que causó grietas, y con el tiempo erosionó el concreto hasta que necesitó una reparación completa.

Las mentiras son como esas gotas de agua. Cada una parece pequeña e inofensiva, pero con el tiempo encuentran los puntos bajos en las vidas, las relaciones, las familias y las naciones, donde se asientan para causar una profunda erosión. Esto explica por qué Dios incluyó su prohibición de mentir como su noveno mandamiento.

SEIS MANERAS EN QUE MENTIMOS

Mentir es decir lo que es falso o no decir todo lo que es verdadero, por lo que una persona bajo juramento en la corte jura «decir la *verda*d, *toda* la verdad y *nada más* que la verdad». Mentir es demoníaco. Dios crea la verdad, y Satanás la falsifica con mentiras.

En el reino de Dios había y hay solo verdad, porque Dios nunca miente.[a] Cuando el diablo y sus demonios fueron arrojados a la tierra, trajeron mentiras con ellos. Jesús dice en el Evangelio de Juan unas cuarenta veces: «De cierto, de cierto os digo», o alguna variante de la frase. En un acalorado debate con los religiosos, Jesús dice: «Ustedes son de su padre, el diablo, cuyos deseos quieren cumplir [...] Cuando miente, expresa su propia naturaleza, porque es un mentiroso. ¡Es el padre de la mentira!».[b]

Cuando mentimos, hablamos por el diablo aunque pensemos que estamos sirviendo al Señor. En la tierra se hablan muchos idiomas. En el cielo hay un idioma llamado «lenguas angélicas».[c] En el infierno, el lenguaje es la mentira. En realidad, Satanás y los demonios son muy adeptos a la mentira que representa su «propia naturaleza». Cuando elegimos hablar el lenguaje de la mentira, nos encontramos rápidamente aventajados, como una persona que viaja a un país extranjero sabiendo solo unas pocas palabras y trata de negociar un contrato con los locales. Cuando mentimos, entramos en un reino demoníaco donde somos incapaces de escapar del daño. Esto sucede de seis maneras diferentes.

1. Adulación

Los solteros usan los halagos para conseguir una cita o un compañero. Los niños usan los halagos para conseguir un postre. Los empleados usan los halagos para conseguir un aumento. Lisonjear y halagar no son dones espirituales.

La adulación puede sentirse muy bien y producir algunos resultados favorables en el momento, pero «habla mentira cada uno con su prójimo; hablan con labios lisonjeros, y con doblez de corazón».[d] Una persona puede tener una mente doble. Puede tener una lengua doble. La adulación demuestra un corazón doble. Se trata de un elogio insincero y excesivo con la intención de manipular.

En este punto resulta esencial distinguir entre la adulación pecaminosa y el don del aliento. No hay nada malo en ser una persona feliz que ayuda

---

a Tito 1:2
b Juan 8:44, NVI
c 1 Corintios 13:1
d Salmos 12:2

a la gente a ver el lado positivo. La diferencia entre el aliento y la adulación es el motivo del corazón. Alentar es algo piadoso y tiene la intención de *edificarlo* para su beneficio; adular es demoníaco y tiene la intención de *adulzarlo* a usted para beneficiarme a *mí*.

2. Engaño

El engaño tergiversa lo que era la verdad y lo convierte en un arma para el daño y la destrucción: engaño en la escuela; medias verdades en un currículum; falsificación de informes en el trabajo; dobles facturas a los clientes; reporteros que tienen una agenda y escriben para cumplirla independientemente de los hechos; políticos que presentan positivamente todo lo que han dicho o hecho mientras distorsionan de forma negativa todo lo que tienen que ver con sus oponentes. Todos construimos historias de tal manera que omitimos lo que nos hace ver mal y enfatizamos lo que hace que otros se vean mal en algún momento. Los medios sociales parecen ser un caldo de cultivo para el engaño, ¿y quién no está harto de la constante avalancha de publicidad en la que ya nadie cree porque todo es verdad a medias?

El engaño es demoníaco. En Génesis 3 Dios creó a nuestros primeros padres y les habló la verdad, y luego vino Satanás y les mintió. Ellos pecaron contra Dios. La Biblia dice en más de una ocasión que Satanás los engañó, en particular a Eva. Como Adán y Eva, no solo somos culpables de engañar, sino también de ser engañados.

A muchos de nosotros nos gusta pensar que somos demasiado listos para ser engañados, pero esta confianza en nosotros mismos nos puede poner en riesgo. Dios es nuestro Padre, y la Biblia a menudo se dirige a nosotros como sus hijos. Podrías engañar a un niño fácilmente, ¿verdad? Ellos son un poco crédulos y un poco ingenuos, y a veces somos así. Hay una diferencia entre una fe como la de u niño y una fe infantil. La fe como la de un niño confía en la palabra de Dios. La fe infantil significa que es fácil estar en peligro por medio del engaño.

3. Calumnia/difamación

Así como el engaño es demoníaco, la calumnia es satánica. La información maliciosa y a menudo falsa que se utiliza para causar daño constituye una calumnia (forma oral) o una difamación (forma escrita). Dios ordena: «No andes difundiendo calumnias».[a]

Los constructores de casos recolectan información como piedras para tirar, esperando la oportunidad correcta para impugnar y atacar a alguien.

---

a Levítico 19:16, NVI

Un constructor de casos decide que una persona es su enemigo y luego justifica la recolección de información de la misma manera que una turba del Antiguo Testamento reunía piedras para lanzar.

Muchas mentiras se contaron acerca del Señor Jesús cuando caminó sobre la tierra, y cada día se cuentan muchas más mentiras acerca de Él. Falsos testigos se levantaron para calumniar a Jesús. A fin de contrarrestar las falsificaciones de la verdad, después de levantarse de la muerte, Jesús nos comisionó a ser sus «testigos», atestiguando la verdad y en contra de las mentiras de los testigos falsos.[a] Pablo se mantenía diciendo: «No miento».[b] El hermanastro de Jesús exhortaba: «Que vuestro sí sea sí, y vuestro no sea no», lo cual es una manera segura de reducir la mentira y el falso testimonio.[c]

En nuestros días tenemos la oportunidad de calumniar a las personas de una manera más inmediata y eficaz que nunca a través de la tecnología. En una conversación que tuvimos, el pastor Rick Warren dijo que este tipo de comunicación es cuádruple. La misma es:

1. Instantánea — ahora nuestras emociones pueden impulsarnos a publicar algo antes de que tengamos los hechos.

2. Constante — podemos mentir en cualquier momento y desde cualquier lugar.

3. Global — una vez que la publiquemos, nuestra mentira estará disponible para el mundo.

4. Permanente — una vez en línea, nuestra mentira puede vivir y hacer daño para siempre.

Antes de publicar, recuerde las palabras de Jesús: «De toda palabra ociosa que hablen los hombres, de ella darán cuenta en el día del juicio».[d] ¿Sabía usted que hoy Jesús tiene acceso a la Internet y ve nuestras redes sociales? Incluso si lo que ha comunicado es verdad, sus motivos son impíos si su propósito al comunicarse es dañar a su prójimo en vez de darle gloria a Dios y buscar el bien de los demás.

---

a   Hechos 1:8; 5:32
b   Romanos 9:1; 2 Corintios 11:31; Gálatas 1:20; 1 Timoteo 2:7
c   Santiago 5:12
d   Mateo 12:36

4. Condenación

La condena es un poco como contraer la gripe. No importa cuánto lo intente, en algún momento el virus del resfriado o la gripe lo golpea, y de repente se siente como la sombra de lo que normalmente es. Por lo general, no se puede predecir cuándo será atacado por un virus, pero se sabe que en algún momento sucederá.

De la misma manera, podemos estar bien y de repente ser golpeados de la nada por la condena. Espiritualmente resulta desalentador, agota su energía, y le hace sentir que no es usted mismo. La condena es una falsificación demoníaca de la convicción. La convicción viene del Espíritu Santo y es específica, a fin de que sepamos qué hacer para caminar en la voluntad de Dios. La condenación viene del espíritu impío (Satanás) en una de dos maneras:

1. La condenación ocurre cuando el pecado o la vergüenza de nuestro pasado es traído para hacernos sentir mal de nuevo. Aunque el problema ha quedado en el pasado, sentimos su peso en el presente. Sabemos que Jesús nos perdonó, nos hemos arrepentido, seguido adelante y no estamos repitiendo el mismo error, pero el pasado vuelve a perseguirnos en el presente. Una persona con una conciencia sensible puede quedar atrapada en un ciclo repetitivo de revivir el pasado y arrepentirse una y otra vez. Él o ella es incapaz de avanzar, porque el asunto sigue resurgiendo. En circunstancias extremas, algunas personas se preguntan si han sido salvadas y Dios los ama. La idea de que el pasado no es perdonado en el presente o el futuro es una mentira.

2. La condenación también puede ocurrir cuando queremos hacer lo que es correcto y estamos dispuestos a ser corregidos por cualquier maldad, pero Satanás usa nuestro corazón sincero para amontonar acusaciones vagas y generales, las cuales si no son reconocidas pueden impulsarnos a una profunda introspección mientras buscamos frenéticamente algún pecado. Satanás falsifica a Dios y pervierte su obra. El Espíritu Santo nos convence de pecados específicos para que con su ayuda compasiva podamos arrepentirnos y avanzar a la libertad y el gozo. El espíritu impío busca derrotarnos y desanimarnos por medio de una culpabilidad tan general, que nunca sabemos exactamente de qué arrepentirnos y por lo tanto nos quedamos paralizados en la esclavitud y la desesperación.

La condena es una forma de mentir. La verdad es: «Ahora, pues, ninguna condenación hay para los que están en Cristo Jesús».[a]

5. Narrativa negativa

Nuestro mundo moderno nos da acceso a más información de la que ha tenido cualquier otra generación, pero eso no siempre es bueno. Se ha convertido en algo común recibir información enmarcada en una historia negativa, abarcando desde las campañas políticas hasta los divorcios y las luchas eclesiásticas. A veces la historia es francamente amarga y desagradable, y la mayoría de las veces resulta falsa.

Aunque nuestro acceso moderno a las historias negativas puede no tener precedentes, el problema no es nuevo. Considere la vida de Jesús, por ejemplo. El enemigo obró a través de una variedad de enemigos, comenzando con los líderes religiosos y políticos que formaron una alianza infame:

- No solo lo llamaron mentiroso, sino que también extendieron la historia negativa para desacreditar a su madre, diciendo que era una mujer sexualmente pecadora y una mentirosa como su hijo.[b]

- Cuando Jesús expulsó a los demonios, la historia negativa fue: «¡Está poseído por Beelzebú! Expulsa a los demonios por medio del príncipe de los demonios».[c]

- Cuando Jesús pasaba tiempo con las personas, la historia negativa informaba que era «un hombre comilón, y bebedor de vino, amigo de publicanos y de pecadores».[d]

- Para continuar llevando adelante la historia negativa, mientras buscaban arrestar y matar a Jesús, «muchos testigos falsos se presentaban».[e]

Si las redes sociales, los blogs y los medios de comunicación sesgados hubieran existido en los días de Jesús, la mayoría asumiría erróneamente que su madre era una estafadora mentirosa que crió a un hijo poseído por un demonio y alcohólico, el cual pretendía ser espiritual como parte de un gran engaño demoníaco. Este mismo patrón continúa en todas las épocas, ya

---

a Romanos 8:1
b Juan 8:41
c Marcos 3:22, NVI
d Mateo 11:19
e Mateo 26:60

que los mismos demonios animan a la gente a hacer las mismas cosas que le hicieron a Jesús. Las historias negativas son una forma demoníaca de mentir.

6. Chismes

En la era de las redes sociales y la tecnología, tal vez la forma más común de mentir y dar falso testimonio es el chisme. Los tabloides ganan dinero publicitario incitando a la gente a hacer clic en los últimos chismes de las celebridades. Los medios sociales existen en gran parte para que actuemos como Dios y estemos atentos a las vidas de otras personas. Este es el pecado de ser un entrometido chismoso. Las personas chismosas sin Dios «aprenden a ser ociosas [...] y no solamente ociosas, sino también chismosas y entremetidas, hablando lo que no debieran», y al hacerlo, le dan «al adversario [...] ocasión de maledicencia. Porque ya algunas se han apartado en pos de Satanás».[a]

El chisme es contar noticias que no podemos contar; es hablar de la gente en lugar de hablar con ellos. Los chismes involucran a personas que no son parte del problema ni de la solución. Si todo el mundo viene a usted para revelarle secretos, eso no es necesariamente algo bueno. Usted podría ser el equivalente espiritual de un inodoro que tira todo a las cañerías. Llamarle a esto una petición de oración no desinfecta las aguas residuales.

A veces los chismes dicen cosas que no son ciertas, pero más a menudo simplemente dicen cosas que no deberían decir. Contarle a la gente acerca de los asuntos de otra persona no es una manera de amar a su prójimo. En realidad, los chismes a menudo comparten intencionalmente información dañina. El asesinato mata el cuerpo de una persona; los chismes matan su reputación.

Los sitios en la red y las revistas han convertido el chisme acerca de las celebridades en un modelo de negocio. El hecho de que alguien sea famoso no significa que usted necesite saber qué come, dónde vive o cómo son sus hijos. Eso es en realidad acechar, escuchar a escondidas y ser un entrometido, y no es nada espiritual. ¿A quién necesita dejar de seguir? La información que está recibiendo puede ser cierta, no obstante, ¿cuál es su motivo para oírla o leerla? ¿Le gusta espiar las vidas de los demás para poder juzgarlos?

---

a 1 Timoteo 5:13-15

SEIS RAZONES POR LAS QUE MENTIMOS

Si el Espíritu de Dios vive en usted, entonces tiene que estar de acuerdo en que todos somos culpables de mentir. Si sabemos que mentir está mal, ¿por qué lo hacemos? He aquí seis razones:

1. Mentimos para evitar las consecuencias negativas.
2. Mentimos para crear o proteger una ilusión de quienes somos.
3. Mentimos para conseguir lo que queremos.
4. Mentimos para mantener el control de una situación.
5. Mentimos para castigar a los demás.
6. Mentimos sobre alguien más para ser aceptados por otros que lo desprecian.

En resumen, mentimos porque queremos ser como Dios, que fue la primera mentira que Satanás dijo. Queremos establecer nuestro propio estándar de verdad. Queremos controlar nuestras vidas y sus resultados. Queremos vernos bien. Queremos juzgar y condenar a otros.

Nuestros corazones están saturados de todo esto, y por eso no podemos dejar de mentir, al menos no sin la ayuda de Dios. Necesitamos un corazón nuevo a través Jesús por el poder del Espíritu Santo si alguna vez esperamos escapar del poder y las consecuencias de nuestras mentiras pasadas, presentes y futuras.

UNA GRAN PREGUNTA IMPORTANTE

Si ahora desea decir la verdad, obedeciendo el noveno mandamiento, aquí hay una serie de puntos de control útiles para evaluarse a sí mismo dentro de una pregunta general:

¿Esta información exacta...
necesita ser comunicada...
por mí...
a esta persona (o a estas personas)...
en este momento...
por este motivo...
a través de este medio?

Si alguno de los puntos de control anteriores tiene una respuesta negativa, no necesitamos compartir lo que íbamos a decir. Si nos hacemos con regularidad esta pregunta grande e importante, reduciremos significativamente el número de veces que violamos el noveno mandamiento.

Las parejas en especial necesitan protegerse de las mentiras. La primera mentira que se les dijo a los humanos tuvo lugar cuando Satanás le mintió a una pareja casada, nuestros primeros padres. Por eso animamos a las parejas a permanecer vigilantes ante esta táctica del enemigo. El diablo y sus demonios son muy hábiles para hacernos creer que decir una mentira hará que las cosas mejoren. Cuando esto sucede, nos convencen de que decir otra mentira ayudará a compensar el fracaso de la primera. Por supuesto que esta es solo su manera de mentir sobre la mentira.

Algunas personas mienten tanto que pierden de vista la realidad y la verdad. Un viejo proverbio judío cuenta la historia de un visitante que entró en una ciudad con una almohada con un agujero en ella. Una tras otra, las plumas caían de la almohada y se esparcían con la brisa. Finalmente, la persona se percató de que la funda de la almohada estaba casi vacía y buscó en vano recoger todas las plumas que se le habían caído. Las mentiras son como esas plumas. Una vez que se dejan caer y se dispersan, se vuelve prácticamente imposible corregir todo lo que ha salido mal.

CUATRO PUNTOS CONFLICTIVOS PARA LA VERDAD

Para terminar, cuando el tema de la mentira sale a relucir, surgen algunas preguntas razonables. Hay por lo menos cuatro escenarios donde el asunto de decir la verdad en comparación a mentir puede ser difícil de diferenciar.

1. Secretos y sorpresas

Al criar a nuestros cinco hijos, les enseñamos que guardar secretos —elegir no contar cosas malas que son verdaderas— está mal. Por ejemplo, cuando se abusa de los niños, a menudo se les dice que guarden el secreto, lo que les impide obtener la ayuda que necesitan. Queríamos evitar este tipo de oportunidad para el enemigo enseñándoles a nuestros hijos sobre el pecado de guardar secretos. Sin embargo, uno de nuestros hijos era un estricto guardián de las reglas y se tomaba las cosas de manera muy literal. Así que tuvimos que enseñarles a nuestros hijos la diferencia entre un secreto y una sorpresa. Un secreto es algo malo que una persona no quiere que alguien sepa. Una sorpresa es algo bueno que queremos que se sepa en el momento adecuado. Así que, por ejemplo, si estábamos organizando una fiesta de cumpleaños sorpresa para uno de los niños, les pedíamos a los otros niños que nos ayudaran a planearla, pero que no se lo dijeran a su hermano por adelantado, manteniéndola como una sorpresa.

2. Exageraciones

Hay veces en que un chiste contiene detalles embellecidos para lograr hacer un comentario gracioso. Los que escuchan el chiste saben que no es del todo cierto, pero tampoco es una mentira. Jesús tenía sentido del humor e hizo esto mismo. Algunos eruditos afirman: «Si hay una sola persona dentro de las páginas de la Biblia que podamos considerar humorista, es sin duda alguna Jesús [...] Jesús era un maestro de los juegos de palabras, la ironía y la sátira, a menudo con un elemento de humor entremezclado».[1] Algunos ejemplos podrían incluir hacer pasar a un camello a través del ojo de una aguja de coser, o señalar el aserrín en el ojo de otra persona mientras que se ignora la viga gigante que sobresale de su propia cabeza. Usualmente este tipo de comunicación es entendida por el oyente como una forma divertida de hacer un comentario sin la intención de engañar.

Sin embargo, hay veces en que exageramos la verdad en un esfuerzo por hacer una tergiversación deshonesta. Por ejemplo, si un hombre soltero que tiene un ingreso modesto le dice a una mujer que él está interesado en que su ingreso esté por debajo de un millón de dólares al año, técnicamente está diciendo la verdad, pero está exagerando con la esperanza de impresionarla.

3. Cuando decir la verdad sería una calumnia

Podemos enfrentarnos a un dilema cuando nos vemos obligados a mentir o calumniar a alguien. Por ejemplo, en Juan 8 en la Biblia hay una historia en la que líderes religiosos llevaron a una mujer sorprendida en adulterio ante Jesús para avergonzarla y condenarla públicamente. En lugar de decir nada, Jesús escribió algo en el suelo que sigue siendo un misterio para nosotros, y esto hizo que sus acusadores huyeran una vez que lo leyeron. En este caso, Jesús no calumnió en público a la mujer o a sus acusadores, aunque tanto la mujer como los acusadores estaban actuando de manera vergonzosa. En este tipo de situaciones embarazosas, a menudo es mejor permanecer en silencio. Los proverbios nos dicen: «Es necio denigrar al vecino; una persona sensata guarda silencio. El chismoso anda contando secretos; pero los que son dignos de confianza saben guardar una confidencia».[a] Modelando esto mismo, muchas veces Jesús permaneció en silencio.[b] Cuando su

---

a Proverbios 11:12-13, NTV
b Mateo 26:63; 27:12; Hechos 8:32

mamá le dijo alguna vez: «Si no puedes decir algo bonito, no digas nada en absoluto», ella estaba en lo cierto.

4. Cuando decir la verdad causaría un daño increíble

Ciertamente, estos dilemas éticos son poco comunes. Un ejemplo de este tipo de situación se encuentra en el capítulo 1 de Éxodo, cuando el gobierno les dijo a las parteras hebreas que mataran a todos los niños hebreos que habían nacido. Divididas entre mentirle a un líder político ateo o asesinar a incontables bebés inocentes, las parteras eligieron desobedecer la autoridad demoníaca impía, salvar vidas inocentes y evitar un genocidio. Los padres de Moisés hicieron lo mismo: «Por la fe Moisés, cuando nació, fue escondido por sus padres por tres meses, porque le vieron niño hermoso, y no temieron el decreto del rey».[a]

En otra ocasión, en Josué 2, Rahab ayudó a evitar que los siervos de Dios fueran asesinados. Cuando sus enemigos incrédulos llegaron, ella mintió para preservar las vidas inocentes de los piadosos. En raras ocasiones, revelar la verdad completa le da poder a lo demoníaco para traer devastación, muerte y destrucción. No debemos permitir que se abuse de la verdad de esa manera, así que la guardamos para nosotros mismos en lugar de entregarla como arma al enemigo, razón por la cual Rahab es un modelo de fe.[b]

Es cierto que en un mundo caído y malvado con los poderes demoníacos en acción hay situaciones éticas raras y complejas. Un ejemplo sería la familia de Corrie ten Boom escondiendo a los judíos de los nazis que querían asesinarlos durante la Segunda Guerra Mundial. Sin embargo, la mayoría de las veces, la mentira no tiene la intención de glorificar a Dios y salvar vidas inocentes, sino de beneficiarnos a nosotros mismos.

Otras veces mentimos para hacerle daño a alguien más. Este es el caso de una mujer casada con un hombre poderoso llamado Potifar. Ella trató repetidas veces de seducir a José, y por lealtad a Dios y al esposo de la mujer, José rechazó reiteradamente sus insinuaciones. Enojada, acusó falsamente a José de violación.[c] Siendo inocente, él fue arrestado, condenado y encarcelado, todo por una mentira.

Al fin y al cabo, las mentiras suben del infierno y la verdad desciende del cielo. No había mentira en el cielo hasta la gran guerra, y hoy y siempre no habrá mentira en el reino de Dios. El infierno es el lugar al que van todas las mentiras y los mentirosos. Cuando elegimos las mentiras, llevamos el

---

a   Hebreos 11:23
b   Hebreos 11:31
c   Génesis 39

infierno a nuestras vidas. Cuando escogemos la verdad, invitamos al cielo a descender a nuestras vidas y empujamos las mentiras de regreso al infierno donde pertenecen.

Por último, con respecto a la guerra espiritual, a veces cuando estamos trabajando con alguien que está poseído u oprimido por un demonio, ese espíritu puede comunicarse a través de la persona o revelarle información. Si esto sucede, necesitamos recordar que los demonios son mentirosos. Cualquier información revelada por un demonio debe ser considerada con una sospecha increíble. Un demonio entrevistado por un cristiano es como un enemigo capturado en la guerra que les miente a los interrogadores y como regla general no es de confianza. Una meta de la mentira demoníaca es hacer que seamos codiciosos, como examinaremos a continuación.

CAPÍTULO 15

GANE SU GUERRA CONTRA LA CODICIA

Pero, si ustedes tienen envidias amargas y rivalidades en el corazón, dejen de presumir y de faltar a la verdad. Esa no es la sabiduría que desciende del cielo, sino que es terrenal, puramente humana y diabólica.

—Santiago 3:14-15, NVI

L A PRÓXIMA VEZ que esté en una tienda mirando todos los productos que se exponen a la venta, considere por un momento lo reciente que es este fenómeno. Uno de los primeros grandes almacenes estadounidenses en poner todos los productos en el salón de ventas fue Woolworth's. Antes de eso, las tiendas almacenaban todos los artículos a la venta detrás del mostrador, y si usted quería algo, le pedía a un vendedor que se lo consiguiera o simplemente le daba una lista de lo que quería comprar.

Una vez que los consumidores pudieron tocar y seleccionar todos los artículos a la venta, la gente comenzó a codiciar más y por lo tanto a comprar más. ¿Cuántos de nosotros hemos hecho esto? Vamos a la tienda a comprar algo y terminamos comprando otras cosas que ni siquiera sabíamos que existían hasta que llegamos allí. Las traemos a casa, pagamos por unidades de almacenamiento adicionales para guardarlas, y luego las tiramos porque no las necesitábamos después de todo. Sí, pagamos para llevarnos el artículo a casa, pagamos para almacenarlo, y luego les pagamos a los trabajadores de saneamiento para que lleven el artículo al basurero. Ese es el poder de codiciar.

Parece que hemos basado nuestra economía en hacer que la gente rompa el décimo y último mandamiento. La publicidad y la mercadotecnia despiertan en usted el deseo de gastar un dinero que no tiene en algo que no necesita para impresionar a alguien que no conoce. Añada a esto la gravedad espiritual del mundo que lo empuja a ser celoso y codicioso de lo que otros tienen, y la constante avalancha de las redes sociales donde parece que todo el mundo está mostrando las cosas que posee, los lugares a los que va, y los lujos que disfruta. El escenario está listo para codiciar.

LA CODICIA DEFINIDA

Codiciar es un deseo insatisfecho, pasión, envidia, ansia, avidez, celos, obsesión, anhelo o lujuria por alguien o algo que se supone que no es suyo. En resumen, codiciar es cuando no está contento con lo que Dios quiere para usted y en cambio desea algo que Él no ha escogido para usted.

Codiciar es un pecado que comienza con nuestros ojos. Satanás tentó a nuestros primeros padres de acuerdo a un patrón que luego usó con Jesucristo[a] y emplea con nosotros hoy. «Porque todo lo que hay en el mundo, los deseos de la carne, los deseos de los ojos, y la vanagloria de la vida, no proviene del Padre, sino del mundo».[b]

1. Los deseos de los ojos surgieron cuando nuestros primeros padres «vieron el fruto».
2. Los deseos de la carne surgieron cuando se dieron cuenta de que era «bueno para comer».
3. La vanagloria de la vida surgió cuando creyeron erróneamente que era «codiciable para alcanzar la sabiduría».

Es curioso que de todas las cosas que Dios podría haber enumerado en los Diez Mandamientos, la codicia integrara la lista. Tal vez esto se deba a que usted no puede simultáneamente amar a su prójimo y codiciar las cosas que él tiene. Cuando codiciamos lo que alguien más posee, no podemos ser felices por cualquier bendición que haya en su vida. En vez de eso, nos amargamos porque esto no forma parte de nuestra vida. Peor aún, podríamos intentar robarlo para nosotros mismos o al menos hacer que lo pierdan para que ninguno de los dos podamos disfrutarlo. En última instancia, codiciar crea una mentalidad de avaricia y egoísmo que conduce a acciones pecaminosas.

Lo más interesante de los Diez Mandamientos desde una perspectiva histórica no es que Dios hizo una lista de reglas para que los israelitas

a   Mateo 4:3, 5-9
b   1 Juan 2:16, NVI

las siguieran. Muchas culturas antiguas seguían claros códigos morales públicos y listas de virtudes. Sin embargo, la mayoría solo cubría cosas externas, como el robo, el asesinato o la mentira. Es increíblemente raro encontrar un código moral antiguo que incluya la vida interior de los motivos, deseos y pensamiento, como lo hacen los Diez Mandamientos. Esto se debe a que solo Dios ve, conoce y juzga el corazón y la mente. Por lo tanto, la lista de Dios incluye codiciar, ya que es la raíz de otros pecados.

Piense en ello de esta manera: los dos primeros mandamientos enseñan que hay un solo Dios y que no debemos codiciarlo, sino adorarlo. El séptimo mandamiento ordena no cometer adulterio, y cuando usted codicia a alguien más en su corazón, es solo cuestión de tiempo antes de cometer adulterio con su cuerpo. En el octavo mandamiento se nos dice que no robemos, pero cuando codiciamos cosas en nuestros corazones, a la larga robamos. Sí, sin codiciar no tendríamos idolatría, ni adulterio, ni robo. Muchos de los problemas del mundo desaparecerían si no hubiera más codicia. Considere estas preguntas por un momento:

1. ¿Ha visto alguna vez un auto que desearía profundamente poder poseer y conducir?

2. ¿Alguna vez ha visto una casa que fuera tan fabulosa que quisiera tenerla para sí mismo?

3. ¿Hay alguna persona cuyas habilidades (mentales, físicas, espirituales, etc.) le gustaría tener?

4. ¿A quién desea honestamente parecerse?

5. ¿Qué cosas tienen otras personas que realmente quiere para usted?

6. ¿Qué cónyuge ha conocido con el que secretamente deseaba haber estado casado?

7. ¿Cuál es la única experiencia que alguien más ha tenido que usted desearía tener en lugar de esa persona?

8. ¿Con quién intercambiaría su vida si pudiera cambiarla por la de otra persona?

¿Las respuestas a algunas de estas preguntas le vinieron a la mente a medida que las leía? Si es así, probablemente ha pecado contra Dios en su corazón y cayó en el truco demoníaco de codiciar.

El último de los Diez Mandamientos nos advierte contra el engaño demoníaco que atrajo incluso a los ángeles a alinearse con el plan de

Satanás, codiciando la gloria de Dios. Dios dice: «No codiciarás la casa de tu prójimo, no codiciarás la mujer de tu prójimo, ni su siervo, ni su criada, ni su buey, ni su asno, ni cosa alguna de tu prójimo».[a] Para expresarlo en términos modernos, deje de buscar los metros cuadrados, el precio de venta y el diseño interior de otras casas; deje de comparar la edad, la belleza y el encanto de alguien con quien usted no está casado con los de su cónyuge. No se preocupe por el auto nuevo y las vacaciones de lujo sobre las cuales sus amigos acaban de publicar en línea; en cambio, esté contento con lo que Dios le ha dado.

Dios quiere que estemos contentos con lo que nos ha dado, y Satanás falsifica el contentamiento con la codicia para hacernos querer lo que Dios *no* nos ha concedido. Codiciar daña nuestras relaciones, comenzando con nuestra relación con Dios.

CODICIAR PERJUDICA SU RELACIÓN CON DIOS

Dios es un Padre. Como cualquier buen padre, Dios sabe lo que cada hijo necesita y no le da cosas que le hagan daño. Por ejemplo, tenemos cinco hijos, y aunque a algunos les hubiera gustado que les compráramos un auto a los seis años, esperamos hasta los dieciséis. Nuestra dilación fue un acto de amor hacia ellos. Así sucede con Dios. Cuando hay algo que queremos, el Padre a veces dice «no», y en otras ocasiones dice «más tarde» cuando estemos listos.

Conocíamos a un niño que tenía unos padres generosos. En una fiesta de cumpleaños el niño recibió numerosos regalos de familiares y amigos. Después de abrir todos los regalos, el chico se enfureció porque aparentemente había un regalo que deseaba más que todo, pero no lo recibió. El niño procedió a armar un berrinche, lanzó todos los regalos al suelo como un acto de rechazo y los pisoteó enojado. El padre dijo: «Esta es exactamente la razón por la que no compramos el regalo. El regalo estaba bien, pero su corazón no se encontraba listo para recibirlo». Dios se siente a menudo como los padres en esa fiesta de cumpleaños, ya que «toda buena dádiva y todo don perfecto desciende de lo alto, del Padre».[b]

La codicia nos hace olvidar que somos en realidad ricos. La mayoría de las personas que leen este libro viven con una calidad de vida que la gente en el pasado ni siquiera podía imaginar. Además, con gran parte del mundo en la pobreza, los que tenemos electricidad, calefacción central, y una nevera y una despensa para guardar nuestra comida extra, calificamos

---

a   Éxodo 20:17
b   Santiago 1:17

como «los ricos» en esta escritura: «A los ricos de este siglo manda que no sean altivos, ni pongan la esperanza en las riquezas, las cuales son inciertas, sino en el Dios vivo, que nos da todas las cosas en abundancia para que las disfrutemos».[a]

Codiciar implica una profunda insatisfacción con lo que el Padre nos ha dado. Dios es un Padre generoso que quiere que disfrutemos de los dones que nos ofrece. Cuando Dios Padre dice que no, es para protegernos, no para castigarnos.

CODICIAR LE HACE DAÑO

¿Por qué nos importa qué nombre está escrito en nuestros pantalones? ¿Por qué nos importa si nuestro coche fue fabricado en Corea o Alemania? ¿Por qué la gente se preocupa por la última generación de la tecnología cuando la vieja hace casi lo mismo por un tercio del precio?

El consumismo se ha convertido en una religión. Así es como ganamos estatus social y prestigio a los ojos de los demás. Los centros comerciales son iglesias, y los carritos de compras en línea son oraciones enviadas a los dioses minoristas que responden enviándonos lo que queremos. El sociólogo Thorstein Veblen, que acuñó la frase *consumo conspicuo*, expresó bien esta idea a principios del siglo pasado. Veblen argumentó que la principal manera de obtener prestigio y poder social es a través de exhibiciones conspicuas de esparcimiento y consumo. El prestigio social está relacionado con la riqueza, y demostramos nuestra riqueza alardeando de ella.

Otros sociólogos han utilizado la frase *consumo competitivo* para explicar este sacramento del consumismo. Trabajamos hasta la muerte y nos endeudamos porque pensamos erróneamente que nuestra autoestima está ligada a nuestro valor neto. Esto explica por qué incluso los adolescentes a veces se asesinan unos a otros por un par de zapatillas Jordan retro, pero no hacen lo mismo por un par de chanclas de la tienda de un dólar.

El problema no está en las cosas que tenemos, sino en las que nos atrapan. La cuestión no está en nuestras manos, sino en nuestros corazones. «Mirad, y guardaos de toda avaricia; porque la vida del hombre no consiste en la abundancia de los bienes que posee».[b]

---

a 1 Timoteo 6:17
b Lucas 12:15

CODICIAR LASTIMA A LA GENTE QUE AMA

¿Alguna vez ha notado que alguien tenía un problema con usted y no sabía por qué, y más tarde se enteró de que no había hecho nada y que simplemente la persona le tenía celos?

Ahora pongámonos el zapato en el otro pie y usémoslo por un rato. ¿Quién lo pone celoso? ¿Quién lo molesta por su belleza, ingresos, humor, intelecto, popularidad, éxito, salud, matrimonio, hijos, etc.? ¿Cómo es su relación con esa persona? ¿Lo critica a sus espaldas? ¿Desea que sufra o que pierda lo que tiene? ¿Desearía poder cambiar de lugar con ellos?

Dios no le hizo nada malo a Satanás. Satanás simplemente codiciaba la gloria que Dios recibió. Como resultado, su relación se vio destruida. Este engaño demoníaco continúa en las relaciones humanas hoy en día, y es por eso que la Palabra de Dios advierte: «¿De dónde vienen las guerras y los pleitos entre vosotros? ¿No es de vuestras pasiones, las cuales combaten en vuestros miembros? Codiciáis, y no tenéis; matáis y ardéis de envidia, y no podéis alcanzar; combatís y lucháis, pero no tenéis lo que deseáis, porque no pedís».[a]

Cuando codiciamos a alguien y alimentamos nuestros celos, el asunto no es realmente entre nosotros y ellos; es entre nosotros y Dios. Dios nos invita a reemplazar el deseo por la oración. En la oración podemos pedirle a Dios lo que necesitamos en vez de buscar tener lo que Él ya les ha dado a otros. Cuando llevamos nuestras peticiones a Dios, esto revela nuestro corazón. Si somos honestos, todos codiciamos cosas que nunca le pediríamos a Dios, porque sabemos que el deseo es impío o insano. Al traer ante Dios lo que creemos que necesitamos, lo invitamos a que nos muestre la diferencia entre nuestra necesidad y nuestra avaricia. A veces Dios nos da con gracia lo que pedimos, de la misma manera que lo ha hecho con gracia para la persona que envidiamos.

CODICIAR LE ROBA LA BENDICIÓN

Como padres, la temporada de Navidad guarda algunos de nuestros recuerdos favoritos. Los niños siempre fueron fieles para darnos regalos, a menudo tarjetas caseras y artesanías que guardamos como recuerdos sagrados. Fue divertido abrir estos regalos de los niños. Sin embargo, lo que resultó aún más divertido fue ver a los niños abrir sus regalos.

Hay una pequeña línea con grandes implicaciones escondidas en Hechos

---

a   Santiago 4:1-2

20:35. Este es el único lugar en la Biblia donde usted puede encontrar «las palabras del Señor Jesús, que dijo: Más bienaventurado es dar que recibir».

Hay una falsa enseñanza, a la que comúnmente se hace referencia como prosperidad, que afirma que damos para obtener una bendición. La verdad es que *dar es la bendición*. Dios es la persona más generosa, y por tanto la más bendita. El apóstol Pablo describe a un dador como alegre, porque cuando damos, experimentamos la bendición de compartir el gozo de Dios.

Lo contrario de dar es codiciar. La codicia lleva al acaparamiento, donde lo guardamos todo y no lo compartimos. Codiciar lleva a robar, donde no permitimos que otros disfruten de lo que Dios les ha dado y lo tomamos para nosotros mismos. Codiciar lleva a no dar, lo cual no es amar. Por amor, Dios «dio a su único Hijo».[a] Dar es el amor en acción. Codiciar también lleva a una mala administración, gastando más de lo que deberíamos en nosotros mismos en lugar de darle a Dios y a otros, lo que contribuye a nuestra deuda. Por estas razones, codiciar no es solo un problema personal. Codiciar arruina la relación con la gente a la que podríamos amar si no estuviéramos tan consumidos por la codicia.

CODICIAR INVITA A LO DEMONÍACO A SUS DESEOS

¿Alguna vez se ha detenido a pensar dónde comenzó este espíritu de descontento y codicia? Según la Biblia, el primero que codició y se puso celoso de otra persona fue Satanás. En el cielo, Satanás se puso celoso del lugar de autoridad de Dios y codiciaba la gloria que le pertenecía solo a Él. Al no estar dispuesto a permanecer contento con quién Dios hizo que fuera, el papel que le dio a desempeñar y la posición que quería que ocupara, Satanás se volvió avaricioso, celoso y codicioso. Los ángeles que se alinearon con él se convirtieron en demonios. La diferencia entre un ángel y un demonio es que un ángel está contento, mientras que un demonio codicia. Vemos que esta batalla en el cielo continúa en la tierra. Mientras buscaban a Jesús crucificado, conocemos el motivo de los líderes religiosos que dirigen la turba: «Por envidia lo habían entregado».[b]

Una vez que Satanás y sus codiciosos demonios fueron arrojados a la tierra, trajeron consigo la codicia. Codiciar es invitar a lo demoníaco a sus deseos: «Si tenéis celos amargos y contención en vuestro corazón, no os jactéis, ni mintáis contra la verdad; porque esta sabiduría no es la que desciende de lo alto, sino terrenal, animal, diabólica. Porque donde hay

---

a Juan 3:16, NTV
b Mateo 27:18

celos y contención, allí hay perturbación y toda obra perversa».ª Satanás siempre ha tratado de sembrar el descontento: desde la guerra en el cielo, con Eva en el jardín, con Jesús en el desierto y hasta hoy en toda cultura. El mundo entero está atrapado en las garras de los deseos demoníacos. Piense en ello de esta manera: si usted codicia, está sacando ese espíritu del infierno, y es «terrenal, animal, diabólico». Si en vez de eso, trae el contentamiento a su vida, está recibiendo al Espíritu desde el cielo con una sabiduría «que desciende de lo alto».

VENZA LA CODICIA CON EL CONTENTAMIENTO

Jesús estaba enseñando el principio del reemplazo cuando dijo que si un demonio era expulsado, pero el Espíritu Santo no tomaba su lugar, entonces siete demonios más llenarían el vacío. Es por eso que Pablo nos habla no solo de «despojarnos» de ciertas mentalidades y deseos, sino también de «vestirnos» con otros.

No basta con echar fuera o acabar con la codicia. No basta con deshacerse de todo lo que no «despierte la alegría» o mudarse a una casa pequeña. En cada generación algunas personas piensan que si tuvieran más cosas, tendrían más contentamiento. Así que consiguen una casa grande y la llenan de cosas. Con el tiempo, se vuelven infelices y venden todas sus pertenencias a personas que están hartas de no tener muchas cosas y esperan que las cosas que no hicieron felices a otros de alguna manera los hagan felices a ellos. El contentamiento no tiene nada que ver con lo que posee y tiene todo que ver con su alma. Como Jesús, que estaba igualmente contento ya fuera rico en el cielo o pobre en la tierra, tenemos que darle la bienvenida al contentamiento y revestirnos de él. Así como la luz expulsa a las tinieblas, así el contentamiento expulsa a la codicia. Pablo dijo: «He aprendido a contentarme, cualquiera que sea mi situación. Sé vivir humildemente, y sé tener abundancia; en todo y por todo estoy enseñado, así para estar saciado como para tener hambre, así para tener abundancia como para padecer necesidad».ᵇ

El contentamiento no se basa en lo que tenemos en este mundo, sino en lo que tenemos en nuestra relación con Dios, porque Él satisface nuestras necesidades más profundas y es nuestro mayor tesoro. Una persona contenta puede gobernar desde una posición elevada o servir desde una posición humilde con la misma paz en su alma. Este es el ejemplo de nuestro Señor, que estaba contento sentado en un trono mientras los ángeles lo

a Santiago 3:14-16
b Filipenses 4:11-12

adoraban, así como colgado de una cruz mientras sus enemigos se burlaban de Él. Una persona contenta puede ser rica en posesiones o caer en la pobreza mientras demuestra igual calidad de carácter y vida llena de amor que Jesús. Este es el ejemplo de nuestro Señor, que hoy tiene abundancia y es bendecido en el reino y estaba igualmente contento mientras se encontraba sin hogar y hambriento en la tierra. La clave para el contentamiento es confiar en el corazón de Padre de Dios, el cual estudiaremos a continuación.

CAPÍTULO 16

GANE SU GUERRA CONTRA UNA HERIDA PATERNA

Habéis recibido el espíritu de adopción, por el cual
clamamos: ¡Abba, Padre! El Espíritu mismo da testimonio
a nuestro espíritu, de que somos hijos de Dios.

—Romanos 8:15-16

UN LUCHADOR DE artes marciales mixtas llamado Jens Pulver se convirtió al cristianismo más tarde en su vida y escribió una autobiografía. El peso ligero de cinco pies y siete pulgadas conocido como «Lil' Evil» era un zurdo que se abrió paso a través del *Ultimate Fighting Championship* [Campeonato supremo de lucha] inaugural para ganar en su categoría de peso.

Este brutal luchador había crecido bajo las peores circunstancias, que incluían un incidente en el que su padre introdujo un arma en la boca de Jens, de siete años de edad, pero luego la sacó diciendo: «No vales ni las balas».[1]

Pulver estaba peleando con su padre cada vez que subía al ring. Él tenía una herida que su padre le había infligido. "Cuando tenía 15 años me hice una promesa. Mi papá acababa de golpearnos a mi mamá y a mí y estábamos en el baño acurrucados llorando. Fue una situación horrible. Pero me hice una promesa: un día me volveré tan famoso que les contaré a todos sobre él. Me voy a hacer tan famoso que me van a escuchar. Me tomó 20 años, pero me mantuvo luchando por alcanzar mi sueño de convertirme en campeón mundial".[2]

CINCO TIPOS DE PADRES

Todo el mundo es marcado, de manera positiva o negativa, por su padre terrenal. Aunque la experiencia familiar de cada uno resulta única, hemos identificado cinco categorías generales de padres.

1. Padre trágico — este padre no forma parte de la escena por alguna razón trágica (por ejemplo, muerte, problema médico debilitante permanente).

2. Padre terrible — este padre está ausente sin una buena razón (por ejemplo, huye antes o después de que los hijos nacen, muestra poco o ningún interés en ser padre).

3. Padre riguroso — este padre es autoritario, dominante e intimidante (es decir, amenaza como un sargento de instrucción, presiona como un mal jefe o grita como un entrenador horrible). El padre riguroso abusa de su familia.

4. Padre tierno — este padre es amable, dulce y agradable, pero no protege a su familia (es decir, resulta atropellado por los tipos duros, permite que sus hijos sean intimidados y maltratados, y observa cómo su hija termina con un novio abusivo porque no se interpone en el camino). Esta familia a menudo se encuentra en bancarrota, porque los tipos fuertes les ganan a los padres débiles en los negocios. El padre tierno permite que otras personas abusen de su familia.

5. Padre estupendo — este padre no es perfecto, pero es piadoso, relacional, sabio, saludable, está presente, y sabe cómo ser duro *por* la familia y tierno *con* la familia (es decir, su padre proveyó *todas* las necesidades familiares). Económicamente, gana mucho dinero. Espiritualmente, guía la adoración a Dios. Relacionalmente, es alentador, cálido y está conectado. Socialmente, nutre las relaciones saludables con otras familias para proveer una comunidad para los suyos. Se hace responsable con humildad de sus errores y se disculpa cuando se equivoca.

¿Qué hay de usted? ¿Qué clase de padre tiene? Si es padre, ¿qué clase de padre es?

La herida paterna es una herida no sanada, física o espiritual, de un padre o figura paterna en nuestra vida. Los padres nos fallan, y a menos que los perdonemos e invitemos a Dios Padre a sanar la herida que nos causó nuestro padre, permaneceremos agobiados en vez de aliviados, quebrantados en vez de sanados, y amargados en vez de estar mejor. Esto hace que las personas sean vulnerables a lo demoníaco a través del dolor y la amargura.

La herida paterna aparece temprano en la historia de la humanidad y continúa hasta el día de hoy. En Génesis vemos en generación tras generación a un padre que tiene favoritos y provoca la rivalidad y la impiedad entre los miembros de la familia. Los no elegidos y no amados sufren las heridas infligidas por sus padres y quedan vulnerables al mal.

Antes de que Jacob favoreciera a José e Isaac favoreciera a Esaú, el modelo comenzó con Abraham, quien tomó dos esposas (Sara y Agar) y tuvo dos hijos (Isaac e Ismael). Dios había prometido que la «simiente» de Abraham sería el hijo elegido a través del cual las naciones serían bendecidas y a quien pertenecería la Tierra Prometida. Abraham nunca debió haber dormido con Agar la egipcia o engendrar a Ismael. Una vez que Abraham escogió a Isaac y rechazó a Ismael, la herida paterna creó dos grupos de personas que han estado en guerra desde entonces: los judíos y los árabes.

Hasta el día de hoy muchos árabes son musulmanes y han vuelto a contar su versión de la historia de Abraham, convirtiéndose a sí mismos en descendientes del hijo elegido y a Isaac en el hijo rechazado. En parte debido a la herida paterna, niegan que Jesús sea el Hijo de Dios y adoran a un dios demonio llamado Alá. Toda la crisis geopolítica en la nación de Israel y la batalla entre los «hijos» físicos y espirituales de Abraham (judaísmo y cristianismo) contra el islam global es en gran medida el resultado de una herida paterna. Esto le ha abierto la puerta a las fuerzas demoníacas causando que aquellos que fueron heridos estén en guerra e instituyan una religión falsa. Dios estableció una línea familiar, y Satanás la falsificó con otra del mismo padre. Además de los padres físicos, la Biblia enseña que también tenemos padres espirituales. Esto explica por qué las Escrituras declaran: «No reprendas al anciano, sino exhórtale como a padre» y «a las ancianas, como a madres».[a]

Pablo fue un padre espiritual, aunque no hay indicios de que tuviera hijos biológicos: «Porque aunque tengáis diez mil ayos en Cristo, no tendréis muchos padres; pues en Cristo Jesús yo os engendré por medio

---

a   1 Timoteo 5:1-2

del evangelio».[a] Pablo también se refiere a Timoteo, Tito y Onésimo como «hijos» y llama a los cristianos de Galacia «hijitos míos».[b]

Además de las heridas de nuestros padres biológicos, podemos recibir heridas de nuestros padres espirituales. A veces este dolor es doblemente profundo. Si alguien tiene un padre que ha fallado y luego viene a la familia de la iglesia solo para tener un padre espiritual que ha fallado también, sufre la herida paterna en una dolorosa doble porción.

Entonces, ¿cómo reconoce usted a alguien con una herida paterna? Hemos identificado al menos seis maneras de detectarlo, y las analizaremos ahora.

SEIS MANERAS DE IDENTIFICAR UNA HERIDA PATERNA

1. Miedo

Las personas con heridas paternas a menudo tienen grandes temores en cuanto a casarse y tener hijos. Sin haber sanado luego del fracaso de su padre y su familia, los temores de su pasado contrarrestan la fe en su futuro. Algunas personas son reticentes a casarse y formar una familia a pesar de querer pasar a la siguiente etapa de la vida. Los padres nos dan un ejemplo a seguir y nos ayudan cuando llegan los tiempos difíciles. Las personas que temen llegar a ser como sus padres y causar el tipo de dolor a sus hijos que ellos experimentaron cuando eran niños se sienten atrapadas por ese miedo.

2. Inmadurez

Las personas con heridas paternas a menudo se enfrentan a la inmadurez. Los buenos padres nos ayudan a crecer, asumir responsabilidades y pasar de niños a adultos. Hablando como un padre espiritual, Pablo dice: «Cuando yo era niño, hablaba como niño, pensaba como niño, juzgaba como niño; mas cuando ya fui hombre, dejé lo que era de niño».[c] Esto explica por qué los hombres tardan más en crecer y son menos propensos que sus contrapartes femeninas a estudiar en la universidad, tener un trabajo, asistir a la iglesia o incluso tener una licencia de conducir. Hoy viven con sus padres y esperan más tiempo para casarse que en ningún otro momento de la historia.

---

a   1 Corintios 4:15
b   Gálatas 4:19
c   1 Corintios 13:11

3. Rebelión

Las personas con heridas paternas a menudo tienen un espíritu rebelde. Debido a que los padres proporcionan autoridad y estructura, una herida paterna hace que la persona vea la autoridad como peligrosa, insegura y poco confiable. Como resultado, se rebelan contra ella. En formas más moderadas, la herida paterna hace que la gente sospeche del liderazgo y prefiera estructuras de gobierno en el hogar o la iglesia donde no hay un líder en vez de un equipo de líderes totalmente iguales. Esto viola el principio de liderazgo singular y liderazgo plural establecido por la Trinidad. Este error comenzó con la guerra en el cielo, cuando Satanás no reconoció al Padre como la cabeza singular y como resultado tuvo la primera herida paterna. En vez de aceptar al Padre como su creador y cabeza, Satanás le declaró la guerra al Padre, buscando derrocarlo. Este fue el comienzo del patrón demoníaco de la herida paterna.

4. Egoísmo

Las personas con heridas paternas suelen ser egoístas. En un hogar saludable con padres piadosos, el centro del hogar es Dios, seguido por la relación matrimonial de la madre y el padre, seguido por los hijos. Los niños que crecen con un padre sano en una familia saludable saben que no son el centro del universo. Los niños que crecen en una familia dañada debido al fracaso del padre a menudo hacen que sus madres los traten como el centro del universo, lo que hace que sus madres tengan un papel más destacado que sus padres en su crianza y sean egoístas.

5. Visión deformada de Dios

Las personas con heridas paternas no sanadas tienen una visión errónea y distorsionada de Dios. Nuestra visión de Dios es a menudo una proyección o un rechazo de nuestro padre terrenal imperfecto dirigido a Dios. El siguiente ejemplo de sistemas de creencias muestra lo que queremos decir.

- El ateísmo dice que no tengo Padre.

- El agnosticismo dice que puedo o no tener un Padre, pero nunca lo he conocido, no sé quién es o dónde está, y realmente no me interesa averiguarlo.

- El deísmo dice que tengo un Padre, pero al igual que mi padre que me abandonó cuando era pequeño, vive muy lejos y no tenemos una relación.

- La teología reformada dice que tengo un Padre que es distante, controlador y no muy relacional (como el padre dominante que vimos antes).

- La teología arminiana dice que tengo un Padre que es pasivo y me permite tomar mis propias decisiones y hacer lo que quiera, como mi padre terrenal, que se mantuvo al margen de mis asuntos.

- La teología liberal dice que tengo un Padre que actúa más como un hermano mayor permisivo y no me dice qué hacer, pero me ayuda a hacer lo que yo quiera, aunque sea tonto o rebelde.

- La teología feminista dice que no necesito un Padre, ya que los hombres son peligrosos y dañinos, así que debo seguir adelante y estar feliz de ser criado espiritualmente por un solo padre y adorar a Dios como Madre.

6. Falta de mentores en la vida real

Todos necesitamos mentores piadosos, especialmente si llevamos a cabo el ministerio. Sin embargo, las personas con heridas paternas tienen dificultades para conectarse con hombres o mujeres sabios y mayores que puedan entrenarlos. Ellos evitan este tipo de relación. Si los jóvenes acaso miran a los vivos, a menudo esto no va más allá de apoyarse en líderes mayores a través de libros y podcasts, teniendo héroes espirituales distantes como su propio padre distante, un padre ausente sobre el que *saben*, pero que en realidad no *conocen*.

Las personas en el ministerio con heridas paternas no atendidas son un problema generacional masivo para toda la iglesia. Ellos evitan a los mentores de la vida real y en su lugar se enamoran de los mentores muertos. Innumerables hermanos enojados consideran a Juan Calvino, Martín Lutero, Carlos Spurgeon y Jonathan Edwards como sus padres espirituales, pero los muertos no pueden hablar a sus vidas para afirmar su fidelidad o corregir su estupidez. Sin mencionar que los mejores hombres siguen siendo hombres en el mejor de los casos:

- Juan Calvino hizo que asesinaran a un hombre.[3]
- Martín Lutero bebía mucho, tenía una boca sucia y sacó de contrabando a una joven monja de un convento para casarse con ella.[4]

- El emotivo Charles Spurgeon luchó contra la depresión por haber sido difamado públicamente en la prensa, fue expulsado de su denominación y fumó puros.[5]
- Jonathan Edwards fue despedido por su iglesia.[6]

Los católicos veneran a los santos reescribiendo sus historias para presentarlos como casi perfectos, apenas mortales. En el protestantismo, las personas con heridas paternas y una camisa que dice «Spurgeon es mi amigo» solo tienen santos diferentes.

La revista *Time* escribió sobre una tendencia «joven, inquieta y reformada» y me mencionó a mí (Mark) como parte de ella.[7] Esta tendencia es en gran parte el mundo que yo llamaría «inmaduro, fracturado y con heridas paternas». La tendencia hacia la teología reformada es impulsada en gran parte por la herida paterna generacional, con hermanos que luchan en blogs y medios sociales con respecto a cómo hacer que su nueva familia, una familia de la iglesia, sea ideal haciendo las cosas de la manera correcta, o más específicamente, a *su* manera. En lugar de unirse a una familia con una madre y un padre espirituales mayores, plantan sus propias iglesias para tener sus propias familias, donde dirigen como hermanos que se unen a redes también dirigidas por hermanos, con rara vez un verdadero padre espiritual a la vista. Se unen por encima de su dolor en lugar de estar bajo la mano amorosa del Padre que puede sanarlos y hacerlos hombres como Jesús.

Esto también explica la prevalencia de la teología del Hijo sobre la teología del Padre, y si tienen que escoger un segundo favorito, siempre es el Espíritu. Estos hijos con heridas paternas no hablan tanto de Dios el Padre como lo hacen de Jesús el Hijo. Se emocionan mucho al predicar que el Hijo es el héroe, el Salvador y el libertador. Técnicamente esto es cierto. La clave para entender toda la Biblia es la persona y la obra de Jesucristo. De la misma manera, Jesús fue claro en que vino a revelar al Padre, se sometía al Padre, hizo la voluntad del Padre, y como dice la Biblia, Jesús es la imagen del Dios invisible que es nuestro Padre. Si usted solo ama al Hijo de Dios porque es un hijo, se está perdiendo al Padre e impidiéndose llegar a ser un padre.

Cuando la Biblia habla de líderes mayores que imponen las manos para ungir y nombrar a líderes más jóvenes, eso significa que el ministerio se transfiere de manera relacional. Usted no puede imponerle sus manos a nadie a través de la Internet, tiene que vivir la vida con ellos. Poner las manos sobre otro libro no es lo mismo que si alguien le pusiera las manos encima. Un mentor piadoso y sabio de la vida real vale más que mil libros y sermones descargados, porque él o ella lo conocen personalmente. Si no deja que los líderes piadosos sean parte de las realidades de su día a día, eso es un problema. El resultado es el conocimiento, que *envanece*, y no el amor, que *edifica*. Usted puede llegar a ser una persona dañada emocionalmente que piensa que Dios proveyó versículos bíblicos para golpear a la gente en lugar de edificarla.

En la temporada más difícil de nuestra vida, este punto nos fue revelado en una palabra profética espontánea de un pastor al que en realidad no conocíamos, en una conferencia con alrededor de cinco mil líderes ministeriales presentes. El pastor Jimmy Evans más tarde se convirtió en uno de nuestros supervisores y miembro fundador de la junta directiva de The Trinity Church. Sin embargo, en esa conferencia, la cual se llevó a cabo en medio de nuestra guerra, Dios le habló durante el tiempo de adoración al comienzo de su sesión. Ocupando la plataforma, me pidió que me parara enfrente de todos y me dijo:

> Tengo algo que decirte antes de predicar [...] Mientras estaba sentado allí, escuché al Señor hablando algo que yo quería decirte, y deseaba hacerlo públicamente. Diriges un gran movimiento de jóvenes, y los diriges como un hermano mayor, y regresarás como un padre, y será un movimiento mayor, Mark. Tus cicatrices sanarán a millones, y la transición por la que estás pasando en tu vida ahora mismo es muy importante para lo que Dios va a hacer en la próxima temporada. Tus próximos años serán mayores que los anteriores. El hombre mira lo de afuera, Mark, pero Dios mira al corazón, y Dios ve integridad en tu corazón, Mark. Tienes un corazón íntegro. Y estás aquí por tu integridad. Vas a superar este proceso por tu integridad. Dios quiere que sepas y Dios quiere que estas personas sepan que Él tiene un plan para ti, Él tiene un futuro y una esperanza para ti, y su plan para tu futuro es bueno.

Este hombre no tenía idea de lo precisas que eran sus palabras ni de lo profundo que penetraban. Cuando yo era un cristiano nuevo y joven en la universidad, Dios me habló en un retiro de hombres, diciéndome que me casara con Grace, predicara la Biblia, entrenara a hombres y plantara iglesias, un testimonio que he compartido repetidamente en más de dos décadas como pastor principal. Sin embargo, Dios también dijo: «Mark, te he llamado de entre muchos para que guíes a los hombres». La profecía de Jimmy confirmó y clarificó mi llamado cuando era joven. A través de Jimmy, Dios también me dijo una cosa más, y las palabras me hicieron llorar. En una conversación privada posterior me explicó que yo atraía a una generación de jóvenes con heridas paternas, y que formaba parte de un movimiento sin padre, lo cual era cierto. Yo era un hermano mayor. Me estaba convirtiendo en padre. Esta fue una revelación de Dios para mí, y oro que lo ayude a usted y lo sane. Hoy Grace y yo estamos agradecidos de haber tenido no solo padres que amaron al Señor, sino también pastores mayores piadosos que están ahí para nosotros.

Los protestantes necesitan entender que nuestro nacimiento vino a través de la protesta; de hecho, la palabra raíz de protestante es *protesta*. Sin embargo, en algún punto, si no pasamos de protestar por lo que estamos en contra a proclamar quiénes somos, estamos llevando adelante un espíritu demoníaco de rebelión en vez de un espíritu piadoso de redención.

Alinearse con hombres ya muertos no es un sustituto para lidiar con los dolores acosadores de su pasado. Aferrarse a mentores distantes no está en el mismo universo que la presencia de hombres y mujeres cercanos que invierten en su vida, orientan su ministerio y lo conducen a la madurez. Ninguna barba es lo suficiente grande para cubrir la herida paterna del niño detrás de ella.

La herida paterna es una forma de amargura que abre la puerta demoníaca para el espíritu de Absalón, que se rebela contra la autoridad, especialmente la autoridad paterna en el hogar o la iglesia. Esto es impulsado por la orgullosa creencia de que el hijo es más capaz de dirigir a la familia que el padre, y que el subordinado es más capaz de dirigir a la organización que el líder. Tal cosa es una trampa demoníaca y lo mismo que Satanás pensaba en el cielo.

Absalón era uno de los muchos hijos del rey David.[a] Era famoso por ser guapo.[b] Absalón tenía una hermana hermosa llamada Tamar, que fue agredida sexualmente por su medio hermano Amnón, quien la deshonró aún más al rechazarla. Para cuidar de su hermana, Absalón hizo que ella viviera con él mientras esperaba que su padre David cuidara y protegiera a su hija. Durante dos años David no hizo nada por Tamar, y Absalón ardió de amargura contra David y Amnón. La amargura resultó en un complot mediante el cual Absalón emborrachó a su medio hermano y lo asesinó. Temiendo que su padre lo castigara, Absalón huyó y vivió en el exilio durante tres años. Luego fue llevado de vuelta a Jerusalén, convocado por David para que fuera su general militar al mando de los guerreros.

Con la herida paterna sin curar, Absalón comenzó una campaña

---

a   2 Samuel 13-15, 18-19; 1 Reyes 15
b   2 Samuel 14:25

encubierta para socavar a su padre David, suplantarlo y tomar el trono. Absalón construyó secretamente una coalición rebelde con la intención de darle un golpe de estado a David, mientras la guerra por el gobierno en el cielo se desarrollaba en la tierra. Dios es un Padre que crea un reino, y Satanás lo falsifica con hijos con heridas paternas que buscan derrocar a sus padres y gobernar en su lugar. Absalón reunió a los que estaban amargados contra David y les aseguró que si era rey, les serviría mejor. Se posicionó estratégicamente donde era conocido por los demás y pasó día tras día en la puerta de la ciudad, haciéndose más sociable y accesible a la gente que el rey David. Se hacía amigo de ellos, «extendía la mano», y (como Judas con Jesús) los agarraba y los besaba.[a]

Con el tiempo, «así robaba Absalón el corazón de los de Israel».[b] Absalón logró derrocar a su padre, lo que obligó al rey David a huir, literalmente corriendo por su vida. Absalón se apoderó de Jerusalén sin resistencia alguna, ya que había vuelto los corazones de los guerreros de su rey a sí mismo. Esto fue una copia de lo que Satanás había hecho con los ángeles que se convirtieron en demonios en el intento de golpe de estado celestial.

Los consejeros recomendaron que Absalón enviara doce mil tropas para destruir a David, pero Absalón estaba tan amargado que personalmente lideró la carga para matar a su padre. Esta amargura y orgullo llevaría a la caída de Absalón, ya que le dio tiempo a David para preparar y derrotar a las fuerzas contrarias. Con gran ironía, la belleza de Absalón lo llevó a la muerte. (Al igual que a Satanás, se le conocía por su belleza.[c]) Mientras huía de la batalla en un mulo, el pelo largo de Absalón quedó atrapado en unas ramas de un roble, y allí lo mataron. Esto no era lo que David quería, porque todavía amaba a su hijo, y David lamentó la muerte de Absalón.

Hablando del espíritu de Absalón y haciendo un resumen de su vida, Francis Schaeffer dice: «Absalón era un hombre antiley en el mismo espíritu que el Anticristo venidero».[8]

Una herida paterna sin curar que invita al espíritu de Absalón obliga a los hombres (y a veces a las mujeres) a creer que si estuvieran en la posición de liderazgo más alto, harían un mejor trabajo defendiendo a los que sufren y cuidando a los necesitados. Como resultado, buscan formar alianzas impías y derrocar el gobierno establecido. Esto puede tratarse de un hijo que sobrepasa a un padre en el hogar, un hijo espiritual que sobrepasa a un padre espiritual en una iglesia, o un miembro del equipo que sobrepasa a

a   2 Samuel 15:5
b   2 Samuel 15:6
c   Ezequiel 28:11-19

un líder en una organización. Aunque es malo y orgulloso, esto se hace en nombre del amor, el cuidado y la protección, muy parecido a lo que hiciera Satanás, quien pensó que podía hacer una mejor obra que Dios y tuvo ángeles que pensaron lo mismo.

SI USTED CONSIGUE A LOS HOMBRES, GANA LA GUERRA

Todos conocemos el poder de un gran final. Al final de un concierto, la banda guarda lo mejor para lo último. Cuando usted observa un espectáculo de fuegos artificiales en un día festivo, debe asegurarse de quedarse para el final. Las palabras finales del Antiguo Testamento son sobre Juan el Bautista: «Sus predicaciones harán volver el corazón de los padres hacia sus hijos y el corazón de los hijos hacia sus padres. De lo contrario, vendré y haré caer una maldición sobre la tierra».ª

Dios está identificando a dos tipos de personas: los que están malditos y los que son bendecidos.

¿Cómo sabemos que un grupo de personas está maldito? Cuando los padres no tienen un corazón para sus hijos, y como resultado los hijos no tienen un corazón para sus padres. Prácticamente esto se parece a los hombres que aman el sexo, pero no a Dios, el matrimonio o los hijos. Así que adoran al sexo como su dios, usan y abusan de las mujeres, y asesinan a sus hijos. Si sus hijos viven, lo hacen sin que su padre participe o invierta en su vida. Por eso Jesús les dijo a algunos hombres: «Vosotros sois de vuestro padre el diablo, y los deseos de vuestro padre queréis hacer. Él ha sido homicida desde el principio».ᵇ El dicho es cierto: «De tal padre, tal hijo», y los hijos del diablo se parecen a su padre. No se equivoque, muchos si no la mayoría de nuestros problemas sociales serían resueltos por los papás al vivir, amar y guiar con el corazón de Padre de Dios.

¿Cómo sabemos que un grupo de personas es bendecido? Cuando los padres han conocido a Dios el Padre, han recibido un corazón nuevo (el corazón de Padre de Dios), y aman a sus hijos de la misma manera que su Padre los ama a ellos. Este es el milagro que Dios realiza en el corazón de los hombres. A medida que los hombres aprenden a convertirse en hijos del Padre, aprenden a ser padres de otros, comenzando con sus propios hijos.

Cuando se trata de la guerra, tanto física como espiritual, si consigue que los hombres luchen del lado correcto, usted gana la guerra, porque los hombres son los jefes de sus hogares. Si pierde a los hombres, pierde la guerra.

---

a Malaquías 4:6, NTV
b Juan 8:44

Los hombres hacen la guerra contra el enemigo y por las mujeres y los niños, o el enemigo consigue que los hombres hagan la guerra contra las mujeres y los niños.

Dios termina el Antiguo Testamento con los hombres, porque el cambio comienza con ellos. Dios comienza con los corazones de los hombres, porque el querer precede al cómo. Cuando un hombre *quiere* ser piadoso, puede aplicar los principios de *cómo* vivir, amar y guiar como su Padre.

Después de esas palabras finales de Malaquías, la siguiente etapa de la historia de la humanidad fue establecida. Dios no inspiraría la escritura de otro libro de la Biblia durante cuatrocientos años, mientras las personas esperaban que el Padre enviara al Hijo. Jesucristo es el Hijo de Dios y la revelación del corazón de Padre de Dios. Jesús vuelve nuestros corazones hacia el Padre y les da a los hombres corazones nuevos para amar al Padre y vivir en amor como el Padre. Cuando esto sucede, el reino de Dios comienza a superar la muerte de este mundo, comenzando con la bendición en casa, fluyendo hacia la iglesia, y de ahí hacia fuera para transformar la cultura que está maldita.

CÓMO SANAR LA HERIDA PATERNA

Dios el Padre es olvidado en gran parte. En las iglesias evangélicas, reformadas y bíblicas el enfoque está en Jesucristo, el Hijo de Dios. En las iglesias pentecostales y carismáticas el enfoque está en Dios el Espíritu Santo. Los libros se escriben sobre el Hijo y el Espíritu, pero casi nada se escribe sobre el Padre. Tristemente, los mormones y los musulmanes son los que llenan el vacío y hablan mucho acerca de su demoníaca y falsa visión de dios como padre. Esto podría explicar el crecimiento del culto mormón y el atractivo del islam para los jóvenes de todo el mundo.

Según la Biblia, cuando miramos a Jesús, vemos a Dios Padre. Jesús dice: «El que me ha visto a mí, ha visto al Padre».[a] Cuando la Biblia dice que las personas, incluyendo a Jesús, son los portadores de la imagen de Dios, significa que las personas están hechas para ser un espejo. El único trabajo de un espejo es reflejar con precisión. Un espejo no existe para crear imágenes, sino solo para reflejar. Cuando la Biblia dice que Jesús «es la imagen del Dios invisible»,[b] significa que el carácter del Padre se refleja perfectamente en la vida del Hijo. Cualquiera que ama a Jesús necesita saber que en Jesús está viendo el corazón de Padre de Dios.

a Juan 14:9
b Colosenses 1:15

Para sanar la herida paterna, usted necesita perdonar al padre terrenal que le falló. Este perdón destruirá el punto de apoyo demoníaco que trae la amargura. Jesús prometió: «No os dejaré huérfanos».[a] El corazón huérfano es el resultado de la herida paterna. Una vez que perdone a su padre terrenal, su corazón se abrirá para recibir la relación que necesitas con su Padre celestial.

Para sanar la herida paterna, también necesita profundizar su relación con Dios Padre. Ser cristiano es experimentar la plenitud de «la adopción de hijos».[b]

Cuando un niño es adoptado, necesita acostumbrarse a tener un padre y pasar tiempo conociendo a su nuevo papá y su familia. Convertirse en cristiano es obtener una nueva familia (la iglesia), un nuevo hermano mayor (Jesús) y un nuevo Padre (Dios).

El Antiguo Testamento habla mucho de los padres e incluso incluye genealogías que enumeran a generaciones de padres. A Dios se le llama Padre aproximadamente quince veces, y esas pocas ocasiones se refieren a la relación de Dios con la nación de Israel, no a una comunicación cálida y personal con un individuo. Todo cambia con la venida de Jesucristo. El título favorito de Jesús para Dios es «Padre», y solo en los cuatro Evangelios Él le llama a Dios su Padre aproximadamente ciento sesenta y cinco veces, en específico usando la palabra *abba*, traducida en la mayoría de las Biblias como «Padre».

Un diccionario teológico dice que «la singularidad de la enseñanza de Jesús sobre este tema es evidente por varias razones. En primer lugar, la rareza de esta designación para Dios es sorprendente. No hay evidencia en la literatura judía precristiana de que los judíos se dirigieran a Dios como "Abba". Una segunda característica única sobre el uso de Jesús de *Abba* como una designación para Dios involucra la intimidad del término [...] *Abba* era un término que no solo usaban los niños pequeños para dirigirse a sus padres; también era un término que usaban los niños mayores y los adultos. Como resultado, es mejor entender a *Abba* como el equivalente de "Padre" en lugar de "Papá"».[9]

La herida paterna hace que las personas sean vulnerables a los espíritus demoníacos de la esclavitud y el miedo. La sanación de la herida paterna hace a las personas asequibles al Espíritu Santo de la adopción y a la condición de hijo. «Porque todos los que son guiados por el Espíritu de Dios, éstos son hijos de Dios. Pues no habéis recibido el espíritu de esclavitud para estar otra vez en temor, sino que habéis recibido el espíritu de adopción, por el cual clamamos: ¡Abba, Padre! El Espíritu mismo da

---

a   Juan 14:18

b   Gálatas 4:5

testimonio a nuestro espíritu, de que somos hijos de Dios. Y si hijos, también herederos; herederos de Dios y coherederos con Cristo, si es que padecemos juntamente con él, para que juntamente con él seamos glorificados».[a]

Al alejarse de los espíritus demoníacos de la herida paterna y caminar con el Padre por el Espíritu, experimentará un cambio radical en su vida. Aunque usted sea un cristiano, incluso un cristiano devoto y experimentado, es posible que aún no haya hecho el viaje completo desde Jesús hasta el Padre. Jesús dijo: «Yo soy el camino, y la verdad, y la vida; nadie viene al Padre, sino por mí».[b] El Espíritu Santo lo lleva a Jesús. Entonces Jesús lo lleva al Padre. El Espíritu lo convence de pecado y lo lleva a Jesús para el perdón de los pecados. Jesús perdona su pecado y luego lo lleva al Padre para que sane. Muchos cristianos entienden la convicción y el perdón pero aún no han experimentado la sanidad del Padre debido a las heridas paternas.

La buena noticia es que en la cruz, Jesucristo tomó nuestro lugar y sufrió una herida paterna para que la nuestra pudiera ser sanada. En la cruz, cuando Jesús le preguntó al Padre: «¿Por qué me has desamparado?»,[c] fue herido por el Padre. En ese momento el Padre le dio la espalda al Hijo mientras Jesús era herido y abandonado en nuestro lugar. Cuando Jesús soportó la herida del Padre, rompió una maldición espiritual y nos reconcilió con nuestro Padre para que no sufriéramos el abandono que Él sufrió.

EL PADRE Y SU FAMILIA DE LA IGLESIA

Entre nuestros compañeros tenemos a una generación de hijos con heridas paternas que predican una teología centrada en el Hijo, dirigiendo a las iglesias como hermanos en lugar de como padres, careciendo de mamás y papás espirituales, atrayendo a personas que traen sus propias heridas familiares y quieren que la iglesia sea una familia sin la presencia de ningún tipo de liderazgo paterno o materno de mayor edad. Añada a eso la falta de un buen gobierno, y la catástrofe está lista para ocurrir.

Traer sanidad a este asunto podría ser la clave para toda una generación, eliminando el punto de apoyo demoníaco provocado por la amargura instigada por el quebrantamiento. La sanidad solo ocurrirá cuando los hijos e hijas puedan perdonar a los padres fracasados. Añada a eso una anticipación sincera de las cosas buenas que pueden suceder cuando elegimos

---

a Romanos 8:14-17
b Juan 14:6
c Mateo 27:46

convertirnos en buenos hijos e hijas en lugar de simplemente exigir que otros sean padres perfectos, ya sean biológicos o espirituales.

La sanidad también requiere la participación de líderes mayores piadosos que entiendan las necesidades únicas de esta generación. Muchos no fueron padres, lo que deja vacíos en su aprendizaje en la vida. Lo más grande que pueden darles a los hombres y mujeres más jóvenes que sufren es un amor paciente incansable. Sin embargo, si los ancianos fuerzan este acercamiento a la siguiente generación, inevitablemente se producirán más daños, porque los jóvenes malinterpretarán la intervención forzada como una paternidad espiritual abusiva. Los hermanos y hermanas menores necesitan espacio para invitar a la paternidad y la maternidad espiritual si están listos para sanar y cuando sea el momento adecuado. Todos traemos dolor, ya sea grande o pequeño, a nuestras relaciones con nuestras familias y las familias de la iglesia si no permitimos que el Padre sane las heridas paternas. Cuando somos padres en casa o ministramos en la iglesia a partir de nuestra propia herida, es más probable que les causemos dolor a las personas que nos importan. Es vital que si usted tiene una herida paterna, se tome el tiempo para sanar a fin de que Dios pueda cambiar su vida y su legado.

Creemos que la iglesia occidental está al borde de un tercer cambio. La generación de los *baby boomers* quería quitarles la iglesia a sus padres y hacerla más práctica y accesible. La Generación X quería plantar sus propias iglesias y establecer sus propias familias debido a las heridas paternas y la negativa a tener padres y madres espirituales mayores saludables en medio de ellos. La generación del Milenio es la más preocupada por el matrimonio y la crianza de los hijos, según un grupo de investigación nacional. Ellos no quieren quitarle la iglesia a las personas mayores o dejar la iglesia para formar otra con gente más joven, sino tener una iglesia intergeneracional que funcione como una familia saludable. Esto podría llevar a un fortalecimiento de las iglesias que luchan y permitir que la iglesia de Jesucristo llene las necesidades que han dejado el divorcio y los hogares rotos donde las generaciones ya no viven juntas.

Creemos que este conocimiento puede ser crucial para la próxima temporada de la vida de la iglesia. Las generaciones mayores tienen la oportunidad de ser fuentes de vida para los líderes emergentes que tienen un hambre donde nuestra generación tuvo una herida. Nuestra plantación de iglesias es un intento de descubrir una manera saludable de caminar según esta revelación mientras servimos en el papel de madre y padre con nuestros hijos, amando y guiando a nuestra familia espiritual de la iglesia en todas las etapas de la vida y las edades. También sabemos que todos los esfuerzos en las familias y los ministerios saludables enfrentan intentos de temor demoníaco, el cual estudiaremos a continuación.

CAPÍTULO 17

GANE SU GUERRA
CONTRA EL TEMOR

Dios no nos ha dado un espíritu de temor y timidez...

—2 Timoteo 1:7, ntv

—Papá, ¿dónde has estado?

Nos encontrábamos pasando nuestras vacaciones familiares en una cabaña remota rodeados de colinas de tierra estéril y rocas irregulares donde podíamos respirar aire fresco, chapotear en un lago, y hacer todo lo posible para pasar un rato en familia. Apenas había entrado por la puerta principal cuando mis hijos clamaron por mi atención.

—Papá, ¿dónde estabas?

—Afuera en el auto —dije—. Contestando una llamada.

—¡Pero papá, prometiste que nos impulsarías por el lago en las cámaras de aire!

Nuestros cinco hijos estaban allí, esperando en traje de baño en la sala delantera de la cabaña. Mark y yo (Grace) habíamos esperado que un descanso nos trajera algo de calma, pero nuestro tiempo fuera fue en realidad el punto más intenso de nuestra vida y ministerio. Todos los días se producían problemas a un nivel de crisis. Nuestros teléfonos sonaban constantemente. Nuestro Jeep negro se encontraba estacionado en un aparcamiento techado levantado a lo largo de una pared de la cabina sin ventanas, así que atendíamos las llamadas en el auto. No queríamos que nuestros hijos nos vieran. No queríamos que escucharan nuestras conversaciones difíciles o que se sintieran abrumados por el temor. Queríamos que pensaran que la vida era normal aunque estuviéramos en guerra. Necesitábamos procesar las cosas para poder compartirlas con ellos de una manera saludable.

Pasábamos horas todos los días en ese auto cuando estábamos de vacaciones. A menudo, mientras hablábamos, permanecíamos con la vista fija en una pared. A veces las llamadas se interrumpían, así que dejamos a los niños atrás, subíamos a una colina, nos salíamos de la carretera y nos estacionamos al lado de un basurero, porque el lugar tenía mejor recepción.

Ese día, Mark hizo la llamada desde el aparcamiento, a pocos metros de la puerta principal. No podía entender por qué los niños estaban exasperados.

Niños: «¡Hemos estado esperando eternamente!».

Mark: «Bueno, lo siento. Tuve que contestar una llamada».

Niños: «¿Por qué tardaste tanto?».

Mark: «No fue así. Solo me fui unos minutos».

Niños: «Hemos estado sentados aquí en traje de baño durante horas».

Eso no tenía sentido para Mark, y así lo dijo. «¡Fue solo una llamada de un par de minutos!».

Niños: «No, papá, eso fue hace cuatro horas».

La noticia que recibió fue tan mala que aparentemente se encontraba en estado de shock y estuvo sentado en nuestro auto caliente y estacionado por cuatro horas mirando el tablero, abrumado por la ansiedad de lo que significaba todo esto. Estaba lleno de temor.

SALIR DE UNA AVALANCHA CON UNA PALA

En la escena que acabamos de describir, durante una de las peores temporadas de nuestra vida, nos sentimos como si una avalancha nos golpeara. Una cosa tras otra se derrumbó, y parecía como si fuéramos a ser superados y vencidos por todo lo que acontecía a nuestro alrededor. Estamos seguros de que pueden identificarse con la situación, ya que todos hemos tenido avalanchas en nuestras vidas. Es posible que usted se encuentre en medio de una ahora mismo. ¿Qué es lo primero en lo que piensa por la mañana o lo último en lo que piensa por la noche? ¿Hay algún acontecimiento futuro que está tratando frenéticamente de evitar que suceda?

¿Qué señal le está dando su cuerpo de que usted vive en un estado de temor? ¿Está sufriendo de una contracción nerviosa, alguna neblina cerebral, problemas para dormir, presión arterial alta, problemas estomacales, dolores de cabeza por tensión, enfermedad crónica, momentos de ansiedad inesperada, ataques de pánico, tristeza o enojo? ¿Se ha descubierto fantaseando con la muerte o el suicidio? ¿Está demasiado interesado en la teología del fin de los tiempos, esperando que pronto pueda dejar esta vida?

Durante nuestra avalancha, experimentamos un gran temor. Algunas de las preocupaciones eran legítimas, basándose en cosas negativas reales que sucedían en el presente y necesitábamos abordar. Este tipo de temor puede salvar vidas, como la adrenalina que se activa cuando su vida está en peligro y necesita sobrevivir. Algunas de las preocupaciones eran ilegítimas, basándose en posibles cosas negativas en el futuro, muchas de las cuales no sucedieron. Este tipo de miedo puede acabar con la vida, haciendo que desviemos nuestra preciosa energía vital, y en lugar de invertirla en las personas y cosas reales, la desperdiciemos en un espejismo. Dios crea la fe, y Satanás contrarresta esa fe con su falsificación del temor.

El miedo es uno de los temas principales de la Biblia. Siendo culpable de pecado y ocultándose de Dios y su esposa, Adán dijo: «Tuve miedo».[a] Aunque es difícil de imaginar, esta fue la primera vez que alguien sintió miedo. Desde ese día, todos lo han sentido.

Una experiencia traumática puede empujarnos del temor a la ansiedad o incluso a la fobia. A veces ciertos desencadenantes pueden llevarnos de vuelta a un momento de trauma, y la Biblia les llama a estos «fortalezas».[b] Usted sabe que tiene una fortaleza cuando algo de su pasado está gobernando su toma de decisiones para su presente y futuro. Sabe que tiene una fortaleza cuando un desencadenante lo lleva de vuelta a revivir un trauma pasado como si estuviera sucediendo de nuevo en el presente, pero en realidad no es así.

OCHO RAZONES POR LAS QUE EL TEMOR ES UN FRAUDE

La mayoría de los temores son fraudes. No se basan en la realidad y nos hacen tomar decisiones poco saludables, insensatas y a menudo nefastas, que a su vez nos hacen infelices. Sabemos de al menos ocho razones por las que un espíritu de temor es un fraude.

1. Es impío.

Un espíritu de temor es desesperanzador porque es impío. Un espíritu de temor nos obliga a mirar hacia el futuro y ver solo el peor resultado posible, ignorando que Dios estará allí y probablemente tenga un plan diferente para nuestro bien. A esto es a lo que Jesús se refería cuando dijo: «No se preocupen por su vida [...] ¿Quién de ustedes, por mucho que se preocupe, puede añadir una sola hora al curso de su vida?».[c]

---

a   Génesis 3:10
b   2 Corintios 10:3-5
c   Lucas 12:22-29

2. Es una falsa profecía.

Un falso profeta es una persona que predice un futuro que nunca sucede. Cuando somos gobernados por el temor más que por la fe, nos convertimos en falsos profetas en nuestras propias vidas, prediciendo un futuro sin esperanza y apocalíptico que no se cumple.

3. Nos hace egoístas.

Cuando el temor nos invade, pensamos únicamente en nosotros mismos, de la misma manera en que una persona que sale corriendo de un edificio en llamas no está preocupada por cualquier problema que su amigo a cientos de kilómetros de distancia pueda estar enfrentando en ese mismo momento.

4. Nos hace ineficaces.

Cuando el temor nos impulsa, podemos tener tanto miedo de fracasar que nos paralizamos y no hacemos las cosas que Dios nos pide. Por ejemplo, Jesús habla de un hombre al que se le dio un poco de dinero para invertir, pero no hizo nada con él, diciendo: «Tuve miedo».[a]

5. Nos hace perder el contacto con la realidad.

Al igual que los binoculares, el temor se convierte en la lente a través de la cual magnificamos y ampliamos todos los datos negativos en los que nos enfocamos en nuestra vida. Con el tiempo empezamos a imaginar cosas que no son reales y dejamos que los miedos nos lleven a una vida de aislamiento y preocupación sin sentido.

En Proverbios 22:13, leemos acerca de una persona temerosa que no puede salir de su casa por la razón infundada de que «¡Hay un león allí afuera! ¡Si salgo, me puede matar» (NTV). Sus miedos pueden parecernos tontos, pero nuestros miedos también le pueden parecer tontos a él.

6. Hace que busquemos ser Dios.

La primera tentación del diablo fue que fuéramos «como Dios».[b] Nos obsesionamos con la información en un esfuerzo por ser omniscientes como Dios y predecir el futuro. También podemos obsesionarnos con controlar el futuro para obtener los resultados que queremos y evitar aquellos que no queremos en lugar de aceptar la voluntad de Dios para nuestras vidas. Se trata de un intento de soberanía.

---

a   Mateo 25:24-26
b   Génesis 3:5

7. Nos roba.

Jesús habló del ladrón que «no viene sino para hurtar y matar y destruir».[a] El temor es un ladrón. El temor le roba su alegría, esperanza y salud. El temor mata su corazón, alma, mente y fuerza. El temor destruye su relación con Dios, consigo mismo y con los demás.

8. Nos hace de doble ánimo e inestables.

«El que duda es semejante a la onda del mar, que es arrastrada por el viento y echada de una parte a otra [...] El hombre de doble ánimo es inconstante en todos sus caminos».[b] Cuando Dios nos dice que hagamos algo, debemos obedecerle como un acto de fe. Sin embargo, cuando el temor se apodera de nosotros, a menudo estamos divididos entre la obediencia al espíritu de temor y la obediencia al Espíritu de Dios.

La continua alimentación del temor infundado mata de hambre a nuestra fe y hace que dejemos de ser personas piadosas. Un diccionario bíblico de referencias señala:

> Una serie de personas [...] están plagadas de una profunda ansiedad (por ejemplo, Caín, Saúl, Acaz y Pilato). El temor ansioso se apodera del malvado (Job 15:24), sorprende al hipócrita (Isaías 33:14), y consume a los malhechores (Salmos 73:19), cuyas vidas sin fe se caracterizan por el temor (Apocalipsis 21:8). El poderoso ejército de Faraón estaba prácticamente paralizado por el temor mientras Dios se movía contra ellos (Éxodo 15:16), y el amigo de Job, Bildad, habló de hombres huyendo desconcertados por los juicios de Dios (Job 18:11).[1]

¿Cómo alimentamos nuestra fe y nos deshacemos de nuestro temor? Una sección en particular de las Escrituras es quizás la más útil, y resulta que es mi versículo de vida (de Grace):

> Regocijaos en el Señor siempre. Otra vez digo: ¡Regocijaos! Vuestra gentileza sea conocida de todos los hombres. El Señor está cerca. Por nada estéis afanosos, sino sean conocidas vuestras peticiones delante de Dios en toda oración y ruego, con acción de gracias. Y la paz de Dios, que sobrepasa todo entendimiento, guardará vuestros corazones y vuestros pensamientos en Cristo Jesús.[c]

---

a Juan 10:10
b Santiago 1:5-8
c Filipenses 4:4-7

CINCO MANERAS DE ALIMENTAR SU FE Y DESHACERSE DE SUS TEMORES

En el resto de este capítulo aprenderá cinco maneras de alimentar su fe y deshacerse de sus temores basándose en Filipenses 4:4-7.

1. Enfoque un ojo en cada vía.

Hace algunos años mientras conducía su camioneta, el pastor Rick Warren me dijo algo (Mark) que hemos tenido presente desde entonces. Él comentó que la mayoría de la gente piensa que la vida es una serie de estaciones buenas y malas, pero que cada estación de la vida se parece más a las vías del tren, en las que el bien y el mal suceden de manera constante y congruente. Él tenía razón.

Cuando vienen los problemas, las tentaciones y las pruebas, tendemos a ver solo la vía mala. Esto nos hace como Puddleglum en la serie Narnia, o como Eeyore, el amigo de Winnie the Pooh. Puddleglum, el pesimista, tenía un carácter taciturno. Esperaba lo peor en cada situación y asumía lo peor de cada persona. Eeyore siempre está de mal humor y es famoso por decir cosas como «Todo es para nada» y «Nunca funcionará».

Cuando lo malo viene a alimentar nuestro miedo, necesitamos practicar la disciplina de ver también la vía buena donde cosas buenas están sucediendo en la vida al mismo tiempo, lo cual nos permite deshacernos de nuestro miedo y alimentar nuestra fe. Por eso Filipenses nos instruye: «Regocijaos en el Señor siempre. Otra vez digo: ¡Regocijaos!» (4:4) y nos exhorta a responder con acción de gracias (4:6). Siempre hay algo a lo que temerle, y siempre hay algo por lo que estar agradecido.

2. Haga de su voluntad su timón.

El temor despierta emociones. El temor en la mente hace que una multitud de sistemas se disparen en el cuerpo. El temor hace que la presión arterial aumente, que la adrenalina fluya y que los sentidos se agudicen, haciéndolo sentir alerta y en guardia. Esto es bueno cuando usted experimenta una amenaza real a su vida; es por eso que la gente tiende a correr más rápido cuando hay peligro. Sin embargo, cuando las personas viven en un estado continuo de temor durante un tiempo prolongado, pueden tener dificultades para dejar de hacerlo. Esto puede hacer que las personas se automediquen con cosas como drogas, alcohol, sexo, comida o compras. Piense en ello de esta manera: sus emociones son como una vela. Son grandes, poderosas y conducen su vida. Cuando está lleno de miedo, sus emociones son como una vela en un huracán. Imagina un velero en un huracán sin timón. Cuando están llenas de miedo, muchas personas son así.

En vez de eso, cuando esté ansioso y temeroso, que su «gentileza sea conocida de todos».[a] Actuar con gentileza y razonabilidad significa tomar decisiones sabias y llenas de fe que lo lleven hacia la voluntad de Dios. Esto es lo opuesto a ser irrazonable y permitir que sus emociones y circunstancias lo guíen hacia las rocas que lo hundirán. Su mente debe ser su timón.

3. Reemplace el pánico por la oración.

Cuando un espíritu de temor nos invade, nuestra primera respuesta es a menudo el pánico. Algunas personas incluso experimentan ataques de pánico. Nuestra mente corre con todos los peligros posibles. A veces estos temores son legítimos, pero a menudo son mentiras. En lugar de sentir pánico, deberíamos orar. Enloquecer de miedo no es un don espiritual; la fe sí lo es. El pánico no ayuda en nada, pero la oración ayuda en todo.

Para recordarnos que debemos reemplazar el pánico por la oración, Filipenses nos dice: «Por nada estéis afanosos, sino sean conocidas vuestras peticiones delante de Dios en toda oración y ruego...».[b] Cuando oramos en vez de entrar en pánico, por lo menos tres cosas suceden:

PRIMERO, ORAR LE TRANSFIERE LA CARGA A DIOS.

En medio de nuestra avalancha, uno de nuestros pastores preguntó cómo iba nuestra vida de oración. Yo (Mark) le dije que iba bien. Nuestro pastor preguntó entonces si la carga que llevábamos seguía siendo la misma, a lo que yo le contesté: «Sí, llevo una pesada carga». Con un poco de humor nuestro pastor dijo que hasta que la carga fuera transferida a Dios, no estábamos orando realmente, sino más bien quejándonos al Señor. Cuando algo está fuera de nuestras manos, necesitamos dejarlo en sus manos. Si alguien necesita preocuparse, que sea Dios. Al reformador protestante Martín Lutero le gustaba decir: «Oren y que Dios se preocupe».[2]

Segundo, orar permite que Dios sea nuestro pararrayos.

Ministramos en el desierto alrededor de Scottsdale, Arizona. Cada año llega la temporada de los monzones, y los relámpagos estallan en todo el valle, iluminando la noche de una manera gloriosa. Los pararrayos se instalan para aprovechar la energía y que la tormenta toque tierra, evitando daños significativos. Cuando una tormenta entra en su vida y el rayo del miedo lo

---

a Filipenses 4:5
b Filipenses 4:5-6

golpea, la oración es el pararrayos para que Dios lo saque de la tormenta. Al leer libros de la Biblia como Salmos, Lamentaciones o Eclesiastés, rápidamente verá cómo otros santos usaron a Dios como su pararrayos.

Tercero, orar le permite procesar verbalmente, pero en privado.

Cuando un espíritu de temor nos abruma, a menudo necesitamos expresar lo que sentimos para ayudarnos a darle sentido a nuestra vida interior. Esto puede llevarnos a asustar a otras personas, a agobiar y desgastar a aquellos que se preocupan por nosotros, o a golpear duramente a otros, porque no estamos en un buen lugar emocionalmente. Lo que empeora las cosas son las redes sociales, en las que podemos publicar cosas de las que nos arrepentimos más tarde y nos vemos envueltos en argumentos que se intensifican rápidamente y no sirven para nada. Orar nos permite procesar en privado lo que sentimos en relación a Dios. Antes de hablar con alguien, debemos hablar con Dios a solas.

4. Dile al Padre lo que quieres.

Cuando un espíritu de temor viene sobre nosotros, revela lo que amamos y lo que odiamos. Como una moneda, el miedo tiene dos caras. Por un lado está el miedo a que usted experimente algo malo. Por el otro lado está el miedo a perder algo bueno. ¿Qué cosa terrible teme que se avecina? ¿Qué cosa preciosa teme perder?

Después de algunas décadas en el ministerio pastoral hemos visto una cosa repetidamente: la gente que ama a Dios y quiere caminar en su voluntad se pone ansiosa cuando Dios no les habla de alguna manera y dirige su próxima temporada de la vida. Cuando Dios está en silencio, puede ser porque quiere escucharlo. Dios es un Padre, y nosotros somos sus hijos. A nuestros cinco hijos les decimos algunas cosas, porque necesitamos que nos escuchen y obedezcan, pero en muchas otras ocasiones les preguntamos a los niños qué quieren. Siempre y cuando su petición sea razonable, somos propensos a decir que sí.

La voluntad de Dios es menos como una cuerda floja y más como una carretera. Siempre y cuando vayamos en la dirección que Dios quiere, podemos conducir por unos cuantos carriles diferentes para llegar allí. Si ninguno de los carriles es un pecado o una insensatez, Dios a menudo está contento de dejarnos escoger un carril y conducir por él.

Por ejemplo, Dios tenía claro que nosotros necesitábamos amarlo, servirlo, confiar en Él, obedecerlo y disfrutarlo dondequiera que estuviéramos, así que marcó la dirección. Al final quisimos mudarnos a Arizona, y Dios dijo que sí de formas que confirmó por medio de un consejo sabio y piadoso.

A través de una serie de acontecimientos sobrenaturales, Dios nos dio una temporada increíble con una vida y un ministerio saludables, y nos permitió escoger dónde vivir. A veces le preguntamos a Dios: «¿Qué quieres?» y Dios nos responde: «Iba a hacerte la misma pregunta». En una época de temor en la que lo que queremos y lo que no queremos necesita ser aclarado, es razonable decirle a Dios lo que queremos y ver lo que Él responde. «Sean conocidas vuestras peticiones delante de Dios».[a] Jesús hace lo mismo cuando le pregunta a alguien: «¿Qué quieres que haga por ti?».[b] A veces la voluntad de Dios es preguntarnos cuáles son los deseos de nuestro corazón.

5. Disfrute de la presencia y la paz de Dios.

Cuando sentimos que un espíritu de temor viene sobre nosotros, esto puede causar que nos sintamos abrumados. El miedo es una experiencia tan común que el mandamiento más frecuente en la Biblia es «No teman», el cual aparece unos cientos de veces. Dios tiene que recordarnos continuamente que «no temamos» de alguna forma o manera, porque lo olvidamos.

Cuando algunos de nuestros niños eran pequeños, tenían pesadillas que los hacían despertar llorando por la noche. Nosotros entrábamos a su cuarto y los animábamos a no tener miedo, porque estábamos presentes para abrazarlos, frotarles la espalda, orar por ellos y consolarlos. Al rato, su miedo se disipaba y volvían a dormir. Dios es un Padre, nosotros somos sus hijos, y así es como funciona.

Curiosamente, también es común encontrar que cuando Dios nos pide que no temamos, además nos dice de alguna manera, «porque yo estoy con ustedes». Los ejemplos incluyen a Abraham, Moisés, Elías, el rey Josafat, Israel, Jeremías y muchos otros.[c] Antes de volver al cielo, Jesús dijo: «No tengáis miedo», porque «yo estoy con vosotros todos los días, hasta el fin del mundo».[d]

Volviendo a Filipenses 4:5-7, se nos dijo: «Por nada estéis afanosos», porque «el Señor está cerca». Para aquellos que escogen la fe sobre el temor, «la paz de Dios, que sobrepasa todo entendimiento, guardará vuestros corazones y vuestros pensamientos en Cristo Jesús». Como un soldado, Dios guardará la vida emocional de nuestros corazones y la vida de pensamiento de nuestras mentes si estamos con Él contra el espíritu de temor, lo cual es un acto de guerra espiritual.

No es la ausencia de problemas lo que trae la paz, sino la presencia de

---

a Filipenses 4:6
b Marcos 10:51, NVI
c Génesis 15:1, 24, 26; Éxodo 33:14; 2 Reyes 1:15; 2 Crónicas 20:17; Isaías 41:14; Jeremías 1:8
d Mateo 28:20

Dios. Considere que está caminando por un vecindario peligroso y siente miedo. Ahora considere hacer la misma caminata con un pelotón de guardias armados rodeándolo. Dios y su ejército angelical son muy parecidos. La presencia de la ayuda es más poderosa que la presencia del daño.

La presencia de Dios trae la paz de Dios. Este es el ministerio del Espíritu Santo. La luz expulsa las tinieblas, la verdad expulsa las mentiras y el Espíritu de Dios expulsa el espíritu de temor.

EL ESPÍRITU DE TEMOR

Uno de los líderes cristianos cesacionistas más poderosos que hemos conocido personalmente supervisa toda una denominación de iglesias que niega categóricamente que cosas tales como los dones espirituales sobrenaturales existan en esta era. Trágicamente, él está reaccionando a un dolor profundo en su propia vida. En una conversación durante el almuerzo, contó que cuando era niño un predicador invitado a su iglesia le dijo que estaría muerto a una edad específica en su adolescencia. Esta palabra, que era demoníaca, hizo que este hombre se asustara hasta que pasó la edad en que se le aseguró que moriría, probando que el hombre era un falso profeta. Parece probable que el profeta falso con la profecía falsa haya puesto un espíritu falso de temor en este muchacho. Desde entonces, ha dedicado su vida a evitar que otros sean lastimados, lo que puede significar que el espíritu de temor continúa impulsándolo. Sin embargo, la falsificación abusiva de un don espiritual genuino no niega el don genuino de Dios. Después de todo, el mundo está lleno de falsos maestros, pero la respuesta no es negar que el don de la enseñanza exista, sino más bien que los maestros bíblicos genuinos usen su don para expulsar la oscuridad con la luz de la Palabra de Dios.

Algunas veces, la ayuda profesional y los medicamentos pueden ayudar con el temor y la ansiedad. A veces el problema es más físico que espiritual y requiere atención médica. A veces el miedo y la ansiedad son al menos en parte espirituales. Si detrás del temor hay un espíritu demoníaco, la respuesta al problema es espiritual: «Dios no nos ha dado un espíritu de temor y timidez sino de poder, amor y autodisciplina».[a]

La Biblia habla en ocasiones de varios espíritus demoníacos de temor.

> Apolión, el espíritu de temor gobernando (Apocalipsis 9:11). Espíritus de temor escorpiones que causan tormento (Apocalipsis 9:1-11; 1 Juan 4:18). El perfecto amor echa fuera el temor. Las personas que

---

a   2 Timoteo 1:7, NTV

se criaron en una atmósfera sin amor (por ejemplo, rechazo, peleas, violencia, etc.) usualmente tienen muchos espíritus de temor [...] [incluyendo] a los emitas (Deuteronomio 2:10-11), los gigantes que significan los terribles, formidables, terrores, objetos de terror.[3]

La manera de tratar con un espíritu demoníaco es echarlo fuera y reemplazarlo por el amor de Dios. Es por eso que reemplazar la preocupación por la adoración, el miedo por la fe, y el pánico por la oración expulsa el espíritu de temor. «En el amor no hay temor, sino que el perfecto amor echa fuera el temor; porque el temor lleva en sí castigo. De donde el que teme, no ha sido perfeccionado en el amor».[a]

Encontramos la paz, la presencia, el amor y la vida de Dios en nuestro Consolador, el Espíritu Santo. Jesús prometió: «El Consolador, el Espíritu Santo, a quien el Padre enviará en mi nombre, él os enseñará todas las cosas, y os recordará todo lo que yo os he dicho. La paz os dejo, mi paz os doy; yo no os la doy como el mundo la da. No se turbe vuestro corazón, ni tenga miedo».[b] Pablo confirma: «Pues no habéis recibido el espíritu de esclavitud para estar otra vez en temor, sino que habéis recibido el espíritu de adopción, por el cual clamamos: ¡Abba, Padre! El Espíritu mismo da testimonio a nuestro espíritu, de que somos hijos de Dios».[c]

Jesús modela cómo vencer el temor con fe. En el huerto de Getsemaní, a pocas horas de la cruz, Jesús experimentó miedo y ansiedad. Incapaz de dormir, sudando como gotas de sangre, pasó toda la noche en oración y fue honesto con Dios Padre acerca de sus luchas. Le preguntó si había alguna manera de salvar a los pecadores sin tener que sufrir. Al final, Jesús se rindió con fe al Padre, diciendo: «Hágase tu voluntad». En la cruz, Jesús ya no estaba temeroso ni ansioso, sino que tenía la paz que sobrepasa todo entendimiento, declarando con su último aliento: «Padre, en tus manos encomiendo mi espíritu».

MORIR ES GANANCIA

Tal vez el espíritu más fuerte de temor es el temor a la muerte. Habiendo predicado con un chaleco antibalas en nuestra iglesia y habiendo experimentado problemas de seguridad en nuestra casa debido a los críticos, entendemos este miedo por uno mismo y por la familia.

Ciertamente, si nos encontramos en peligro, es prudente hacer esfuerzos

---

a 1 Juan 4:18
b Juan 14:25-27
c Romanos 8:15-16

razonables para mantenernos seguros. Sin embargo, podemos encontrarnos bajando en una escala deslizante desde preparados hasta paranoicos por razones no saludables. Al final, la muerte vendrá por todos nosotros. Nadie vivirá para siempre. Un miedo malsano a la muerte puede privarnos de disfrutar de la vida. La fe derrama en nosotros valor para la vida, mientras que el miedo nos quita el valor para vivir.

Algún día la muerte lo derrotará. Afortunadamente, Jesús derrotó a la muerte. La resurrección de Jesús es el modelo y el precedente para todo el pueblo de Dios. La muerte no tiene la última palabra, sino Jesús resucitado. «Cuando esto corruptible se haya vestido de incorrupción, y esto mortal se haya vestido de inmortalidad, entonces se cumplirá la palabra que está escrita [...] ¿Dónde está, oh muerte, tu aguijón?».[a]

La fe en Jesús echa fuera el miedo a la muerte. Al consolar a una mujer cuyo hermano había muerto, Jesús le dijo: «Yo soy la resurrección y la vida; el que cree en mí, aunque esté muerto, vivirá. Y todo aquel que vive y cree en mí, no morirá eternamente. ¿Crees esto?».[b] Si usted cree en la resurrección de Jesús, el hecho de que algún día morirá echa fuera el miedo a la muerte que le puede sobrevenir cualquier día. Nuestra fe dice que no hay que temer a la muerte porque «morir es ganancia».[c]

Pedro se destaca como un ejemplo flagrante de vivir por el temor a la muerte antes que por la fe en Dios. Juró devoción completa a Jesús, solo para que Él predijera que antes de que cantara un gallo negaría al Señor tres veces.[d] A pesar de saber esto, Pedro todavía fracasó. Cuando Jesús fue interrogado, declaró que Él era Dios. Afuera, cuando una joven le preguntó a Pedro, él negó que Jesús era su Dios.[e] Pedro temía la muerte, y ese temor invadió su fe. Como Pedro, todos vivimos por fe o temor.

No obstante, a menudo se pasa por alto en la historia de las negaciones de Pedro la obra de Satanás y lo demoníaco. Uno de los discípulos, Judas, traicionó a Jesús porque acogió a Satanás en su alma.[f] La guerra por el gobierno en el cielo se estaba desarrollando de nuevo entre Dios y Satanás, esta vez en la tierra. Además de Judas, Satanás también quería a Pedro. Jesús dice: «Simón, Simón, he aquí Satanás os ha pedido para zarandearos

---

a   1 Corintios 15:54-55
b   Juan 11:25-26
c   Filipenses 1:21
d   Juan 13:37-38
e   Juan 18:15-18
f   Juan 13:27

como a trigo; pero yo he rogado por ti, que tu fe no falte; y tú, una vez vuelto, confirma a tus hermanos».[a]

Satanás se aprovechó del temor de Pedro a la muerte para hacerlo negar a Jesús. Sin embargo, Jesús oró por Pedro, y en este momento está orando por usted, para que el fracaso sea vencido con fe.[b] La historia fuera de la Biblia reporta que cuando los romanos llegaron a crucificar a Pedro más tarde en su vida, él escogió la fe llena del Espíritu en lugar de un espíritu de temor, pidiendo ser crucificado al revés porque no era digno de morir como su Señor. Ya no le tenía miedo a la muerte. El mismo tipo de fe es posible para usted a fin de superar sus miedos.

De forma práctica, ¿cómo disfruta usted de la presencia del Espíritu Santo para que su temor sea reemplazado por la fe y el espíritu de temor sea expulsado por medio del amor de Dios? ¿Deteniéndose a cantarle a Dios en voz alta? ¿Orando a Dios de corazón cuando las cosas duelen? ¿Anotando sus pensamientos para que pueda comprender la realidad y confiar en Dios para su futuro? ¿Leyendo la Biblia para llenar su mente de la verdad y eliminar cualquier mentira? ¿Siendo parte de una familia de la iglesia donde la presencia de Dios se disfruta con hermanos y hermanas en la fe que lo ayudan a aumentar su fe? La libertad del temor nos ayuda a vivir libres de la división demoníaca, como examinaremos en el próximo capítulo.

---

a   Lucas 22:31-32
b   Hebreos 7:25

SU RELACIÓN CON LA
IGLESIA

CAPÍTULO 18

GANE SU GUERRA CONTRA LA DIVISIÓN

La rebelión es tan pecaminosa como la hechicería.

—1 SAMUEL 15:23, NTV

UNA ESCENA ÉPICA de la clásica película *Rocky IV* nos ofrece una idea de la visión. Después de haber sido golpeado en el ring por el gigante boxeador ruso Iván Drago (el actor Dolph Lundgren), Rocky (el actor Sylvester Stallone) tuvo esta conversación entre rondas en su esquina:

Rocky: Veo a tres de él ahí fuera.

Paulie: Golpea al del medio.

Duke: ¡De acuerdo! Golpea al del medio.[1]

Esa línea legendaria es tomada de la tradición del boxeo. Aparentemente, en la pelea de los pesos pesados de 1933 entre Max Baer y Max Schmeling, Baer se quedó sin sentido y se tambaleó en su esquina diciendo: «Veo a tres de él». El excampeón Jack Dempsey, que era uno de sus hombres, respondió: «Golpea al del medio». Baer hizo precisamente eso y ganó la pelea por nocaut.[2]

¿Ha tenido alguna vez visión doble? Tal vez era un niño y vio doble después de golpearse la cabeza. Cualquiera que haya tenido problemas para ver, aunque sea por poco tiempo, sabe que es casi imposible vivir sin una visión clara para percibir hacia dónde se dirige y qué está haciendo.

En la guerra con el diablo y sus demonios, a veces perderá la visión. La clave es no permitir que la disminución de su visión lo conduzca a la división. *División* significa dos visiones. Cuando dos o más personas tienen visiones diferentes de lo que debería suceder, la división ha comenzado. Cuando otras personas se alinean detrás de los líderes con visiones diferentes, entonces se han formado facciones.

La división comenzó en el cielo mucho antes de que llegara a la tierra. Satanás tenía una visión diferente a la de Dios. Los ángeles santos se pusieron del lado de Dios, y los ángeles impíos crearon una facción que se puso del lado de Satanás y apoyó su división. Hoy hay una sola visión y no hay división en el cielo. La facción de la división demoníaca está ahora presente a través de la tierra mientras Satanás falsifica lo que Dios crea para causar confusión y división.

Como mencionamos antes, los líderes religiosos hicieron la falsa acusación incrédula con respecto a Jesús: «¡Está poseído por Beelzebú! Expulsa a los demonios por medio del príncipe de los demonios».[a] Jesús respondió preguntando: «¿Cómo puede Satanás echar fuera a Satanás?».[b] Satanás y los demonios a menudo están unidos, permaneciendo juntos con una lealtad que los cristianos no tienen. Jesús continúa diciendo: «Si un reino está dividido contra sí mismo, tal reino no puede permanecer. Y si una casa está dividida contra sí misma, tal casa no puede permanecer».[c] El punto de vista de Jesús es sorprendente. Los demonios a veces demuestran más unidad, respeto por la autoridad y obediencia que los cristianos con los que luchan. La primera división entre los seres humanos tuvo lugar entre nuestros primeros padres, por eso es tan importante que un esposo y su esposa compartan la visión de Dios para sus vidas.

REBELIÓN

La división lleva a la rebelión. Desafortunadamente, la rebelión es vista como una virtud y no como un vicio en nuestra cultura. Se considera inevitable entre los hijos y los padres. Cualquiera que ocupe una posición de liderazgo puede esperar que la división, la facción y la rebelión surjan como una falsa trinidad de problemas. La Biblia dice: «La rebelión es tan pecaminosa como la hechicería».[d] La hechicería es la forma en que la gente invita activamente a los espíritus demoníacos a sus vidas, y este versículo nos dice que la rebelión hace lo mismo. Refiriéndose a los demonios de la rebelión, un manual de liberación declara:

---

a Marcos 3:22, NVI
b Marcos 3:23
c Marcos 3:24-25
d 1 Samuel 15:23, NTV

El espíritu de Jezabel hace que las esposas abandonen la protección de sus maridos. Este es un nombre hebreo que significa intacto, intocable, no habitable, sin marido, adúltero, vil, licencioso. Este espíritu se caracteriza por la dominación, el control y la manipulación del marido en lugar de la sumisión a su autoridad. El espíritu de Jezabel también opera en la iglesia con espíritus de seducción, fornicación e idolatría (Apocalipsis 2:20). Trabaja con el espíritu de Acab en los hombres, pero odia al espíritu de Elías (Malaquías 4:5-6). Es un espíritu muy religioso y le encanta operar en la iglesia. Se sabe que este espíritu funciona tanto en hombres como en mujeres. Jezabel era muy religiosa y una devota suma sacerdotisa de Baal.

Atalía (2 Reyes 11:1) — hija de Acab y Jezabel que se casó con la familia real de Judá. Ella tenía el mismo espíritu que su madre al usurpar la autoridad en el reino de Judá, un ejemplo de cómo este espíritu se transfiere de las madres jezabélicas a sus hijas. Estos espíritus también operan a través de maldiciones de destrucción del sacerdocio familiar, destrucción de la familia, y de Acab y Jezabel.[3]

Añadiendo la historia de Acab,[a] se explica que fue un rey impío que le permitió a Jezabel, su esposa, usurpar su autoridad.

El espíritu de Acab hace que los hombres sean débiles como líderes en el hogar y la iglesia (Isaías 3:12). Este espíritu trabaja con temor de Jezabel para impedir el orden de Dios en el hogar y la iglesia. El resultado es la destrucción del sacerdocio familiar. Esta es una maldición que debe ser rota antes de que los espíritus de Acab puedan ser expulsados. La maldición de Jezabel abre la puerta para que estos espíritus operen en una familia.[4]

Si esto se parece a lo sucedido con Adán y Eva, es porque el patrón que comenzó con Satanás atacando al primer matrimonio continúa a través de sus demonios atacando a otros matrimonios.

Así como la división lleva a la rebelión, también la rebelión lleva a una mentalidad de turba. En el frenesí de la turba, las personas se comportan completamente fuera de carácter: saqueando, causando disturbios

---

a   1 Reyes 16:29—20:34

y participando en actividades delictivas. Es como si poderes demoníacos estuvieran liderando la turba y causando caos. Una turba rodeó a Jesús, y «una gran multitud de gente [...] había venido para oírle, y para ser sanados de sus enfermedades; y los que habían sido atormentados de espíritus inmundos eran sanados. Y toda la gente procuraba tocarle, porque poder salía de él y sanaba a todos».ª Hablando de la turba, aprendemos que «la palabra controvertida en este versículo es la palabra griega *ochleō*, que significa asaltar. Una turba es un grupo de personas empeñadas en llevar a cabo acciones descontroladas».[5]

MENTALIDAD DE TURBA

Jesús tuvo que lidiar con las turbas a lo largo de su ministerio. Poseído por Satanás, Judas se presentó para arrestar a Jesús con una muchedumbre armada.ᵇ Luego una turba se levantó exigiendo que Jesús fuera ejecutado y Barrabás liberado.ᶜ

Las turbas fueron un problema para Pablo en múltiples ciudades:

- Hechos 17:5 (NVI) informa que la gente del pueblo, «llenos de envidia, reclutaron a unos maleantes callejeros, con los que armaron una turba y empezaron a alborotar la ciudad».
- Hechos 19:29 (NVI) dice: «Toda la ciudad se alborotó».
- Hechos 19:40 (NVI) señala: «Con los sucesos de hoy corremos el riesgo de que nos acusen de causar disturbios. ¿Qué razón podríamos dar de este alboroto, si no hay ninguna?».
- Hechos 19:23 (NVI) dice: «Por aquellos días se produjo un gran disturbio a propósito del Camino».
- Hechos 21:31 (NVI) afirma: «Toda la ciudad de Jerusalén estaba amotinada».
- Hechos 21:35 (NVI) declara: «Cuando Pablo llegó a las gradas, los soldados tuvieron que llevárselo en vilo debido a la violencia de la turba». De hecho, una de las principales acusaciones contra Pablo en Hechos 24:5 (NVI) fue: «Hemos descubierto que este hombre es una plaga que por todas partes anda provocando disturbios».

---

a Lucas 6:17-19
b Juan 13:27; 18:1-4
c Marcos 15:15

En Hechos 19, «Dios hacía milagros extraordinarios», y muchos individuos atormentados «quedaban sanos de sus enfermedades, y los espíritus malignos salían de ellos».[a] Tratando de aprovechar el poder y la popularidad de Dios, «algunos de los judíos, exorcistas ambulantes, intentaron invocar el nombre del Señor Jesús sobre los que tenían espíritus malos exorcistas judíos se comprometieron a invocar el nombre del Señor Jesús sobre los que tenían espíritus malignos».[b] Las cosas terminaron mal cuando «el hombre en quien estaba el espíritu malo, saltando sobre ellos y dominándolos, pudo más que ellos, de tal manera que huyeron de aquella casa desnudos y heridos».[c]

La Escritura dice que cuando los residentes de Éfeso vieron el poder de Dios en guerra con el poder de los espíritus demoníacos «tuvieron temor todos ellos, y era magnificado el nombre del Señor Jesús. Y muchos de los que habían creído venían, confesando y dando cuenta de sus hechos. Asimismo muchos de los que habían practicado la magia trajeron los libros y los quemaron delante de todos; y hecha la cuenta de su precio, hallaron que era cincuenta mil piezas de plata. Así crecía y prevalecía poderosamente la palabra del Señor».[d]

Cuando el reino de Dios avanza, el reino de Satanás se presenta para el enfrentamiento. Cuando Dios crea un avivamiento, Satanás lo falsifica con un motín. En Éfeso hubo una especie de avivamiento, y los demonios estaban perdiendo. Así que en los siguientes versículos vemos que en el reino espiritual por cada acción de Dios hay una reacción de lo demoníaco. Un hombre llamado Demetrio, que se ganaba la vida forjando ídolos demoníacos de su diosa demoníaca de más alto rango, Diana, reunió a un grupo de líderes de negocios que se beneficiaban de que Éfeso fuera una sede demoníaca con visitantes que inundaban el templo de Diana para adorar en el culto y participar en muchas formas de religión y magia oscuras antiguas.

Los hombres de negocios sabían que estaban trabajando con y para espíritus demoníacos inmundos que eran sus dioses. Ellos se sintieron ofendidos por los cristianos recién convertidos, los cuales decían que «no son dioses los que se hacen con las manos».[e] Comprendieron con razón que su religión demoníaca y los ingresos que esta proporcionaba podían derrumbarse y se

a Hechos 19:11-12, NVI
b Hechos 19:13
c Hechos 19:16
d Hechos 19:17-20
e Hechos 19:26

decían: «No solamente hay peligro de que este nuestro negocio venga a desacreditarse, sino también que el templo de la gran diosa Diana sea estimado en nada, y comience a ser destruida la majestad de aquella a quien venera toda Asia, y el mundo entero».[a]

En respuesta a la adoración de Jesús comenzaron a gritar: «¡Grande es Diana de los efesios!» y «la ciudad se llenó de confusión, y a una se lanzaron al teatro [...] Unos, pues, gritaban una cosa, y otros otra; porque la concurrencia estaba confusa, y los más no sabían por qué se habían reunido». La improvisada reunión de adoración demoníaca continuó y «todos a una voz gritaron casi por dos horas: ¡Grande es Diana de los efesios!».[b]

MINISTERIO TURBA 101

No encontrarás mucho entrenamiento pastoral que incluya el ministerio turba 101, pero a partir del caso de estudio que aparece en Hechos 19, así como de otras turbas en los ministerios de Jesús y Pablo, podemos aprender algunos principios:

- Cuando Dios crea un avivamiento, Satanás lo falsifica con un motín. Cuando un ministerio está avanzando y ganando terreno contra el reino de las tinieblas, puedes apostar a que la reacción está llegando.

- Los ataques contra los ministerios a menudo los alimentan en última instancia fuerzas demoníacas con un líder humano visible. Hoy en día, en línea, las turbas pueden formarse casi instantáneamente. Algunos críticos se especializan en reunirse desde la comodidad de sus teléfonos.

- Una vez que una turba demoníaca aparece, incluso en línea, una multitud se reúne a mirar y no tiene idea de para qué: «Había confusión en la asamblea. Cada uno gritaba una cosa distinta, y la mayoría ni siquiera sabía para qué se habían reunido».[c] En la era de las fuentes de ingresos por hacer clics en los sitios en la red y las plataformas de las redes sociales, es rentable atacar a los líderes, causar disturbios, y ver a las masas en espera mientras el instigador disfruta de la atención y el dinero.

---

a Hechos 19:27
b Hechos 19:28-29, 32, 34
c Hechos 19:32, NVI

- Debido a que a menudo contiene elementos demoníacos, no se puede razonar con una turba. Las personas bien intencionadas dirán que simplemente necesitamos identificar el problema y disculparnos, y entonces la multitud se dispersará. Sin embargo, el problema de una turba es que no está unida por ninguna causa singular, y una vez que entra en un frenesí no está dispuesta a razonar. Incluso Jesús fue crucificado porque una turba «estaba formando un tumulto».[a] No se podía razonar con la multitud que gritaba: «¡Crucifícalo!». En línea, si usted trata de ser el adulto en la conversación y razonar con la turba, rápidamente comprenderá que no tiene sentido.

- Cuando las personas no obtienen el resultado que quieren de una corte real, pueden convocar a una corte de opinión pública para forzar el resultado que desean. Así es como mataron a Jesús.

- Los enjambres pueden matar. Una picadura de abeja o dos es más molesta que mortal, pero un enjambre de cientos puede matarlo. Del mismo modo, una turba real en el mundo antiguo o una turba digital en línea tiene un efecto de enjambre. El objetivo es seguir picando hasta que el resultado sea la muerte o la destrucción.

El libro *So You've Been Publicly Shamed* [Así que ha sido avergonzado públicamente] explica cómo el mundo en línea ha revivido una práctica de hace siglos en la que multitudes de conciudadanos se reunían alrededor y les decían cosas horribles a los individuos como forma de castigo. Esto hace que nos preguntemos si no hay un demonio ahí fuera llamado «tendencia» que encontró una forma de entrar en la Internet.

Tanto Jesús como Pablo tuvieron que dejar las ciudades por causa de las turbas. Su seguridad se encontraba en peligro, y su reputación estaba tan arruinada que ya no era posible un ministerio significativo.

Las turbas no se formaron en contra de Jesús o Pablo hasta que fueron figuras públicas bien conocidas. Hoy en día les llamamos celebridades. Esto tarde o temprano conduce a un ciclo de idolatría y demonización en el que la gente se encumbra y luego se destruye. Nuestra cultura tiene una

---

a Mateo 23:24, NVI

fascinación con el apoyo a los don nadie en ascenso, arrasando con ellos cuando llegan a la cima y luego animando su historia de regreso.

Ni Jesús ni Pablo obtuvieron protección legal de la mafia. Lo mismo sucede a menudo hoy en día. Esto deja oportunidades para que los lobos saqueen a los rebaños, como veremos a continuación.

CAPÍTULO 19

GANE SU GUERRA
CONTRA LOS LOBOS

*Guardaos de los falsos profetas, que vienen a vosotros con
vestidos de ovejas, pero por dentro son lobos rapaces.*

—MATEO 7:15

E N UNA HISTORIA sobre lobos, la British Broadcasting Corporation (BBC)
entrevistó a una mujer que es criadora de ovejas en los Alpes franceses. Esta es una versión editada de esa conversación. Matthew Bannister
(MB) comenzó la conversación con Caroline Bourda (CB) y John Lauren-
son (JL).

MB: ... ¿cómo es cuando usted mira a los ojos de un lobo? Caroline Bourda conoce muy bien la sensación. Ella es una ganadera
de ovejas en los Alpes franceses, y en los últimos dos años ha
estado en la primera línea de una batalla con las bestias. El lobo
fue cazado casi hasta su extinción en Francia en la década de 1930.
Sin embargo, después de haber sido designada como una especie
en peligro de extinción, hizo una sorprendente reaparición. Ahora
que los lobos matan a seis mil ovejas al año, el gobierno está permi-
tiendo dispararles a algunos lobos. También se les aconseja, y se
les paga, a los criadores de ovejas que compren cercas eléctricas y
perros de protección enormes con collares de metal puntiagudos
para evitar que los lobos hundan sus colmillos en sus cuellos [...]
Ahora, se ha permitido la caza de lobos alrededor de granjas de
ovejas amenazadas como la de Caroline [...] Los lobos son muy

listos. Pasan largas horas observando, observando, aprendiendo los movimientos del rebaño. Esperan y atacan

CB: Cuando atacan a un rebaño, en especial cuando se introducen en un recinto que se supone que protege al rebaño, se vuelven locos. No dejarán de matar mientras haya una oveja o un cordero en movimiento. En general, tenemos una oveja comida, y varias otras que han matado por el mero hecho de hacerlo. Es muy molesto. A menudo se trata de ovejas que están embarazadas. Es horrible para nosotros [...] pasamos bastante tiempo asegurándonos de que no tenga demasiado dolor y de que el parto vaya bien. Cuando da a luz, somos capaces de levantarnos varias veces por la noche para asegurarnos de que todo está bien y los corderos se sienten bien. Así que [...] ser comido vivo es terrible. Ojalá pudiéramos ver uno esta noche para que sepa lo que se siente cuando un lobo lo mira. Es algo completamente primitivo cuando se encuentra con esos ojos helados. Entiende el peligro, pero no en su cabeza, sino en sus entrañas. El año pasado tuvimos muchos ataques en nuestro recinto nocturno, al cual los lobos intentan entrar por debajo la cerca. Me encontré cara a cara con uno. Los perros lo hicieron retroceder y se escabulló entre las sombras. Lo vi agazaparse para esperar. Pensé que podía verlo allí, pero en la oscuridad, no estaba segura. Nos quedamos así, él y yo, durante dos horas y media, hasta que empecé a dormitar apoyada en un árbol. En cuanto sentí que me dormía, me desperté y vi al lobo que venía hacia mí. Directa y rápidamente hacia mí. Incluso si uno tiene un rifle en sus manos, es aterrador. La idea de que un animal pueda esperar tanto para atacarlo. No estoy segura de lo que pasó después. Todo fue muy rápido, pero de repente mi perro estaba allí, luchando con el lobo. Lo ahuyentó y regresó para protegerme.

JL: Lo que asusta, dice Caroline, es la singularidad del propósito del lobo. Ella pasa mucho tiempo cuidando a sus ovejas, pero las personas también hacen otras cosas: enviar mensajes de texto, hacer la tarea con los niños, pasar la aspiradora. El lobo se mantiene enfocado en cómo va a correr enloquecidamente hacia su rebaño.

CB: Todo el tiempo, nos están observando.[1]

La Biblia usa la metáfora de Jesús como nuestro Jefe o Buen Pastor, con los líderes cristianos como pastores, las personas como ovejas vulnerables, y la presencia de lobos que trabajan para Satanás —que es su alfa— liderando a toda la manada. Así como el diablo y sus demonios atacaron en el cielo, así también ellos continúan su ataque en la tierra. Las personas que ignoran o subestiman la presencia de lobos espirituales se ponen a sí mismas en peligro, razón por la cual la Biblia ofrece repetidas advertencias.

Un pastor que luchó fielmente contra los lobos hasta su vejez fue Juan. En 1 Juan se describe a los lobos como «anticristos», «mentirosos», «procurando engañar», «quebrantadores de la ley», «hijos del diablo», «como Caín», «el mundo», «falsos profetas», «el espíritu del anticristo», «el espíritu del engaño» y «bajo el maligno».[a] Como lobos entre un rebaño de ovejas, los falsos maestros estaban confundiendo a los cristianos, especialmente a los más nuevos en la fe. Algunos incluso dejaron las iglesias cristianas y libraban una guerra de relaciones públicas contra Juan y otros líderes en un esfuerzo por atraer a la gente a su recién formado grupo.[b]

Los lobos y los pastores son ambos líderes poderosos. La única diferencia es que un lobo lo destruirá y un pastor morirá por usted. El problema con los lobos es que son engañosos y se disfrazan de ovejas inofensivas o de pastores de confianza. Jesús hace la advertencia más severa: «Guardaos de los falsos profetas, que vienen a vosotros con vestidos de ovejas, pero por dentro son lobos rapaces».[c] Dios crea pastores, y las falsificaciones de Satanás son lobos que fingen ser ovejas o pastores.

FALSOS APÓSTOLES

En aras de la simplicidad, había un oficio de apóstol reservado para los discípulos que Jesucristo escogió personalmente mientras estaba en la tierra. Este es un grupo cerrado de doce líderes que cumplieron con dos criterios: (1) fueron testigos oculares de Jesús resucitado,[d] y (2) fueron elegidos directamente por Jesucristo.[e]

Además del oficio de apóstol, existe un don espiritual de apostolado en todo el Nuevo Testamento y hasta el día de hoy. Por ejemplo, Pablo se refiere al apostolado como un don espiritual, y el término también se aplica en un sentido secundario a personas como Bernabé, Apolos, Sóstenes,

---

a   1 Juan 2:18, 22, 26; 3:4, 10, 12; 4:1, 3, 6
b   1 Juan 2:19, 26; 4:1-3; 2 Juan 7
c   Mateo 7:15
d   Hechos 1:22
e   Hechos 1:2-3; 4:33

Andrónico, Junias, Santiago, Silas y Timoteo. Ellos, como los apóstoles de hoy, se trasladaron de un lugar a otro para establecer iglesias locales y trabajar a través de múltiples iglesias, ayudando a los pastores y luchando contra los lobos. Hoy esto incluiría a pastores de iglesias con múltiples sitios, redes de iglesias, líderes denominacionales, pastores de pastores, y aquellos que forman espiritualmente a la próxima generación de líderes de la iglesia.

Los falsos apóstoles atacan, critican y maldicen a los verdaderos apóstoles. Promueven la enseñanza falsa, propagan la calumnia y la división, y llevan a la gente por el mal camino. A menudo tienen grandes personalidades y un tremendo poder espiritual dado por las fuerzas demoníacas. Conducen a las iglesias por caminos equivocados y a veces inician cultos disfrazados de iglesias. El apóstol Pablo combatió a los lobos, diciendo: «Porque éstos son falsos apóstoles, obreros fraudulentos, que se disfrazan como apóstoles de Cristo. Y no es maravilla, porque el mismo Satanás se disfraza como ángel de luz. Así que, no es extraño si también sus ministros se disfrazan como ministros de justicia; cuyo fin será conforme a sus obras».[a] Jesús es un apóstol[b] que desafía a los falsos apóstoles, alabando a una iglesia por haber «probado a los que se dicen ser apóstoles, y no lo son, y los has hallado mentirosos».[c]

FALSOS MAESTROS

Ya que Dios crea verdaderos maestros y Satanás los falsifica con falsos maestros, las metas de los maestros piadosos son dobles: primero, enseñar la verdad conforme a la Biblia; segundo, refutar el error contrario a la Biblia.

En el cristianismo hay dos tipos de temas: los cerrados y los abiertos. Los temas cerrados son aquellos que la iglesia alrededor del mundo desde el principio ha acordado que son asuntos esenciales y centrales para lo que significa ser cristiano. Estos temas incluirían:

- la Trinidad;
- Dios como Creador;
- hombres y mujeres como portadores de la imagen de Dios;
- la caída de la humanidad en el pecado;

---

a 2 Corintios 11:13-15
b Hebreos 3:1
c Apocalipsis 2:2-5

- Jesús como plenamente Dios y plenamente hombre, que vivió sin pecado, murió por nuestro pecado, y resucitó como nuestro Salvador;
- la necesidad de alejarse del pecado y confiar en Jesús para la salvación;
- vida eterna más allá de la tumba para todas las personas en el cielo o en el infierno; y
- la Biblia como la Palabra inerrante de Dios.

Si claudicamos en temas tan cerrados como estos, ya no somos cristianos y estamos en una secta, otra religión, espiritualidad o ideología.

Los temas abiertos son asuntos sobre los que los cristianos creyentes en la Biblia y amantes de Jesús pueden debatir y disentir sin dividirse con respecto a ellos. Ya que todos estaremos juntos para siempre en el cielo, deberíamos empezar a llevarnos bien aquí en la tierra. Los temas abiertos incluyen:

- la edad de la tierra;
- hablar en lenguas y otros dones espirituales sobrenaturales;
- modos de adoración y bautismo;
- el papel de la mujer en funciones específicas de liderazgo de la iglesia; y
- detalles particulares con respecto a la segunda venida tales como el rapto o la tribulación.

La enseñanza falsa tiene lugar de dos maneras: Uno, tomamos lo que debería ser un tema cerrado y lo situamos en la categoría de abierto. Dos, tomamos lo que debería ser un tema abierto y lo colocamos en la categoría de cerrado. Esto es precisamente lo que hacen los lobos que enseñan falsamente. Tales lobos destrozan iglesias, enseñan herejías, ofenden a Jesús, conducen a las personas al pecado sexual, se ganan bien la vida y son guías turísticos del infierno.

> Hubo también falsos profetas entre el pueblo, como habrá entre vosotros falsos maestros, que introducirán encubiertamente herejías destructoras, y aun negarán al Señor que los rescató, atrayendo sobre sí mismos destrucción repentina. Y muchos seguirán sus disoluciones, por causa de los cuales el camino de la verdad será

blasfemado, y por avaricia harán mercadería de vosotros con palabras fingidas [...] Porque si Dios no perdonó a los ángeles que pecaron, sino que arrojándolos al infierno los entregó a prisiones de oscuridad, para ser reservados al juicio [...] sabe el Señor librar de tentación a los piadosos, y reservar a los injustos para ser castigados en el día del juicio.[a]

La mención de los ángeles demoníacos caídos es la manera en que Dios nos recuerda que la falsa enseñanza comenzó en el cielo con Satanás y los demonios y ha hecho una parada en la tierra antes de ser enviada al infierno para siempre. La clave es huir de los lobos, no unirse a esa manada, y permanecer con el rebaño de la iglesia.

DOCTRINAS FALSAS

Los lobos que enseñan falsamente trabajan para llevar falsas doctrinas a las iglesias. A veces ellos son populares, porque lo que presentan parece nuevo, y algo en nuestro orgullo quiere creer en el mito evolutivo de que «lo nuevo es mejor», ya que somos más inteligentes que aquellos que nos precedieron. A veces son populares porque predican en contra del arrepentimiento del pecado y en nombre del amor y la tolerancia apoyan a las personas que está pecando; esto a menudo resulta en gran popularidad y retribución, pero es una ofensa a Dios.

Se nos advierte: «Ahora bien, el Espíritu Santo nos dice claramente que en los últimos tiempos algunos se apartarán de la fe verdadera; seguirán espíritus engañosos y enseñanzas que provienen de demonios. Estas personas son hipócritas y mentirosas, y tienen muerta la conciencia».[b] Los lobos falsos que enseñan se harán eco de los espíritus demoníacos en lugar del Espíritu de Dios, catalogando de cerradas cosas que deben ser abiertas y de abiertas cosas que deben ser cerradas.

Los lobos religiosos tienden a venir en dos estirpes: liberales y legalistas. Tal vez la iglesia más liberal del Nuevo Testamento estaba en Corinto. Después de plantar la iglesia y pastorear como voluntario por dieciocho meses, Pablo dejó Corinto a fin de hacer avanzar el evangelio en Éfeso.[c] Las personas en la pequeña iglesia de tal vez cincuenta miembros rápidamente procedieron a negar la resurrección de Jesús, desnudarse y tener

---

a   2 Pedro 2:1-9
b   1 Timoteo 4:1-2, NTV
c   Hechos 18:1-19:10

relaciones sexuales, apoyar el estilo de vida alternativo de un sujeto que vivía y dormía con su madrastra, intercambiar géneros, demandarse unos a otros por dinero e incluso emborracharse en la Comunión, en lo que solo podría haber parecido a un episodio piloto de *Jerry Springer*. Los visitantes de la iglesia estaban tan angustiados que activaron la alarma de incendios y se pusieron en contacto con Pablo.[a]

La iglesia de Corinto también le envió a Pablo una carta con varias de sus preguntas.[b] La situación en Corinto se había agravado tanto que Pablo hizo que Timoteo les entregara su carta severa e investigara a la iglesia en su nombre.[c] Él dice que ellos trajeron demonios a su tiempo de comunión al combinar la espiritualidad bíblica con el ritual pagano: «Antes digo que lo que los gentiles sacrifican, a los demonios lo sacrifican, y no a Dios; y no quiero que vosotros os hagáis partícipes con los demonios. No podéis beber la copa del Señor, y la copa de los demonios; no podéis participar de la mesa del Señor, y de la mesa de los demonios».[d] El liberalismo conduce al demonismo.

El legalismo, por otro lado, promueve un grupo diferente de falsas doctrinas. En los días de Jesús los fariseos eran los lobos que se mantenían acosándolo y hostigándolo, tratando de matar a Dios por romper sus reglas, ya que eran más conservadores que Dios. Los fariseos comenzaron muy bien: querían volver a poner la Palabra de Dios en el centro de toda la vida. Con el tiempo, empezaron a mezclar qué temas eran abiertos o cerrados, y confundieron principios y métodos, que es lo que hacen los legalistas. La Biblia da muchos principios que sería sabio seguir, pero somos libres de elegir varios métodos. Los ejemplos incluirían el orden de un servicio de la iglesia para adorar a Dios o las maneras de educar y criar a nuestros hijos. Dios da principios, y tenemos una variedad de métodos para honrar cada principio.

Los legalistas piensan que solo su método es fiel al principio de Dios, y a menos que usted haga las cosas exactamente como ellos las hacen, está en pecado y necesita ser martillado como un clavo torcido para enderezarse. Así es exactamente como los fariseos trataron a Cristo y como sus descendientes espirituales tratan a los cristianos. Jesús fue claro en que el legalismo es demoníaco cuando les dijo a los líderes legalistas en medio del acalorado intercambio: «Vosotros sois de vuestro padre el diablo, y los deseos de

---

a   Hechos 16:17; 1 Corintios 1:11; 8:1; 11:18
b   1 Corintios 7-8
c   1 Corintios 4:17; 16:10
d   1 Corintios 10:20-21

vuestro padre queréis hacer», y concluye: «El que es de Dios, las palabras de Dios oye; por esto no las oís vosotros, porque no sois de Dios».ᵃ En vez de arrepentirse, ellos reprendieron a Jesús, diciendo: «¿No decimos bien nosotros [...] que tienes demonio? Respondió Jesús: Yo no tengo demonio, antes honro a mi Padre; y vosotros me deshonráis [...] Entonces los judíos le dijeron: Ahora conocemos que tienes demonio [...] ¿Quién te haces a ti mismo? [...] Tomaron entonces piedras para arrojárselas; pero Jesús se escondió y salió del templo».ᵇ Si Jesús estuviera caminando por la tierra hoy en día, todavía se metería en muchos problemas por romper las reglas religiosas erróneamente hechas en su nombre.

Tal vez la iglesia más legalista del Nuevo Testamento estaba en Galacia. Detrás de su legalismo, según dijo Pablo, había fuerzas demoníacas en acción que causaban orgullo y división en el falso nombre de ser santos, incluyendo un «ángel del cielo» «bajo maldición» que vino a predicar «un evangelio distinto del que les hemos predicado», y un espíritu demoníaco que «los ha hechizado».ᶜ Un comentario bíblico dice: «El término traducido como "hechizado" se refiere al impacto maligno de los conjuros».²

Cuando nuestra familia visitó Galacia, aprendimos con la ayuda de un profesor de historia que era una sede para la adoración demoníaca de un dios falso femenino con un gran templo pagano. El concepto de ser hechizado implicaba conjuros lanzados por los enemigos del evangelio, que les permitían a los demonios obrar a través de sus doctrinas legalistas. Hoy en día este fenómeno es muy parecido a la Wicca, que está creciendo en popularidad, con la adoración de la creación, una deidad femenina, y el lanzamiento de conjuros de maldición y magia negra. La fuerza motriz espiritual detrás del legalismo en Galacia era demoníaca. El legalismo lleva al demonismo.

COMENZAR Y PERMANECER CON JESÚS

La buena doctrina comienza con Jesús como nuestra brújula y piedra angular. En la Biblia, Jesús es la brújula que señala el norte. Al igual que cuando colocamos la piedra angular en un edificio, una vez que Jesús está bien establecido en nuestra vida, el resto cae en su lugar. Los falsos maestros siempre tratan de crear una visión falsa de Jesús para que las personas sean engañadas pensando que están aprendiendo y caminando con el verdadero Jesús cuando no lo están haciendo. Pablo, el pastor, estaba luchando contra

---

a Juan 8:44, 47
b Juan 8:48-59
c Gálatas 1:8; 3:1, NVI

los lobos que decidieron que él era simplemente un apóstol y ellos eran «superapóstoles». Él señaló: «Si viene alguno predicando a otro Jesús que el que os hemos predicado, o si recibís otro espíritu que el que habéis recibido, u otro evangelio que el que habéis aceptado, bien lo toleráis».[a]

A veces se enseña a un Cristo falso ignorando partes de la Biblia. Hoy en día los falsos maestros comúnmente manipulan solo promoviendo que «Dios es amor», en lugar de enseñar todos los atributos de Dios. El amor se interpreta entonces como tolerancia, lo que falsamente indica que Jesús está bien con todo lo que las personas hacen; no hay tal cosa como el pecado, el arrepentimiento o la santidad; y nadie va a ir al infierno. Esto convierte la verdad de que *Dios es amor* en la mentira de que *el amor es Dios*. El amor *no* es Dios; Jesús es Dios, y Jesús es amor. Por lo tanto, cuando Jesús habla del pecado y el infierno (más que nadie en la Biblia), lo que está haciendo es amar, porque Dios es también justo, recto y santo (el atributo más común de Dios en toda la Biblia).

Un Cristo falso es demoníaco. Casi todas las religiones y espiritualidades falsas buscan una manera de incluir su versión falsificada de Jesús en sus enseñanzas falsas, a menudo afirmando que Jesús era un buen hombre, pero no el Dios-hombre.

- Los testigos de Jehová afirman que Jesús era simplemente Miguel el arcángel, un ser creado que se hizo hombre.

- El mormonismo enseña que Jesús no era Dios, sino solo un hombre que se convirtió en uno de muchos dioses; además enseña que era un medio hermano de Lucifer.[3]

- El universalismo unitario señala que Jesús no era Dios, sino un gran hombre que debe ser respetado únicamente por su enseñanza, amor, justicia y sanidad.

- Los gurús de la Nueva Era ven a Jesús como otro gurú y no como Dios.

- Según la cienciología, Jesús es un implante forzado sobre un thetán hace aproximadamente un millón de años.

- La francmasonería, o los masones, incluyen la lectura de las Escrituras en las reuniones de la logia, pero omiten intencionadamente el nombre «Jesús» en sus ceremonias ocultistas.

---

a   2 Corintios 11:4

- Los bahá'ís dicen que Jesús fue una manifestación de Dios y un profeta, pero inferior a Mahoma y Bahá'u'lláh.
- El budismo cree que Jesús no era Dios, sino un hombre iluminado como Buda.
- El hinduismo tiene muchos puntos de vista acerca de Jesús (no el único Dios), pero cree que probablemente era un hombre sabio o una encarnación de Dios, muy parecido a Krishna.
- El islam dice que Jesús era simplemente un hombre y un profeta que era inferior a Mahoma.

Solo hay un Jesús real entre muchos cristos falsos. Esto incluye a los demonios que usan el nombre de «Jesús» para engañar a la gente. Al principio de nuestro ministerio, una joven que se hallaba profundamente involucrada en el ocultismo había estado visitando la iglesia con una amiga. Durante las sesiones de consejería en nuestra oficina de la iglesia con esta mujer, a veces todo su cuerpo se retorcía, su voz cambiaba, y ella asumía una personalidad completamente diferente con una voz masculina. Cuando le preguntaron: «¿Quién eres?», el demonio que hablaba a través de ella dijo: «No te preocupes, yo soy Jesús». Cuando le preguntaron: «¿Eres tú Jesús de Nazaret, Dios en la carne, el que nació de María?», con una risa espeluznante dijo a través de la joven: «No, no soy *ese* Jesús». Los falsos cristos son engaños demoníacos. Estos incluyen a los falsos profetas, los falsos ancianos y la gente mala, los cuales contribuyen todos al daño de la iglesia y examinaremos a continuación.

FALSOS PROFETAS

Queremos enfocarnos ahora en los profetas verdaderos y falsos, porque este es un punto sobre el cual hay gran conmoción entre muchos cristianos. Algunos cristianos temen que si aceptamos la revelación más allá de la Biblia, nos volvamos asequibles a los falsos profetas. Esta es una preocupación válida, pero esperamos que algunos ejemplos ayuden a dar un contexto para las palabras reales comparadas con las palabras falsas de Dios.

Después de que Dios me habló (a Mark) audiblemente y me llamó al ministerio a los diecinueve años, mi familia se preocupó. Siendo católicos devotos, temían que me hubiera unido a una secta y que no estuviera actuando según la voluntad de Dios. Así que mi abuela voló para hablar conmigo. Ella se unió a una orden de monjas después de la muerte de mi abuelo y estuvo en la iglesia rezando tan a menudo que dos iglesias católicas le dieron un juego de llaves para que entrara y saliera. Hablamos largo y tendido sobre mi experiencia de salvación, mi llamado al ministerio y lo que estaba aprendiendo en la Biblia. Mi devota abuela oró fervientemente toda la noche pidiendo una palabra de Dios y en la mañana le dijo a la familia que yo no necesitaba ser sacerdote o católico, que estaba caminando en la voluntad de Dios, y que había un llamado en mi vida que la familia necesitaba apoyar. Su palabra profética servía de confirmación para mí y mi familia.

Más recientemente, hace unos pocos años, durante una época en la que elegimos tomarnos un descanso del ministerio para sanar, me embarqué en una semana de viajes y reuniones críticas. Primero pasaría unos días en Florida con una red de plantación de iglesias simplemente aprendiendo y construyendo relaciones. Después viajaría a Arizona para una reunión con algunos pastores en Phoenix, conectándome con estos líderes piadosos como grupo y como individuos a fin de construir amistades e invitarlos a hablar sobre una posible mudanza para comenzar nuestra vida y ministerio en Phoenix. Finalmente, Grace y los niños se me unirían para ver lo que cada uno pensaba de la ciudad como nuestro próximo hogar posible.

Durante un descanso en la conferencia de Florida, Dios me instó a pasar tiempo con Él para escuchar y procesar lo que estaba aprendiendo. Me perdí de camino a una cafetería, así que me detuve para almorzar en un restaurante mexicano al azar que vi cuando mi aplicación telefónica me llevó por el camino equivocado. Mientras le decía a la anfitriona que me iba a lavar y regresaría a mi mesa, un cliente reconoció mi voz. En el momento en que caminaba de regreso a mi mesa, él me detuvo y se presentó como pastor. También estaba asistiendo a la conferencia y se sorprendió de que nuestros caminos se hubieran cruzado, porque asumió que yo me encontraba en casa en Seattle.

Este pastor mencionó que durante algún tiempo Dios lo había impulsado a orar por mí y mi familia, y que había hablado con Dios acerca de nosotros esa misma mañana. Me senté con él y preguntó si podía orar por todos nosotros en ese momento. Mientras inclinábamos nuestras cabezas sobre los nachos y la salsa, Dios le dio una visión. Contó que nos vio empacar, mudarnos a un lugar soleado y escribir un libro sobre lo que Dios nos estaba enseñando: lecciones de liderazgo para la próxima generación de pastores. Él no tenía idea de lo que estaba sucediendo en mi vida, pero Dios lo sabía y se lo reveló para que lo compartiera conmigo.

Me quedé atónito, porque unas horas más tarde abordé ese avión a

Phoenix para conectarme con otros pastores, reunirme con mi familia y explorar la ciudad. Los pastores de Phoenix confirmaron la palabra profética que recibimos de un extraño en un restaurante mexicano días antes en el otro extremo del país.

Una vez que nos mudamos a Phoenix, no estábamos seguros de cuál sería el siguiente paso. Después de algunos meses los chicos convocaron a una reunión familiar diciendo que querían plantar una iglesia juntos como un ministerio familiar. Así lo hicimos. Los chicos eligieron el nombre The Trinity Church en honor a su abuelo fallecido y a la abuela aún viva del lado de Grace, quienes plantaron una iglesia del mismo nombre y la dirigieron durante más de cuarenta años. Necesitando un edificio, oramos en familia para que Dios hiciera algo sobrenatural. Uno de nuestros pastores supervisores nos dijo que Dios le había hablado y que íbamos a poder comprar un edificio para la iglesia de ochocientos asientos en la Ruta 101, la cual conecta gran parte del valle del Phoenix. Llamé a un agente de bienes raíces, quien me dijo que la iglesia no existía y que ninguna propiedad que se correspondiera con esa descripción había estado nunca en el mercado que él supiera. Entonces recibimos una llamada de que un edificio en la Ruta 101 podría estar disponible, así que nos reunimos con los pastores que estaban alquilando el antiguo edificio para su iglesia. Ellos oraron, sintieron que Dios les hablaba, y se fueron para que pudiéramos ocupar el edificio. Conseguimos las llaves y tuvimos nuestra primera reunión informativa en la Pascua de 2016, en el quincuagésimo aniversario del primer servicio público de la iglesia en el edificio histórico moderno de mediados de siglo. Poco después, a través de una serie de milagros, el edificio fue puesto a la venta. Necesitábamos ciento cincuenta mil dólares para realizar la compra, pero la iglesia aún no existía y no teníamos el dinero. Así que oramos en familia y poco después sonó el teléfono. Un amigo de fuera de la ciudad se comunicó para decir que Dios le dijo que llamara y se ofreciera a ayudarnos. Él no sabía de la necesidad financiera, y nosotros no sabíamos que él tenía los medios para satisfacerla. Sin embargo, Dios rápidamente lo resolvió todo, y nuestro amigo nos envió los ciento cincuenta mil dólares. Dios respondió nuestra oración hasta el último dólar.

En la Pascua de 2019, la iglesia se llenó para dos servicios, y colocamos cada silla disponible en la habitación: 793 de ellas. Entonces recordé que teníamos siete sillas más en la cabina de audio… con lo cual la profecía se cumplió. Esta ha sido nuestra experiencia a través del ministerio. No venimos de trasfondos carismáticos o pentecostales. Sin embargo, caminamos en lo sobrenatural sin intentarlo. Y cada vez que una palabra profética ha surgido, siempre ha sido confirmada por líderes piadosos y se ha cumplido. Hemos estado en una buena parte de grupos cristianos funcionalmente cesacionistas que tienen mucho miedo de las falsas profecías, pero honestamente esta no ha sido nuestra experiencia.

El trabajo principal de un verdadero profeta es preparar al pueblo de Dios para el futuro real. Dios conoce y gobierna el futuro, y a veces elige revelárselo a su pueblo a fin de que puedan prepararse para este. Aproximadamente un cuarto de la Biblia era de naturaleza profética, revelándole el futuro al pueblo de Dios. He aquí cinco maneras clave de reconocer a los falsos profetas.

1. Los falsos profetas son lobos que mienten sobre el futuro.

A veces los falsos profetas profetizan que vienen buenos tiempos cuando no es así. Dios declara en cuanto a los falsos profetas: «Engañaron a mi pueblo, diciendo: Paz, no habiendo paz».[a] Los falsos profetas solo dicen las cosas que la gente quiere oír, ignoran el pecado personal, y les gusta asegurar que todos van al cielo. De los falsos profetas se nos dice: «Ay de los que a lo malo dicen bueno, y a lo bueno malo; que hacen de la luz tinieblas, y de las tinieblas luz; que ponen lo amargo por dulce, y lo dulce por amargo!».[b]

2. Los falsos profetas se aprovechan de los temores de las personas.

Algunas personas se preocupan por un futuro catastrófico y son susceptibles a las tácticas amedrentadoras de los lobos disfrazados de profetas. A veces los lobos hacen que la gente desconfíe de todos menos de ellos, y gobiernan a partir del miedo y el control. Jesús advierte que «muchos falsos profetas se levantarán, y engañarán a muchos».[c]

3. Los falsos profetas son a menudo aduladores.

Enaltecen a la gente con alabanzas, diciendo solo lo que las personas quieren oír en lugar de lo que Dios quiere decir. Jesús advierte: «¡Ay de vosotros, cuando todos los hombres hablen bien de vosotros! porque así hacían sus padres con los falsos profetas».[d] A medida que el engaño demoníaco aumenta en los últimos días, «vendrá tiempo cuando no sufrirán la sana doctrina, sino que teniendo comezón de oír, se amontonarán maestros

---

a   Ezequiel 13:10
b   Isaías 5:20
c   Mateo 24:11
d   Lucas 6:26

conforme a sus propias concupiscencias, y apartarán de la verdad el oído y se volverán a las fábulas».[a]

4. Los falsos profetas a menudo trabajan con un poder demoníaco que los hace parecer como los ungidos de Dios.

Falsificando el reino de Dios, llevan a las personas por el mal camino con clarividencia, sanidades, revelaciones, visiones y otras demostraciones de un poder sobrenatural inusual. No obstante, todo es demoníaco. «Porque se levantarán falsos Cristos, y falsos profetas, y harán grandes señales y prodigios, de tal manera que engañarán, si fuere posible, aun a los escogidos».[b]

5. Los falsos profetas son lobos que se visten de ovejas hasta que el Buen Pastor, Jesucristo, los expone.

A veces estas personas dicen amar a Jesús, profetizan en la iglesia, echan fuera demonios y ven a la gente que ungen con aceite curada. Sin embargo, no tienen ninguna relación con el Pastor, porque no están entre las ovejas. «No todo el que me dice: Señor, Señor, entrará en el reino de los cielos [...] Muchos me dirán en aquel día: Señor, Señor, ¿no profetizamos en tu nombre, y en tu nombre echamos fuera demonios, y en tu nombre hicimos muchos milagros? Y entonces les declararé: Nunca os conocí; apartaos de mí, hacedores de maldad».[c]

FALSOS ANCIANOS

En la iglesia, Dios nombra a los líderes de la iglesia como pastores que cuidan del rebaño. Así como a los lobos les gusta introducirse en los corrales para poder atacar a los pastores y devorar a las ovejas, así también los lobos de Satanás quieren entrar en el ministerio como líderes de los pastores falsificadores. El modelo, por supuesto, fue establecido por Satanás, que era un líder en el cielo y más tarde, después de ser abatido, entró en Judas, que era un líder en la tierra. Como Judas, los lobos están encubiertos y no a la vista. Ellos no le dejan saber lo que están tramando o planeando hasta que atacan repentinamente.

Una de las secciones más emotivas del Nuevo Testamento reporta el discurso de despedida de Pablo a los ancianos de la iglesia en Éfeso antes de que los dejara en Hechos 20:17-38. Lucas registra en Hechos que Pablo fue enviado a Éfeso y llamó a los ancianos de la iglesia para que vinieran a él.

---

a   2 Timoteo 4:3-4
b   Mateo 24:24
c   Mateo 7:21-23

Una vez que los ancianos se reunieron, Pablo les recuerda su arduo trabajo y su sana doctrina como ejemplos a seguir luego de su partida. Despidiéndose por última vez hasta el cielo, dice: «Ligado yo en espíritu, voy a Jerusalén, sin saber lo que allá me ha de acontecer; salvo que el Espíritu Santo por todas las ciudades me da testimonio, diciendo que me esperan prisiones y tribulaciones [...] sé que ninguno de todos vosotros, entre quienes he pasado predicando el reino de Dios, verá más mi rostro».[a]

Probablemente con lágrimas en los ojos de los reunidos para esta despedida, Pablo entonces les advierte de manera profética a los líderes de la iglesia/ancianos de los lobos en medio de ellos que se levantarán y arrasarán la iglesia una vez que su fuerte liderazgo haya desaparecido: «Yo sé que después de mi partida entrarán en medio de vosotros lobos rapaces, que no perdonarán al rebaño. Y *de vosotros mismos* se levantarán hombres que hablen cosas perversas para arrastrar tras sí a los discípulos. Por tanto, velad, acordándoos que por tres años, de noche y de día, no he cesado de amonestar con lágrimas a cada uno».[b]

¿Se dio usted cuenta de eso? Algunos de los ancianos eran los lobos. Cuando esto sucede, las iglesias se destruyen de adentro hacia afuera, las ovejas son devoradas y los sobrevivientes se dispersan, y muchos cristianos se vuelven amargados contra la iglesia. Este es el plan demoníaco de Satanás para conseguir trabajos de lobos como pastores *en la iglesia*.

Dios experimentó esto en el cielo con Satanás, Jesús lo experimentó con Judas, Pablo lo vivió en Éfeso, y su iglesia también lo sufrirá. Leemos entonces: «Cuando hubo dicho estas cosas, se puso de rodillas, y oró con todos ellos. Entonces hubo gran llanto de todos; y echándose al cuello de Pablo, le besaban, doliéndose en gran manera por la palabra que dijo, de que no verían más su rostro. Y le acompañaron al barco».[c] Sí, incluso los lobos fingieron amar a Pablo el pastor en ese momento y permanecieron encubiertos como Judas hasta que su complot se hizo público.

GENTE MALA

La Biblia contiene muchas advertencias sobre las personas malvadas: «La sabiduría te salvará de la gente mala, de los que hablan con palabras retorcidas. Estos hombres se alejan del camino correcto para andar por sendas tenebrosas. Se complacen en hacer lo malo y disfrutan los caminos retorcidos

---

a   Hechos 20:22-23, 25
b   Hechos 20:29-31, énfasis añadido
c   Hechos 20:36-38

del mal. Sus acciones son torcidas, y sus caminos son errados».[a] Cientos de veces la Biblia habla de la gente mala como «los malvados».

Las personas malas son peligrosas y causan daño intencionalmente. A menudo, han sufrido abusos o traumas que han contribuido a la amargura y los han hecho vulnerables a la influencia demoníaca. Si no sanan del dolor, el mal que se les hace puede residir en ellos y obrar a través de ellos. La gente mala responde a su propio daño lastimando a otros. Son atormentados, y por eso atormentan a otros. Viven por los valores demoníacos del miedo y el castigo, y pueden ser amenazantes, controladores, exigentes y dominantes. Con una persona malvada, se trata de una guerra en la que todos ganan y pierden, y ellos quieren ganar y hacer que todos los demás pierdan. Las personas malas tienen poca o ninguna compasión por nadie más que por sí mismas y a menudo no se preocupan por el dolor y el daño que infligen a los demás. La gente sabia vive por el Espíritu, la gente insensata vive por la carne, y la gente mala vive por el poder de las fuerzas demoníacas.

La gente mala tiene tres tipos de relaciones. Cuando usted se encuentra con una persona malvada, debe elegir qué tipo de relación va a tener.

1. Dos personas malvadas forman una relación peligrosa, como como los lobos forman una manada.

2. Una persona malvada y una persona tonta tienen una relación abusiva, como un lobo con una oveja.

3. Una persona malvada y una persona sabia tienen una relación distante, como un lobo con un pastor.

Los cristianos piensan en el pecado en términos de *qué* hacemos en la vida —hacer algo malo o no hacer algo bueno— pero el pecado también incluye (y a menudo comienza con) con *quién* hacemos la vida. Satanás tiene una larga historia de obrar a través de la gente malvada para intentar construir relaciones con el pueblo de Dios.

Este patrón comienza cuando Satanás aparece sin invitación en el jardín pidiéndoles a nuestros primeros padres que participen en una comida juntos, que es como se forman las amistades. El diablo hizo lo mismo con el Señor Jesús, pidiéndole partir el pan después de cuarenta días de ayuno. Satanás también llevó a Judas a la Última Cena, y Jesús supo cuándo liberar al

---

a Proverbios 2:12-15, NTV

malvado Judas. «Satanás entró en él. Entonces Jesús le dijo: Lo que vas a hacer, hazlo más pronto».[a]

A veces tenemos que liberar a una persona malvada y simplemente mantenernos alejados, sin tener ya una relación con ella.[4] Nadie está más allá de la ayuda *de Dios*, pero algunas personas están más allá de *nuestra* ayuda. Hasta que se vuelvan a Dios buscando su ayuda, y posiblemente se reúnan con un profesional licenciado, no hay mucho que podamos hacer para ayudarlos.

HERIDO EN LA IGLESIA

Cuando entran a una iglesia, los tipos de personas malvadas que hemos estudiado en este capítulo pueden causarle daño a la iglesia. Como hija de un pastor, yo (Grace) desafortunadamente he experimentado y presenciado el daño causado por gente mala muchas veces. Recuerdo una situación durante mis años de escuela primaria cuando una mujer en la iglesia de mi papá dijo una mentira sobre él. No había nada de cierto en lo que comentó, pero convenció a una facción de la congregación para que se fuera, lo que también significó que perdí a mi mejor amigo. Siendo una niña, esto resultó muy confuso y doloroso. No entendía por qué no podíamos ser amigos de repente y por qué su madre mentiría sobre mi padre. La mujer tenía su propio dolor y no quería lidiar con él, así que lastimó a otros a cambio.

Unos veinte años después vino a ver a mi padre y se disculpó por lo que había dicho y hecho. Me alegro de que finalmente se arrepintiera, pero el daño ya estaba causado y el hecho de que tantas familias se vieran afectadas fue muy triste. Mi papá eligió perdonar en el momento en que sucedió originalmente, así que cuando ella al fin se disculpó, él no estaba amargado.

Esta situación me preparó un poco para ser la esposa de un pastor, pero como persona naturalmente confiada, aun así fui sorprendida por la gente mala. Lamentablemente, he aprendido que los lobos *quieren* hacer daño, lo cual es muy diferente a las personas que no tienen la intención de causar daño, pero lo causan. Ellos crean mucha confusión para las ovejas en la iglesia, ya que saben cómo manipular las relaciones y dispersar a la iglesia. He aprendido que cada vez que siento que alguien viene a «robar, matar y destruir», hay un elemento demoníaco involucrado.

Esta es la razón por la cual el daño a la iglesia resulta tan común. He

---

a Juan 13:27

tenido numerosas conversaciones con individuos que temen o se oponen a intentar ir a la iglesia de nuevo, porque están confundidos o han sido heridos por los lobos. Se supone que la iglesia es un lugar seguro para que las personas heridas sanen, pero la gente mala los lastima más. Tristemente, algunos dejan que esto sea un reflejo de quién es Dios en vez de verlo como una batalla espiritual para la cual debemos correr a Jesús en busca de ayuda. Satanás quiere que estemos aislados, que no oigamos la Palabra predicada, y que no vivamos en comunidad con el pueblo de Dios.

Cuando las personas en la iglesia nos lastiman, podemos pedirle a Dios que sane esas heridas y traiga gente sana y sabia a nuestras vidas. Ellos pueden ayudarnos a discernir las falsificaciones de Cristo, las cuales estudiaremos a continuación.

CAPÍTULO 20

GANE SU GUERRA CONTRA LAS FALSIFICACIONES DE CRISTO

*El malvado vendrá, por obra de Satanás, con toda
clase de milagros, señales y prodigios falsos.*

—2 Tesalonicenses 2:9, nvi

E N LOS PRIMEROS días de nuestro ministerio, la ciudad en la que vivíamos fue reportada como un lugar de actividades comunes de superstición y brujería. Vimos a muchos jóvenes venir a Cristo provenientes de trasfondos de brujería, uso profundo de drogas y ocultismo. Ellos compartieron sobre los horribles terrores nocturnos que estaban padeciendo y experiencias sobrenaturales que no podían explicar.

Entre las más vívidas se encontraba una joven madre primeriza. Ella creció literalmente en una tienda de brujería donde se reunían las brujas y se lanzaban hechizos. Había practicado la magia negra desde muy joven, pero se había salvado. Nos dijo que su esposo la había visto mecer a su bebé, y encontró la mecedora flotando a unos metros del suelo mientras ella y el bebé dormían en esta.

Este tipo de cosas eran bastante comunes en nuestras primeras dos décadas de ministerio: numerosas demostraciones de poder espiritual que eran falsificaciones de Cristo. No hemos visto tanta actividad sobrenatural en la segunda iglesia que plantamos, probablemente debido a una concentración mucho mayor de santos maduros que se dedican a orar por la protección de nuestra iglesia.

Dios crea. Satanás falsifica. Esa simple verdad es significativa. Cualquier cosa de valor es falsificada, desde los zapatos Air Jordan hasta los bolsos de mujer o la moneda financiera. Puesto que el reino de Dios es invaluable, no es sorprendente que el diablo y sus demonios falsifiquen las obras de Dios. El objetivo, como el de toda falsificación, es engañar a la gente para que se conforme con lo que es falso en lugar de encontrar lo que es genuino.

Dios crea a los ángeles; las falsificaciones de Satanás son los demonios. Dios crea la verdad; la falsificación de Satanás es la mentira. Dios crea el reino; la falsificación de Satanás es el mundo. Dios hace que las personas sean llenas del Espíritu; la falsificación de Satanás está haciendo que las personas sean poseídas por los demonios. Dios hace pactos; las falsificaciones de Satanás son juramentos internos. Dios crea bendiciones; las falsificaciones de Satanás son maldiciones. Dios trae a Jesús con un Padre espiritual y una madre terrenal; la falsificación de Satanás son los hijos de Dios que buscan concebir con las hijas de los hombres.[a] Dios trae un avivamiento; la falsificación de Satanás es un motín contra el avivamiento. Los ejemplos son casi infinitos.

DEMONIOS EN ÉXODO

Vemos el principio de las falsificaciones espirituales en el libro de Éxodo, donde una batalla entre el Dios real y Satanás está en plena exhibición. Egipto es la manifestación del reino de las tinieblas que falsifica el reino de Dios; Faraón es el falso Jesús, adorado como el hijo de los dioses. Los sacerdotes paganos falsifican a los verdaderos sacerdotes de Dios y realizan milagros falsos para imitar las obras poderosas de Dios. El Éxodo registra cuarenta años de esta batalla entre los piadosos y genuinos y los corruptos y falsificados durante el período sobrenatural más activo de la historia registrado en las Escrituras.

Espiritualmente, los egipcios eran un pueblo tan politeísta, con tantos dioses y sacerdotes rivales, que cualquier intento de dilucidar todos sus falsos dioses y teologías demoníacas es prácticamente imposible. No existía el concepto de un Dios singular supremo. Cada lugar y objeto tenía su deidad, y se pensaba que cada fenómeno de la naturaleza estaba infundido con un espíritu que podía elegir su forma física (por ejemplo, un animal, una mezcla de animales como la Esfinge, o una combinación de animales y personas como Thot y Horus).

Egipto no tenía ninguna división entre lo sagrado y lo secular, lo que condujo a la creación de bellas obras de arte y una arquitectura impresionante con la intención de acercar a las personas a los dioses. Ra, el dios sol, era el más importante y se le reconocía como el dador de la vida.

Los dioses eran alojados en templos con sacerdotes especiales designados para servirles. Cada mañana, cada sacerdote despertaba a su dios con un

---

a Génesis 6:1-6

himno matutino, abría el santuario, limpiaba y vestía a la imagen de culto, y le presentaba ofrendas/desayunos. Al mediodía, el sacerdote realizaba servicios similares. Algunos grupos religiosos hoy en día tienen algo parecido en la forma de pequeños santuarios a sus dioses demonios en sus hogares o negocios.

Por el contrario, el pueblo de Dios que era esclavo en Egipto tenía un solo Dios que no necesitaba servicio, sino que servía a su pueblo. Su Dios no comía comida humana, sino que alimentó a su pueblo con maná del cielo. Su Dios también vivía en un tabernáculo destinado no a alojarlo para el ocio, sino que en cambio invitaba a su pueblo al descanso y el perdón de los pecados. Un verdadero sacerdote dirigía el servicio a este Dios. Este sacerdote trabajaba para el pueblo ante Dios. ¡Como cristianos, este es nuestro Dios, y el único Dios verdadero!

LA BATALLA EN EGIPTO

La trama del Éxodo es nada menos que una continuación cósmica de la batalla en el cielo. Satanás había formado la nación más poderosa de la tierra —el poderoso Faraón, el ejército egipcio, un elenco de hechiceros y un panteón de falsos dioses demoníacos— para oponerse a la revelación de Dios y destruir a sus hijos. Por otro lado, Dios, celoso de su gloria y fiel a sus promesas, interviene con palabras y hechos que destruyen ese mundo y establecen su autoridad y gobierno con fuerza. Él expone las debilidades de las personas y los espíritus más poderosos de la tierra como insignificantes y patéticos a su paso.

Moisés y Aarón representaban a Dios; Faraón y Egipto representaban a Satanás. Un erudito dice:

> [Éxodo] es el único registro en toda la Escritura de un encuentro de poder donde a los siervos de los no-dioses se les permite duplicar las demostraciones de poder de los siervos de Dios por un período de tiempo [...] La historia plantea preguntas muy controversiales acerca del poder de Satanás y sus demonios para realizar milagros creativos [...] Dios permite que el sobrenaturalismo maligno trabaje con los poderes existentes de la naturaleza y los manipule hacia sus propósitos malvados y engañosos. Así pueden causar tormentas, enfermedades y todo tipo de daños, como lo revelan claramente las Escrituras. Al final de los tiempos, el Anticristo evidentemente poseerá mayores poderes milagrosos que los antes presenciados de parte del sobrenaturalismo maligno. Vendrá «por

obra de Satanás, con gran poder y señales y prodigios mentirosos, y con todo engaño de iniquidad» (2 Tesalonicenses 2:9-10).[1]

Los Diez Mandamientos en Éxodo comienzan así: «No tengas otros dioses además de mí [...] No te inclines delante de ellos ni los adores. Yo, el SEÑOR tu Dios, soy un Dios celoso».[a] Los dioses son poderosos, pero son seres espirituales creados y finitos que se han rebelado contra el Señor y se han vuelto corruptos, tratando de establecer su propia base de poder en las religiones y naciones. En una palabra, son demonios. Muchos teólogos creen que las diez plagas que Dios envió a la nación fueron derrotas públicas de dioses demonios específicos adorados por los egipcios.[2]

Dios tiene muy claro que el conflicto en el libro de Éxodo es entre el Dios real y los dioses falsos de los demonios. Él dice: «Yo pasaré aquella noche por la tierra de Egipto, y heriré a todo primogénito en la tierra de Egipto, así de los hombres como de las bestias; y ejecutaré mis juicios en todos los dioses de Egipto. Yo Jehová».[b] La palabra para *dioses* es una palabra general que «puede referirse a dioses o ídolos extranjeros (Génesis 31:17-35; Éxodo 20:3), ángeles (Salmos 8:5) y espíritus (1 Samuel 28:13, NVI)».[3] En el contenido de Éxodo los dioses son «deidades demoníacas diferentes al verdadero Dios, las cuales son falsamente adoradas».[4]

La religión, la política y la moralidad formaron un sistema mundial unificado en la cultura egipcia. El verdadero Dios vio a Egipto como un sistema demoníaco destinado a reemplazar al verdadero Dios y su reino y a hacerle daño a su pueblo. El suegro de Moisés, Jetro, dijo después de la victoria de Dios sobre los dioses demonios: «Ahora conozco que Jehová es más grande que todos los dioses».[c] Moisés añadió que Dios «dictó sentencia contra los dioses egipcios».[d]

El escenario para el enfrentamiento entre Dios y los dioses demoníacos fue creado cuando Faraón preguntó: «¿Quién es Jehová, para que yo oiga su voz y deje ir a Israel? Yo no conozco a Jehová, ni tampoco dejaré ir a Israel».[e] Los demonios habían hecho a Egipto «libre», la nación más poderosa del mundo, un imperio de vastas riquezas y el poder militar más fuerte de la tierra. En comparación, parecía que el Dios de los hebreos no era nadie; su pueblo estaba conformado por esclavos pobres, y no poseían nación ni

---

a Éxodo 20:3-5, NVI
b Éxodo 12:12
c Éxodo 18:10-12
d Números 33:4, NVI
e Éxodo 5:2

ejército. Por lo tanto, no tenía sentido que un dios «grande» como Faraón obedeciera a un Dios «menor» como Yahvé. ¡Sin embargo, Dios dejó claro que Él es el único Dios real!

LOS DEMONIOS AMAN LA RELIGIÓN Y LA ESPIRITUALIDAD

Los espíritus demoníacos poderosos conducen a las multitudes a seguirlos al infierno para siempre a través de la religión y la espiritualidad falsas. En nuestra cultura moderna y pluralista parece poco amable decir que las creencias religiosas o los comportamientos espirituales de alguien son erróneos y peligrosos. El estado de ánimo general de la mayoría de las personas tiende a ser «cualquier cosa que funcione para usted», sin ninguna consideración por lo que funciona para Dios. Debido a que el Dios de la Biblia ama a las personas y sabe que su eternidad está en juego, tiene mucho que decir sobre el engaño demoníaco que se produce a través de las falsificaciones de Cristo, ya que «Satanás se disfraza como ángel de luz».[a]

A través de la historia se han realizado sacrificios religiosos para falsificar el sacrificio único del Señor Jesús por los pecados de todos. A veces estos sacrificios demoníacos son cosas como dinero, comida u otros regalos que se dejan en los santuarios de los hogares para traer una bendición, o en un campo para invitar a una gran cosecha, o cerca de las herramientas de un trabajador para invitar a una bendición en el negocio. En el mundo occidental estos incluyen los amuletos de la buena suerte y la superstición, que es practicada por todos, desde los atletas hasta los agnósticos. También conocemos a personas salvadas de cultos que han sacrificado animales a veces. La Biblia habla de sacrificios no decretados por Dios o dedicados a Dios en la más lamentable de las advertencias: «Y nunca más sacrificarán sus sacrificios a los demonios, tras de los cuales han fornicado; tendrán esto por estatuto perpetuo por sus edades».[b]

Desde el Antiguo Testamento hasta el día de hoy, algunas religiones falsas practican el sexo ilícito y el sacrificio de niños como parte de sus rituales, según las personas que reportaron haber estado presentes en estos actos antes de ser salvadas del ocultismo. «Sacrificaron sus hijos y sus hijas a los demonios, y derramaron la sangre inocente, la sangre de sus hijos y de sus hijas, que ofrecieron en sacrificio a los ídolos».[c]

La antigua diosa demonio Astarot (también llamada Ishtar) era la

a   2 Corintios 11:14
b   Levítico 17:7
c   Salmos 106:37-38

deidad femenina de la fertilidad y estaba estrechamente relacionado con la sensualidad y la sexualidad. El antiguo dios demonio Baal era su deidad masculina homóloga. En los antiguos templos paganos adoraban a este dios y a esta diosa con perversiones sexuales de todo tipo y clase, incluyendo prostitutas religiosas.

El rey Salomón trajo esta perversión a la nación de Israel.[a] Esto incluía adorar al dios Moloc, para quien Salomón construyó un templo en un lugar alto, lo cual era una abominación, y «la adoración de este dios era particularmente odiosa, ya que requería sacrificios humanos».[5]

Hoy en día seguimos cometiendo abominaciones mientras adoramos a los mismos demonios del sexo. Desde los sitios pornográficos hasta los clubes de estriptis, desde el tráfico sexual y el asalto sexual hasta los «amigos con beneficios», los mismos viejos demonios tienen nuevos nombres como amor y libertad. Nuestra cultura moderna también imita la antigua práctica del sacrificio de niños, que consistía en quemarlos en el Antiguo Testamento, pero que ahora se hace químicamente bajo la apariencia de desechos médicos.[b] Matamos a nuestros hijos en nombre de la *elección* y el *aborto*, nombres nuevos para los demonios viejos.

Los demonios también realizan milagros falsos, como se muestra en todo el Éxodo. Están muy dispuestos a sanar el cuerpo de alguien en esta vida a cambio de la destrucción de su cuerpo y alma en el más allá. Lucas, un médico, registra que un poderoso líder espiritual llamado Simón se hizo famoso haciendo grandes hazañas y buscó comprar el Espíritu Santo para que él también pudiera tener el poder de Dios.[c] Lucas añade: «Aconteció que mientras íbamos a la oración, nos salió al encuentro una muchacha que tenía espíritu de adivinación, la cual daba gran ganancia a sus amos, adivinando».[d] Esta pobre muchacha era una esclava física de su amo y una esclava espiritual de su demonio. El amo había hecho grandes riquezas a través del demonio que hablaba por medio de ella, prediciendo algún evento futuro que el demonio llevaría a cabo con su poder.

En varias religiones y grupos espirituales los demonios realizan sueños, curan enfermedades, quitan tormentos y responden a oraciones. A veces la gente está tan desesperada que no le importa mucho quién o de dónde viene su respuesta. Esto deja a las personas vulnerables para hacer tratos con el diablo, en gran medida inconscientes de ello. Desafortunadamente,

---

a   1 Reyes 11:33; 18:19
b   Salmos 96:5; 106:37-38; Jeremías 7:31; 19:5; 32:35; Miqueas 6:7
c   Hechos 8:9-23
d   Hechos 16:16

todas estas son falsificaciones del reino de las tinieblas para invitar a lo demoníaco a su vida y «señales y prodigios mentirosos, y [...] engaño de iniquidad».[a] La Biblia nos advierte de un tremendo engaño demoníaco al final de la historia cuando Satanás y los demonios hacen su último esfuerzo para derrotar a Dios y sus ángeles en la tierra a fin de vengar la guerra que perdieron en el cielo. «Y la bestia fue apresada, y con ella el falso profeta que había hecho delante de ella las señales con las cuales había engañado a los que recibieron la marca de la bestia, y habían adorado su imagen».[b]

Cada vez que algo espiritual sucede, aunque parezca bueno (como una sanidad, un milagro, un ángel o una respuesta a una oración), no podemos pasar por alto la posibilidad de un engaño demoníaco. «Amados, no creáis a todo espíritu, sino probad los espíritus si son de Dios [...] En esto conoced el Espíritu de Dios: Todo espíritu que confiesa que Jesucristo ha venido en carne, es de Dios; y todo espíritu que no confiesa que Jesucristo ha venido en carne, no es de Dios; y este es el espíritu del anticristo [...] que ahora ya está en el mundo». Tratar con lo demoníaco requiere discernimiento.

¿QUÉ ESTÁN HACIENDO ESTOS DIOSES HOY EN DÍA?

Los dioses falsos de nuestros días están haciendo lo mismo que siempre han hecho, desde promover religiones falsas hasta apoyar a líderes políticos malvados, animando tendencias sociales pecaminosas y empoderando formas de entretenimiento impío. Todas las culturas adoran a dioses demoníacos falsificados. La adoración demoníaca incluye la espiritualidad general, cultos y religiones.

La espiritualidad general es una categoría amplia para toda una serie de espiritualidades menos formalizadas. Los ejemplos incluyen Wicca, Nueva Era o Nueva Espiritualidad, el ambientalismo radical que considera al mundo y los animales como sagrados, algunas formas profundamente espirituales de artes marciales, sociedades secretas como los masones, el chamanismo nativo americano, la creencia en todo, desde las auras hasta los médiums y los horóscopos, y la fascinación por todo, desde los cristales hasta los ángeles. Toda la ciudad de Sedona, Arizona, cerca de nosotros, recibe a personas que vienen en peregrinación de todo el mundo para estar en presencia de rocas rojas y experimentar lo que ellos reportan como la poderosa energía de la topografía y los vórtices.

---

a   2 Tesalonicenses 2:9-10
b   Apocalipsis 19:20

Los cultos son estructuras demoníacas que afirman haber venido de dentro del cristianismo y ser la nueva y verdadera expresión de la fe cristiana.

- La ciencia cristiana dice que Jesús es un hombre sabio que nos enseña a vencer la enfermedad y la muerte.

- Los testigos de Jehová afirman que Jesús es el primer ser creado y un arcángel.

- Los unitarios piensan que Jesús es simplemente un gran hombre y un maestro moral del amor.

- Los mormones dicen que Jesús es un hombre que se convirtió en un dios y establece un ejemplo para que otros hombres hagan lo mismo.

Las religiones del mundo no pretenden ser cristianas, pero son estructuras de poder demoníacas más formalizadas y reconocidas por el gobierno que forman parte del sistema mundial. Cualquiera que haya viajado a naciones donde otra religión domina la vida pública y privada rápidamente es consciente de que algo muy espiritual está sucediendo en todos los ámbitos de la sociedad y la cultura. Por ejemplo, un conocido espíritu demoníaco adorado en el antiguo Egipto se llamaba Isis y puede ser la fuerza que trabaja detrás del grupo terrorista que opera bajo esa bandera en la misma región del mundo hasta el día de hoy. La Biblia es clara en que los demonios trabajan en la política y a través de las naciones, porque no ven una distinción entre lo sagrado y lo secular o entre la iglesia y el estado.[a] Ninguna institución que trabaja en la tierra es espiritualmente neutral, y todo es parte de una historia más grande.

Los musulmanes adoran a un dios llamado Alá. Alá era un demonio adorado como una deidad tribal en el mundo antiguo.[6] *Islam* significa someterse o rendirse a la voluntad de Alá, lo cual es una definición sumaria de la religión. Todo lo que los musulmanes deben hacer por obligación se llama *sharia*. Falsificando a la Biblia cristiana, creen que el Corán es el único sin error y perfecto. También creen que su profeta Mahoma es mayor que Moisés y Jesucristo, sobre el cual afirman que no es un Dios o el Hijo de Dios, sino un profeta menor.

Una cosa que los mormones y los musulmanes tienen en común es que creen que su fundador recibió revelación divina para su religión a través de un ángel. Los musulmanes creen que el ángel Gabriel reveló el Corán. Los

---

a   1 Reyes 22:1-40, 21-22; 1 Crónicas 21:1; Deuteronomio 32:8-9; Daniel 10:13-14, 20-21; Juan 14:30

mormones creen que un ángel llamado Moroni visitó a Joseph Smith y le dio el conocimiento para el Libro del Mormón. Una de las religiones más grandes y uno de los cultos más grandes tienen demonios disfrazados de ángeles en sus cimientos, lo cual es «un evangelio diferente [...] Mas si aun nosotros, o un ángel del cielo, os anunciare otro evangelio diferente del que os hemos anunciado, sea anatema».[a]

SINCRETISMO

Debido a que las personas son arrogantes y piensan que somos más evolucionados, iluminados y empoderados que la gente «primitiva» que vino antes que nosotros, somos propensos a nuevas espiritualidades y creencias. A los demonios no les importa crear nuevas versiones de antiguas falsificaciones, las cuales Dios reprende, diciendo: «Sacrificaron a los demonios, y no a Dios; a dioses que no habían conocido, a nuevos dioses venidos de cerca, que no habían temido vuestros padres».[b] A veces las últimas tendencias espirituales y religiosas, desde los libros más vendidos hasta los seminarios de autoayuda espiritual, son satánicas.

Tristemente, es muy común que los creyentes traten de tener un pie proverbial en ambos mundos. Les gusta tratar de mantener partes de su fe cristiana y casarse con prácticas no cristianas. «Cuando entres en la tierra que te da el SEÑOR tu Dios, no imites las costumbres abominables de esas naciones. Nadie entre los tuyos deberá [...] practicar adivinación, brujería o hechicería; ni hacer conjuros, servir de médium espiritista o consultar a los muertos. Cualquiera que practique estas costumbres se hará abominable al SEÑOR».[c]

Los académicos llaman *sincretismo* a la mezcla de creencias. Dios lo llama adulterio. La Biblia dice que Dios es como un novio, y que su pueblo es como una novia. Por lo tanto, perseguir apasionadamente a otro dios mientras mantiene un pacto con el Dios real es adulterio espiritual.[d]

El sincretismo es lo que tiene lugar cuando se combina la verdadera y la falsa espiritualidad. Como la gravedad, todo en el mundo busca atraer al pueblo de Dios hacia el compromiso y la confusión. Esto se hará más intenso a medida que la historia avance hacia la segunda venida de Jesús.[e] En una época de vergüenza pública de los cristianos en los medios de

---

a Gálatas 1:6-8
b Deuteronomio 32:17
c Deuteronomio 18:9-12, NVI
d Levítico 19:26, 31; 20:6
e 2 Tesalonicenses 2:9-10

comunicación y las redes sociales, el poder de la aprobación pública es cada vez más intenso, especialmente en áreas como la tolerancia, el género y la sexualidad. La atracción del engaño demoníaco del sincretismo está muy avanzada, especialmente entre los cristianos más jóvenes.

Cuando los misioneros difunden el evangelio de Jesucristo, tienen dos tareas principales. Uno, *contextualizan* el evangelio para la cultura local de modo que las personas lo entiendan en su idioma.[a] Dos, *contienden* contra las creencias falsas en la cultura local para que se predique un evangelio verdadero en lugar de una versión corrupta.[b] El sincretismo ocurre cuando contextualizamos pero no contendemos. El racismo y el imperialismo cultural tienen lugar cuando contendemos pero no contextualizamos. En cada cultura, los cristianos tienen tres reacciones:

1. **Recibir.** Debido a que las personas están hechas a la imagen de Dios, algunos aspectos de la cultura que crean pueden ser recibidos por el cristianismo. Por ejemplo, algunas culturas le dan un alto valor a la familia, lo cual puede ser recibido por el cristianismo bíblico como un valor compartido.

2. **Rechazar.** Debemos rechazar algunas cosas, ya que están en contra de Dios. Los ejemplos incluyen la embriaguez, el robo y todo tipo de relaciones sexuales fuera del matrimonio heterosexual, incluso si una cultura aprueba ampliamente estas cosas.

3. **Redimir.** Podemos usar algunas cosas para Dios o Satanás, y por lo tanto los cristianos pueden redimirlas para los propósitos de Dios. Un ejemplo es la Navidad, la cual era un día festivo pagano que los primeros cristianos escogieron celebrar como el nacimiento de Jesús, porque no sabemos cuándo nació y ya teníamos el día libre.

El sincretismo es lo que sucede cuando recibimos o buscamos redimir cosas que debemos rechazar. Como un ejemplo en la Biblia, los hijos de los líderes religiosos estaban promoviendo el sincretismo cuando «Jeroboam y sus hijos los excluyeron del ministerio de Jehová. Y él designó sus propios sacerdotes para los lugares altos, y para los demonios, y para los becerros que él había hecho».[c]

---

a 1 Corintios 9:20-23
b Judas 3
c 2 Crónicas 11:14-15

El catolicismo es notorio por el sincretismo, ya que mezclaba algunos íconos, imágenes y conceptos cristianos con las creencias paganas locales dondequiera que se difundiera. Algunos cristianos occidentales más jóvenes hacen esto en nombre del amor, la tolerancia y la reconciliación. La Biblia dice claramente que no debemos amar el pecado, tolerar el pecado, o reconciliar la luz y las tinieblas. Hay cosas, especialmente espirituales y sexuales, que debemos rechazar y no recibir o tratar de redimir.

RACISMO E IMPERIALISMO CULTURAL

Es cierto que los misioneros cristianos, en ocasiones, han forzado sobre una cultura algunas cosas que no son necesarias para una expresión genuina de la fe cristiana. A veces los misioneros no solo llevan el mensaje de Cristo, sino también el bagaje de su cultura. Las lealtades denominacionales, los estilos de adoración estrictos, los modos de vestir y otras preferencias culturales no son necesarios para caminar fielmente con Jesús, y no debemos imponerlos en cada cultura.

Sin embargo, a veces partes de una cultura son oscuras para poder rechazarlas. Tendemos a no ver estas áreas donde las preferencias culturales, el entretenimiento, la política, las estructuras sociales y cosas similares son oscuros hasta que visitamos otra cultura. Los cristianos que realizan viajes misioneros comúnmente ven la obra demoníaca en la cultura que están visitando porque tienen ojos frescos. Luego regresan a su propia cultura más conscientes de las estructuras demoníacas mundanas de su propia nación.

Ninguna cultura en la tierra es una revelación plena del reino de Dios. Cada cultura tiene elementos mundanos que van en contra de Dios y dañan a las personas. No obstante, algunos creen que la cultura de una persona es tan sagrada que tratar de cambiarla es una forma de racismo e imperialismo cultural. Esta es una forma académica de mantener a las personas en la esclavitud demoníaca.

Habiendo pasado toda nuestra carrera ministerial en áreas con muchos nativos estadounidenses, podemos ofrecer un ejemplo que podría ayudar. Hay una gran divergencia de creencias entre los nativos estadounidenses, pero como regla general la espiritualidad nativa enseña que hay un Creador. En algunas tradiciones se le llama el Gran Espíritu o el Padre.

Bajo el Gran Espíritu está la Madre Tierra. Este pensamiento es ahora llevado adelante por el ambientalismo radical basado en el panteísmo y el panenteísmo, con calcomanías en el parachoques de los autos que tienen una imagen de la tierra y las palabras «Respeta a tu Madre» o «Ama a tu Madre».

Debajo del Gran Espíritu y la Madre Tierra hay un mediador humano: el curandero, el chamán o el hechicero. Él entiende el secreto: la tierra y todo lo que contiene es sagrado y divino. Lo que vemos en el mundo físico está realmente ocultando una realidad mayor del mundo espiritual detrás de él. Esto se tipifica en el tótem, donde cada animal es representativo de un ser espiritual poderoso, ordenado desde el menos poderoso en la parte inferior del tótem hasta el más poderoso en la parte superior.

Se dice que el chamán puede ver a través de los objetos físicos hasta su conexión espiritual. Él ve qué espíritu yace detrás de las montañas, el viento, el agua, las bestias del campo, las aves del aire y los peces del mar. El trabajo del curandero es explicar el mundo de los espíritus y apaciguar a los espíritus o demonios. Apaciguar a los espíritus demoníacos incluye invitarlos a una reunión tocando tambores, realizando danzas sagradas y entrando en estados espirituales alterados de conciencia a través de la pipa, la hierba dulce, el tabaco o la salvia.

Para lidiar con el pecado, sufren en la cámara de sudación, privados de alimento. Sus cuerpos padecen estragos, y soportan el dolor físico y el sufrimiento. Algunos dicen que la cámara de sudación es el vientre de la Madre Tierra, por lo que están regresando al útero para renacer o nacer de nuevo.

Algunas tradiciones tribales incluyen danzas como la Danza del Sol, donde una persona es atada a un poste y perforada a través del pecho en una falsificación demoníaca de la crucifixión de Jesús. Esta danza fue prohibida, pero está regresando sin algo de la perforación. Vimos el baile ejecutado en la dedicación de un nuevo edificio en nuestra universidad estatal para los estudios de los nativos estadounidenses.

En la tradición Pueblo había algo llamado una *kiva*. Era típicamente un lugar de reunión subterráneo donde las personas se congregaban a fin de celebrar reuniones espirituales sagradas para ver demonios y experimentar el poder espiritual. Como la cámara de sudación, representaba el vientre de la Madre Tierra. En la base de la *kiva* había un agujero cubierto, y la gente bailaba sobre él fuerte y violentamente, buscando despertar a los espíritus muertos. Luego la cubierta sería removida, invitando a los espíritus despiertos a vagar entre los vivos.

Trágicamente, cuando muchos europeos llegaron a Estados Unidos, engañaron y robaron a los pueblos nativos, alejando así a la gente del Jesús que a menudo decían adorar. Hoy en día, muchos campus universitarios critican duramente al cristianismo y enfatizan el daño causado a los pueblos y culturas nativas en el nombre de Cristo. Algunas de estas preocupaciones son válidas, pero los nativos que están atrapados en la espiritualidad demoníaca todavía necesitan experimentar el perdón y la libertad que solo Jesucristo ofrece.

Muchos estadounidenses y otros en occidente hoy en día piensan y actúan como espiritualidades nativas y son simplemente paganos. En un estudio del Foro Pew sobre Religión y Vida Pública reportado en lugares como *USA Today*, los resultados para todos los estadounidenses fueron los siguientes:

- El 92% cree en un dios.
- El 70% cree que muchas religiones conducen a la vida eterna y que las personas no necesitan a Jesús.
- El 67% dice que ha tenido una experiencia espiritual viendo a un ser espiritual.
- El 55% cree que tiene un ángel de la guarda.
- El 52% cree en los sueños proféticos donde el reino de los espíritus proporciona revelación.[7]

Resulta sorprendente que muchos que afirman ser cristianos creen exactamente en lo que hacen los pueblos paganos antiguos y nativos:

- El 20% cree que hay energía espiritual en las montañas, arroyos y animales.
- El 16% cree en el «mal de ojo», es decir, en la capacidad de mirar a alguien y hechizarlo con un conjuro dañino.
- El 28% de los católicos creen en la reencarnación.[8]

¿Por qué importa todo esto? Tal vez una historia sea el mejor ejemplo. Hay un hermoso lago en las montañas donde nos gusta pasar las vacaciones de verano en familia. Algunos de nuestros recuerdos más gratos incluyen alquilar un barco y llevar a los niños en cámaras de aire. Sin embargo, algo amenaza continuamente al lago. Hace varios años alguien trajo un bote que tenía un alga extraña de otro cuerpo de agua en el casco y lo adentró en el lago sin limpiarlo primero. Desde entonces, esas algas se han apoderado de todo el lago, obstruyendo la vida de los peces y costando enormes sumas de dinero a fin de luchar por la vida del lago. Un contaminante extraño que comenzó muy pequeño sigue creciendo y trae consigo la muerte.

El evangelio de Jesucristo es prístino, puro y limpio. El evangelio de Jesucristo fue creado por Dios. Satanás falsifica este evangelio con evangelios falsos inmundos, impuros y mortales que tratan de hacer con el evangelio lo que las algas están haciendo con el lago. Esto explica por qué Satanás siempre está tratando de contaminar lo que Dios creó limpio con su falsificación corrompida. Afortunadamente, el reino de Dios algún día vendrá y les pondrá fin a todas las falsificaciones. Este es el último tema, que estudiaremos en el próximo capítulo.

CAPÍTULO 21

EN LA TIERRA COMO EN EL CIELO

Venga tu reino. Hágase tu voluntad, como en el cielo, así también en la tierra.
—MATEO 6:10

L A BIBLIA TERMINA con la guerra final de Jesús, que acaba con todas las guerras espirituales. Esta es la razón por la que decidimos finalizar este libro explicando Apocalipsis.

Apocalipsis es probablemente el libro más cautivador y controvertido de la Biblia. Algunos cristianos lo ven como algo histórico, registrando lo que sucedió en los días de la iglesia primitiva. Algunos cristianos lo ven como profético, prediciendo los eventos que suceden en la tierra hoy en día. Algunos cristianos lo ven como futurista, revelando lo que el futuro nos deparará. Sin entrar en todas las complejidades, todas estas opiniones son correctas. Hasta cierto punto, Apocalipsis trata de todo eso y mucho más.

A lo largo de este libro hemos explorado dos dominios: el dominio de lo físico en la tierra, que vemos por vista, y el dominio espiritual en el reino, que vemos por la fe. Estos dos dominios están conectados y continuamente trabajando juntos tanto para el bien como para el mal. Dios ve ambos, y en ocasiones nos muestra el pasado, presente y futuro de las dos esferas a través de sus ojos. Este es el punto y el propósito de libros proféticos como Daniel y Ezequiel en el Antiguo Testamento y de Apocalipsis en el Nuevo Testamento: ofrecer la perspectiva de Dios.

El libro de Apocalipsis trata principalmente de una sola cosa: el reino de Dios, con todos y todo bajo el dominio de Dios como Rey. El texto cambia entre las escenas terrenales y las celestiales, entre lo visible y lo no visible, mostrándonos lo que está sucediendo simultáneamente en la tierra y en el reino. Esto es crucial, porque aunque hay dos reinos, solo hay una realidad gobernada por un solo Dios.

Algunas escenas son del reino natural, mostrando lo que está sucediendo en la tierra en las naciones e iglesias mientras las fuerzas demoníacas y angélicas colisionan en todo, desde los conflictos dentro de las iglesias hasta las guerras entre las naciones.[a] Algunas escenas son del reino sobrenatural, mostrando la adoración y lo que está sucediendo en la presencia de Dios.[b] Apocalipsis alterna entre los dos reinos para revelar una sola realidad.

Sobre todo en el libro —iglesias, naciones, ángeles, demonios y santos (vivos y difuntos)— se encuentra el trono. El trono de Dios se revela como el centro espiritual de la creación y la historia, el lugar donde todas las guerras comenzaron cuando Satanás intentó desbancar a Dios y colocarse a sí mismo en el trono.

A lo largo de la Biblia se menciona un trono aproximadamente doscientas veces, de las cuales dos tercios están en el Antiguo Testamento y alrededor de un tercio en el Nuevo Testamento. La mayoría de las menciones se refieren al trono de Dios, mientras que otras se refieren a los tronos de los gobernantes humanos y Satanás. De las aproximadamente sesenta y una apariciones del trono de Dios en el Nuevo Testamento, cuarenta y cinco de ellas están en Apocalipsis. En este gran libro sobre la guerra de Jesús para terminar todas las guerras el trono de Dios aparece en diecisiete de los veintidós capítulos, ya que toda la historia de la humanidad es una guerra relacionada con quién se sienta en ese trono. Alrededor del trono se encuentra el concilio divino de Dios compuesto de sus dos familias —seres humanos y seres espirituales— que trabajan juntas como una sola familia divina.

En esos días en que la gente se acuclillaba, se reclinaba y se sentaba en el suelo, los tronos estaban reservados para los reyes que gobernaban los reinos, los sacerdotes que mediaban entre el pueblo y Dios, los jueces que tomaban decisiones con respecto al pecado, y los guerreros que se sentaban a descansar después de conquistar a un enemigo y liberar a un pueblo. En Apocalipsis, Jesús se sienta en el trono a la derecha del Padre como nuestro rey, sacerdote, juez y guerrero cuyo gobierno soberano se extiende sobre toda su creación. Ver a Jesús en su trono revela su autoridad, poder, majestad y esplendor.

Su salón del trono es el centro de la historia y la creación, revelando el lugar que Él debe ocupar como centro de nuestras vidas. Mientras Dios se revela desde el salón de su trono a través de Apocalipsis, toda la creación, incluyendo ángeles, animales y personas, responde a Él en formas que le traen gloria, lo cual constituye la adoración. Cuando Jesús se revela en la

---

a Apocalipsis 2-3; 6; 10; 12-13; 16-19
b Apocalipsis 1; 4-5; 7; 11; 14-15; 19; 21-22

gloria resucitada, Él es la fuente de inspiración para los procesos creativos y la composición de canciones que lo rodean. Todos los artistas (incluyendo los artistas visuales y musicales) deben tomar nota de las grandes canciones e imágenes de Apocalipsis. Dios en gloria es la mayor fuente de inspiración creativa.

El libro comienza con Juan diciéndonos: «Yo estaba en el Espíritu en el día del Señor».ᵃ Era domingo, el día de la resurrección de Jesús. Juan era un hombre viejo, el único de los doce discípulos que quedaba vivo. Él era la más alta autoridad espiritual humana viva en la tierra, exiliado en una isla rocosa y remota llamada Patmos, y ya no era capaz de estar en el púlpito como pastor. Hemos visitado Patmos como familia, y es un lugar desolado y estéril. Sin embargo, aquí es donde Jesús descendió en gloria del cielo para visitar a su viejo amigo Juan y darles un mensaje a las iglesias sobre el reino.

UNA IGLESIA EN DOS REINOS

La iglesia del nuevo pacto de Jesucristo comenzó con el derramamiento del Espíritu de Dios en el día de Pentecostés. Lo que sucedió ese día «vino del cielo» mientras el reino invisible inundaba e invadía el mundo, incluyó «un estruendo como de un viento recio» (el Espíritu de Dios) cuando «se les aparecieron lenguas repartidas, como de fuego, asentándose sobre cada uno de ellos. Y fueron todos llenos del Espíritu Santo».ᵇ

La intención de Dios era que sus dos familias —humana y divina— vivieran y trabajaran juntas como una sola familia unida. El pecado causó que la humanidad se rebelara contra Dios y se pusiera del lado de Satanás y los demonios, separándonos de Dios y los ángeles. Todo cambió con Jesús derrotando el reino demoníaco en la cruz y reclamándonos como su pueblo. En Pentecostés, los dos reinos y las familias se reunieron de nuevo, ya que el concilio divino estaba presente en Pentecostés.

> El viento y el fuego en Hechos 2 significaban para los lectores informados por medio de las escenas del concilio divino que los seguidores reunidos de Jesús estaban siendo comisionados a través del encuentro divino. Ellos fueron elegidos para predicar las buenas nuevas de la obra de Jesús. El fuego los conecta con el salón del trono. Las lenguas son emblemáticas del ministerio hablado.[1]

---

a Apocalipsis 1:10
b Hechos 2:1-4

La iglesia en un dominio es creada por el reino en el otro dominio. Esta sirve como puesto de avanzada para el reino, existe para dar testimonio del reino, y es el comienzo de la revelación del reino de Dios a través de toda la creación. Comenzando en Pentecostés, Dios quiso que ambas familias trabajaran juntas a través de la iglesia hasta que estuvieran juntas para siempre como una familia unida por la eternidad.

LAS SIETE IGLESIAS EN APOCALIPSIS

Apocalipsis 2-3 identifica siete tipos de iglesias en la tierra. En algunas ocasiones nuestra familia ha visitado estos sitios arqueológicos en y alrededor de la actual Turquía con profesores que nos han ayudado a entender mejor su fascinante historia.

1. Éfeso

La iglesia fundamentalista está tipificada por Éfeso.[a] Jesús caminó espiritualmente entre esta iglesia, y el pueblo fue animado a servir fielmente, soportar las dificultades, tener una sana doctrina y rechazar las falsas enseñanzas. Por el contrario, Jesús les dijo que si no se arrepentían de su cristianismo sin amor y sin relaciones, Él cerraría su iglesia.

2. Esmirna

La iglesia perseguida es tipificada por Esmirna.[b] Esta ciudad era el centro del culto al emperador. Los cristianos que se negaron a hacerlo fueron marginados o incluso martirizados. Jesús no tuvo ningún reproche para esta iglesia y les dijo que aunque eran financieramente pobres, eran espiritualmente ricos y serían recompensados con generosidad en el reino.

3. Pérgamo

La iglesia herética está tipificada por Pérgamo.[c] Jesús los animó diciéndoles que no habían abandonado por completo su fe a pesar de sufrir tanto física como espiritualmente. En su ciudad, Satanás buscó establecer la sede de su reino falso demoníaco y el lugar «donde mora Satanás» (Apocalipsis 2:13). Sin embargo, fueron reprendidos por permitir la entrada en su iglesia de lobos que enseñaban falsamente y fomentaban el pecado sexual y el sincretismo (viviendo con la cultura en alto en lugar de con el reino hacia abajo).

---

a Apocalipsis 2:1-17
b Apocalipsis 2:8-11
c Apocalipsis 2:12-17

4. Tiatira

La iglesia liberal está tipificada por Tiatira.[a] Esta iglesia fue animada por su trabajo de justicia social ayudando a los necesitados, siendo amable y relacional, y teniendo un ministerio creciente. Por otro lado, fue reprendida por tolerar también el pecado (especialmente el pecado sexual) y la falsa enseñanza demoníaca de un falso profeta y una falsa profetisa, lo cual trajo sufrimiento a la iglesia.

5. Sardis

La iglesia muerta está tipificada por Sardis.[b] Jesús no tenía nada bueno que decir acerca de esta iglesia, ya que era impía, estaba muerta y ya no experimentaba la vida del Espíritu. Jesús dijo que las personas parecían vivas por fuera, pero estaban espiritualmente muertas y debían arrepentirse rápidamente o experimentar la muerte de su iglesia y ser sentenciados al infierno por toda la eternidad.

6. Filadelfia

La iglesia fiel está tipificada por Filadelfia,[c] una ciudad rica conocida por su vino y su deidad principal Dionisio, el dios demonio del vino y el libertinaje. A pesar de la enorme presión cultural y espiritual, la iglesia no cedió a la seducción demoníaca del pecado. Jesús solo tenía buenas cosas que decirle a esta iglesia, ya que la gente había soportado penurias y había sido calumniada públicamente, pero seguía siendo piadosa y paciente.

7. Laodicea

La iglesia tibia está tipificada por Laodicea.[d] Era una ciudad arrogante y próspera construida en un lugar alto. Ellos literal y figuradamente despreciaban a todos los demás. Jesús no tenía nada bueno que decir sobre esta iglesia, que era poco más que un lugar cómodo para que la gente rica se reuniera. Jesús señaló que sus puertas estaban básicamente cerradas y que ni siquiera Él había sido bienvenido en su club de campo ateo.

¿A qué tipo de iglesia asiste usted? ¿Qué clase de cristiano es?

Ayer y hoy hay una iglesia con miembros en los reinos de lo visible y lo no visible. Hoy estamos sentados espiritualmente con Jesús en el reino junto con los miembros difuntos de la familia de Dios.[e] Jesús todavía está

---

a Apocalipsis 2:18-29
b Apocalipsis 3:1-6
c Apocalipsis 3:7-13
d Apocalipsis 3:14-22
e Efesios 2:6

caminando en medio de nosotros entre nuestras iglesias locales, viendo y conociendo todo lo que sucede.[a] Hoy, cuando la iglesia en la tierra se reúne para adorar en la presencia de Dios, los dos reinos se juntan mientras nuestra adoración y oraciones se unen con las de los ángeles y santos difuntos que mantienen constantemente a la iglesia en la presencia de Dios. En la adoración dos reinos se unen en la presencia de Dios en una realidad.

ADORACIÓN

Apocalipsis 4 cambia de la tierra al reino invisible. Juan es llevado a través de una puerta al cielo, donde ve a Jesús sentado en un trono en el concilio divino, reunido con las dos familias de Dios juntas como una sola. Juan lucha con las limitaciones del lenguaje humano para expresar todo lo que experimentó. Por esta razón, a lo largo de todo su informe utiliza palabras como «semejante» repetidamente.

Alrededor de Jesús, sentado en tronos más pequeños en el concilio divino, hay veinticuatro ancianos (líderes del pueblo de Dios) que son probablemente los doce discípulos y los jefes de las doce tribus de Israel.[b] Al igual que en los informes de Moisés, Ezequiel e Isaías, el trono explota con luces que reemplazan cualquier concierto de adoración, un mar de vidrio resplandeciente, y cuatro ángeles volando día y noche y cantando sobre Dios.[c]

Toda autoridad viene de Dios y toda la gloria va a Él, que está sentado en el trono. Toda la creación se reúne alrededor del trono para adorar a Dios. Cuando adoramos a Dios en la tierra, estamos participando en el reino invisible. Nuestras oraciones y cantos entran en el salón del trono de Dios mientras la única iglesia en dos reinos adora al único Dios juntos.

Los cristianos occidentales han considerado el Apocalipsis como un libro sobre cosas futuras (escatología). Se enfocan en las escenas terrenales. Los cristianos orientales han visto el Apocalipsis como un libro sobre la adoración (doxología). Se enfocan en las escenas celestiales. Ambas cosas son ciertas. Hoy Dios está siendo adorado en el cielo y en la tierra. Un día el cielo vendrá a la tierra, y Dios será adorado en la tierra como lo es en el cielo. Es por eso que uno de los temas principales de Apocalipsis es «la adoración a Dios»; el libro comienza con Juan adorando a Jesús en el espíritu y termina con el mandato de adorar a Dios hasta que Jesús regrese.[d]

Apocalipsis contiene algunas de las imágenes más bellas y poéticas de

a Apocalipsis 1:12-13, 20
b Apocalipsis 4:4 cf. Mateo 19:28
c Éxodo 19:16; Ezequiel 1; Isaías 6
d Apocalipsis 1:10; 1:17; 19:10; 22:9

toda la Escritura, demostrando así la suntuosa naturaleza de la adoración. También abarca la composición de por lo menos diez canciones nuevas que incluyen instrumentos musicales, cantos, gritos, aplausos, arrodillarse, colocarse de cara al suelo, orar y la fiesta de bodas entre Jesús y su esposa, la iglesia. Toda esta adoración se halla majestuosamente dirigida a nuestro exaltado Señor que está gobernando y reinando sobre toda su creación, bendiciendo a su pueblo y aplastando a sus enemigos desde el trono.

EL ESPÍRITU SANTO

Dios ama y cuida de las iglesias locales. Es importante entender que ellas son parte de algo mucho más grande y excelente: el reino de Dios. Un día nuestras iglesias locales ya no existirán, pero el reino de Dios perdurará para siempre. En Apocalipsis, las iglesias locales están bajo el Rey y el reino y se les ordena que no vivan «enfocadas en sus bancas», dándole a la gente lo que quiere, sino más bien «con el trono abajo», haciendo lo que Dios quiere. A las iglesias locales se les ordena oír «lo que el Espíritu dice a las iglesias».[a] Por lo tanto, el primer trabajo del liderazgo de la iglesia es escuchar al Espíritu Santo y encontrar la voluntad de Dios para esa iglesia.

El Espíritu Santo se encuentra activo en todo Apocalipsis. Juan «estaba en el Espíritu», ve al Espíritu de Dios resucitar a los muertos como el Espíritu hizo con Jesús, fue llevado «en el Espíritu», y sabe que el deseo de Dios y de la iglesia debe ser invitar a las personas a Jesús como Señor, escuchando que «el Espíritu y la novia dicen: "¡Ven!"».[b] Con respecto al Espíritu Santo ministrando entre el cielo y la tierra, conectando los reinos de lo invisible y lo visible, se hace referencia a Él por medio del siete, que es el número de la perfección.[2]

ÁNGELES Y DEMONIOS

Apocalipsis revela que además de las personas piadosas e impías trabajando en el reino natural visible, también los espíritus piadosos e impíos están trabajando en el reino sobrenatural invisible. Se dice que cada una de las siete iglesias[c] tiene un ángel. Como dijimos antes, es probable que las estrellas de las que se habla a lo largo del libro también sean ángeles, porque ese es un lenguaje antiguo común para el reino de los espíritus. Las estrellas están entre los reinos del cielo y la tierra conectando a los dos como lo hacen los ángeles. Lo mismo es cierto hoy en día, ya que no entendemos

a Apocalipsis 2:7, 11, 17, 29; 3:6, 13, 22
b Apocalipsis 1:10; 4:2; 14:13; 17:3; 21:10; 22:17
c Apocalipsis 1-3

completamente cómo las iglesias locales tienen apoyo angélico, pero Apocalipsis es claro en que sí lo tienen. Los ángeles son enviados desde el salón del trono a la tierra en una variedad de misiones ministeriales, incluyendo la evangelización: «Vi volar por en medio del cielo a otro ángel, que tenía el evangelio eterno para predicarlo a los moradores de la tierra, a toda nación, tribu, lengua y pueblo».[a] [3]

Apocalipsis revela grupos de ángeles trabajando juntos en la tierra para la gloria de Dios y el bien de la iglesia.

- Se dice que cuatro ángeles controlan las actividades en la tierra.[b]
- Siete ángeles se paran ante Dios e invocan el juicio de la rebelión pecaminosa en la tierra.[c]
- Siete ángeles supervisan las siete últimas plagas y son enviados desde el salón del trono de Dios a la tierra para derramar la ira de Dios en la gran tribulación.[d]
- Finalmente, un ángel será enviado desde el salón del trono de Dios a la tierra con las llaves del abismo, que se abrirá para atar a Satanás por mil años.[e]

Dios envía a su familia invisible para ayudar a su familia visible, lo que significa que hay mucho más en el mundo, nuestras iglesias y nuestras vidas de lo que podemos imaginar.

Además de los ángeles, los demonios también aparecen con frecuencia. Un teólogo dice: "Hay más de cien referencias a demonios en la Biblia, la mayoría de ellas en el Nuevo Testamento. Todos los escritores de los evangelios sinópticos reportan varios casos de posesión demoníaca para demostrar el poder de Cristo sobre los demonios. Podemos decir brevemente que todos los escritores (aunque no todos los libros) del Nuevo Testamento, excepto el autor de Hebreos, mencionan demonios o ángeles malvados".[4]

La revelación del trabajo demoníaco sobre la tierra en naciones e iglesias aparece a lo largo de todo el último libro de la Biblia. A las personas se les juzga por la religión y la espiritualidad falsificadas, lo cual es «adorar a los

---

a Apocalipsis 14:6
b Apocalipsis 7:1
c Apocalipsis 8:2
d Apocalipsis 15:1-7
e Apocalipsis 20:2-3

demonios».ª Detrás de los acontecimientos sobrenaturales en la tierra hay espíritus impuros y espíritus demoníacos que engañan a la gente realizando señales.ᵇ Algunos lugares llenos de oscuridad son parte de la Babilonia espiritual, que es «habitación de demonios».ᶜ

Además de una gran cantidad de imágenes del Antiguo Testamento, el mismo espíritu demoníaco de Jezabel presente y trabajando a través de líderes humanos continúa la trama del adulterio y el ataque en la iglesia local de Tiatira. Jesús dice: «Toleras que esa mujer Jezabel, que se dice profetisa, enseñe y seduzca a mis siervos a fornicar y a comer cosas sacrificadas a los ídolos».ᵈ En este caso, los reinos invisible y visible se revelan trabajando juntos, ya que un demonio está llevando a una iglesia local por mal camino a través de una mujer poderosa.

La inmoralidad sexual de cualquier tipo que es sancionada en la iglesia, comenzando con el liderazgo, es un espíritu demoníaco de Satanás para destruir la obra de Dios. En cada época encontramos falsos maestros demoníacos, poderosos e incluso brillantes que quieren reemplazar el arrepentimiento del pecado sexual por la tolerancia del pecado sexual, afirmando ser sabios, iluminados, evolucionados, amorosos, y hablando por Dios. Sin embargo, son anticristos académicos. Los demonios están muy contentos de asegurarse de que sus libros se vendan, sus mensajes se transmitan y sus plataformas se construyan. La tolerancia es la falsificación del arrepentimiento.

Cuando nuestros hijos eran pequeños, a menudo pasábamos conduciendo por una pequeña iglesia con una gran pancarta con el fondo de los colores del arcoíris que estaba colgada en el frente y decía: «Dios sigue hablando». Uno de nuestros niños más pequeños preguntó desde el asiento trasero: «¿Qué significa ese letrero?». Nosotros le contestamos: «Esa iglesia no cree en la Biblia. Ellos creen que en el pasado Dios dijo que el matrimonio y el sexo eran solo entre un hombre y una mujer, pero que Él ha cambiado de opinión y hoy dice que el matrimonio no es solo entre un hombre y una mujer, y que el sexo no es solo para el matrimonio». El niño entonces hizo una gran pregunta: «¿Por qué la llaman iglesia entonces si ya no es una iglesia?». Exactamente.

EL REINO VIENE A LA TIERRA COMO LOS DOS ÁMBITOS REUNIDOS

A medida que la trama de la historia en Apocalipsis se desarrolla, en el centro del libro encontramos el anuncio de que los dos dominios de lo

---

a Apocalipsis 9:20
b 2 Tes 2:9; Apocalipsis 13:11-15; 16:13-14
c Apocalipsis 18:2
d Apocalipsis 2:19-24

visible y lo invisible se unirán una vez y para siempre con la venida del Rey Jesús y su reino.[a] La revelación completa del reino comienza con un ángel haciendo sonar la trompeta para anunciar a Dios, que supera a toda la creación. En respuesta, ambos dominios se detienen para cantar nuevas canciones de adoración mientras los cristianos y los ángeles permanecen lado a lado para reunir a los dominios que el pecado separó.

Jesucristo dirige la venida del reino y la combinación de ambos dominios. Rodeando a Jesús mientras se prepara para la guerra hay músicos, compositores y cantantes, porque la adoración es un acto de guerra.[b] La guerra que Jesús ganó en el cielo y ganó en la cruz tiene una batalla final antes de que todas las guerras —física y espiritual— ya no existan más.

Jesús entonces regresa a la tierra en una nube blanca de victoria y pureza, apareciendo como el Hijo del Hombre.[c] El segundo golpe de la hoz de Jesús es para el juicio de todos los pecadores no arrepentidos de la tierra, que son arrojados a un gran lagar, donde Dios pisotea a sus enemigos y su sangre fluye en una extensión de trescientos kilómetros tan alto hasta llegar a los frenos de los caballos. ¡Esta es la guerra para acabar con todas las guerras!

En Apocalipsis 15, la ira de Dios es derramada sobre la tierra como lo fue en los días del Éxodo. En Apocalipsis 19, dos escenas contrastan las alegrías del cielo y los juicios de la tierra. Mientras que la adoración tiene lugar en el cielo, la guerra se lleva a cabo en la tierra. Jesús monta un caballo blanco de reino en reino como un guerrero real triunfante, llevando una túnica bañada en sangre con una espada y escrito en su muslo como un tatuaje: «REY DE REYES Y SEÑOR DE SEÑORES».

A lo largo de Apocalipsis, las escenas cambian continuamente entre el cielo y la tierra. Al final, Dios reconcilia los dos reinos y reúne a las dos familias para siempre. Este será nuestro hogar por toda la eternidad mientras vivimos llenos de belleza, unidad, amor, alegría y prosperidad. En medio de una gran ciudad habrá un Jardín del Edén restaurado y más glorioso, un título que significa «jardín del deleite».[d] El lugar donde tienen lugar las reuniones del concilio divino de Dios con sus siervos humanos y angélicos se hallará siempre abierto, y podremos estar en la presencia de Dios en cualquier momento. Allí el Padre y el Hijo estarán sentados en sus tronos, y veremos a Jesús cara a cara mientras comemos del árbol de la vida para vivir con Dios para siempre. Lo que Dios comenzó en el Edén, lo terminará en la eternidad.

---

a Apocalipsis 11:15–19
b Apocalipsis 14:1-5
c cf. Daniel 7:13; Apocalipsis 1:7, 13
d Apocalipsis 22:1-6

Si pertenece a Jesucristo, lo que Dios ha planeado para usted no es solo más glorioso de lo que piensa; es más glorioso de lo que *puede* pensar. «Cosas que ojo no vio, ni oído oyó, ni han subido en corazón de hombre, son las que Dios ha preparado para los que le aman».[a] Jesús no solo ganó su guerra, sino que también tiene un futuro planeado para que usted sea como Él, una persona que es parte de ambos reinos para toda la eternidad.

> En el principio, Dios hizo a los seres humanos a su imagen, para ser como él, para vivir con él. Él nos hizo como sus imágenes celestiales y vino a la tierra para unir a sus familias, elevando a la humanidad a compartir la vida divina en un mundo nuevo [...] La Escritura es clara en que la inmortalidad como un ser humano divinizado es el destino del creyente, y que nuestra vida presente en Cristo es un proceso de convertirnos en lo que somos.[5]

Después de que Jesús gane la guerra para terminar con todas las guerras, la familia de Satanás (angelical y humana) será sentenciada a su prisión eterna en el infierno. Los dos reinos se reunirán, y las dos familias de Dios se reconciliarán para siempre. Usted no será un ángel o Dios, pero estará sobre los ángeles y será más semejante a Dios de lo que es hoy.

Será por siempre como Jesucristo. «Amados, ahora somos hijos de Dios, y aún no se ha manifestado lo que hemos de ser; pero sabemos que cuando él se manifieste, seremos semejantes a él, porque le veremos tal como él es. Y todo aquel que tiene esta esperanza en él, se purifica a sí mismo, así como él es puro».[b] Hoy es el tiempo entre los tiempos, cuando «nuestra ciudadanía está en los cielos, de donde también esperamos al Salvador, al Señor Jesucristo; el cual transformará el cuerpo de la humillación nuestra, para que sea semejante al cuerpo de la gloria suya».[c]

Ciertamente, esto es un misterio, ya que la Biblia está revelando un estado futuro para usted que aún no se ha realizado. La clave para ganar nuestras guerras hasta que todas las guerras hayan cesado es mirar hacia el futuro que Dios ha planeado para nosotros y vivir «de acuerdo con lo que ya hemos alcanzado».[d]

Hoy usted es «poco menor que los ángeles» según el orden de autoridad de

---

a   1 Corintios 2:9
b   1 Juan 3:2-3
c   Filipenses 3:20-21
d   Filipenses 3:16, NVI

Dios.[a] Sin embargo, cuando Dios termine de glorificarlo luego de la segunda venida, tendrá autoridad y va a «juzgar a los ángeles».[b] Su estatus cambiará eternamente e incluirá «autoridad sobre las naciones» mientras gobierna bajo Dios.[c] Es difícil para la mente aceptar el hecho de que así como Jesús ganó su guerra y luego se sentó en su trono, Él dice que usted también puede ganar su guerra y sentarse con Él. «Al que venciere, le daré que se siente conmigo en mi trono, así como yo he vencido, y me he sentado con mi Padre en su trono».[d] ¡En el reino usted será como Jesús y se sentará en un trono con Él gobernando sobre ángeles y naciones! Es por esto que está luchando.

Hasta que veamos a Jesús parado en la tierra, debemos estar firmes por Jesús en la tierra. En el pasaje eminente sobre la guerra espiritual en Efesios 6 se nos manda no menos de cuatro veces a «estar firmes». A medida que el reino de Dios avanza, no debemos rendirnos al pecado, sino mantenernos firmes y adorar a Dios en cada momento de cada día, viviendo en la luz del reino invisible en medio del reino visible. La palabra *firme* es un término militar para mantenerse en primera línea, no echarse para atrás o retroceder. Así es como usted ganará su guerra hasta que Jesús aparezca para ganar todas las guerras.

¿Dónde tiene que estar firme? ¿Cuál es su guerra? Cree que «el Dios de paz aplastará en breve a Satanás bajo vuestros pies».[e] ¡Hasta entonces, manténgase firme y gane su guerra adorando a su Rey e invitando a su reino a regir su vida, mientras lucha en el reino de lo invisible para alcanzar la libertad en aquel que puede ver!

---

a Salmos 8:5
b 1 Corintios 6:3
c Apocalipsis 2:26
d Apocalipsis 3:21
e Romanos 16:20

INVENTARIO ESPIRITUAL

Para que Satanás no se aproveche de nosotros, pues no ignoramos sus artimañas.
—2 Corintios 2:11, nvi

SI DESEA CONSIDERAR la posible presencia de la obra demoníaca en su vida, le ofrecemos lo siguiente como un estudio bíblico autodirigido. Como una ayuda para proveer mayor claridad y entendimiento, lo animamos a que pase algún tiempo a solas con el Señor, ore, busque las siguientes Escrituras y escriba en un diario acerca de las cosas que se aplican a su vida.

Por favor, lea Gálatas 5:19-21 y haga una lista de cada cosa que ha sido un pecado que lo atormenta o resulta habitual para usted.

Por favor, lea Colosenses 3:5-8 y haga una lista de cada cosa que ha sido un pecado que lo atormenta o resulta habitual para usted.

Por favor, lea Marcos 7:21-23 y haga una lista de cada cosa que ha sido un pecado que lo atormenta o resulta habitual para usted.

Por favor, considere la siguiente lista y escriba cada cosa que lo atormenta o resulta habitual para usted: pecado sexual o desviación (cualquier cosa fuera del matrimonio heterosexual); malos hábitos o adicciones (drogas, alcohol, pornografía); rabia; blasfemia (insultos o lenguaje vulgar); violencia; depresión; pensamientos suicidas; autolesiones; desórdenes alimenticios; enfermedad mental; otras conductas oscuras o estados mentales que vienen a su mente.

Por favor, considere la siguiente lista de pecados que pueden haber sido cometidos contra usted y enumere cada cosa que ha sido un pecado que lo atormenta o resulta habitual para usted: violación, incesto, acoso sexual, otras formas de abuso (es decir, físico, sexual, mental, emocional), así como cualquier otra cosa oscura o vergonzosa que le venga a la mente.

Por favor, explique brevemente cualquier relación que haya tenido con el ocultismo, la brujería o cualquier otra cosa espiritual que no sea el cristianismo bíblico ortodoxo.

Por favor, indique brevemente cualquier actividad de sus antepasados que esté relacionada con el ocultismo, la brujería, otras religiones, el uso de drogas, el abuso del alcohol, la desviación sexual, la violación, el incesto, la enfermedad mental o cualquier otra cosa.

Por favor, describa brevemente sus patrones de sueño, incluyendo cualquier incapacidad para dormir y pesadillas o perturbaciones continuas.

Por favor, haga una lista breve de cualquier experiencia paranormal/sobrenatural que haya tenido.

Por favor, haga una lista breve de las voces que escucha y de lo que generalmente le dicen.

Por favor, haga una lista breve de las dos o tres cosas principales que le gustaría resolver de inmediato.

Por favor, lea 1 Juan 4 lentamente, orando sobre cada parte que lo golpee y hablando honestamente con Dios acerca de las cosas que su Espíritu Santo le trae a la mente. También puede escribir sobre estas cosas en el espacio provisto. Si usted tiene problemas para concentrarse mientras hace esto, por favor, ore para que el Espíritu Santo limpie su mente y le permita aprender a leer su Palabra y orar, y luego continuar.

NOTAS

CAPÍTULO 1: GANE SU GUERRA CON LA COSMOVISIÓN

1. Mark Driscoll, Deepak Chopra, Annie Lobert y Carlton Pearson, «Nightline Face Off: Does Satan Exist?» [«Encuentro en Nightline: ¿Satanás existe?»], debate moderado por Dan Harris, *ABC Nightline*, ABC, 26 de marzo de 2009.
2. Heiko A. Oberman, *Luther: Man Between God and the Devil*, trans. Eileen Walliser-Schwarzbart (New Haven: Yale University Press, 1989), 104.
3. Mark Rogers, "'Deliver Us From the Evil One': Martin Luther on Prayer," *Themelios* 34, no. 3 (2009): 340.
4. Mark H. Creech, "The Night the Demon Visited," *Christian Post*, May 14, 2013, https://www.christianpost.com/news/the-night-the-demon-visited.html.
5. William Barclay, ed., *The Gospel of Matthew*, vol. 1, The Daily Study Bible Series (Louisville, KY: Westminster John Knox Press, 1975), 65; Scott A. Hendrix, "Legends About Luther," *Christian History* (*Christianity Today*), no. 34 (1992), https://www.christianitytoday.com/history/issues/issue-34/legends-about-luther.html; Helmut Thielicke, "The Great Temptation," *Christianity Today* 29, no. 10 (1985), 28, https://www.christianitytoday.com/ct/1985/july-12/great-temptation.html.
6. William Barclay, ed., *The Gospel of Matthew*, vol. 2, The Daily Study Bible Series (Philadelphia: The Westminster John Knox Press, 1976), p. 105.
7. William Barclay, ed., *The Gospel of Mark*, The Daily Study Bible Series (Philadelphia: The Westminster John Knox Press, 1976), p. 161.
8. William Barclay, ed., *The Gospel of John*, vol. 1, The Daily Study Bible Series (Philadelphia: The Westminster John Knox Press, 1975), p. 208.

CAPÍTULO 2: DIOS GANÓ SU GUERRA

1. R. K. Harrison, *Evangelical Dictionary of Biblical Theology*, Baker Reference Library, ed. Walter A. Elwell (Grand Rapids, MI: Baker Book House, 1996), p. 21.
2. Leland Ryken, James C. Wilhoit y Tremper Longman III, eds., *Dictionary of Biblical Imagery* (Downers Grove, IL: InterVarsity Press, 2000), s.v. «Angels», p. 23.
3. Michael S. Heiser, *The Unseen Realm: Recovering the Supernatural Worldview of the Bible* (Bellingham, WA: Lexham Press, 2015), p. 24.

    «En Ugarit el concilio divino tenía tres niveles: la autoridad suprema (El, que llevó a cabo la mayor parte de su gobierno a través de un visir cogobernante, Baal), los hijos de El, y los dioses mensajeros (*mal'akim*) [...] Todo esto le sonará familiar a alguien que ha leído el Antiguo Testamento de cerca. La Biblia hebrea usa estas mismas descripciones para la morada y el salón del trono de

Yahvé. Y donde está Yahvé, se encuentra rodeado de su asamblea celestial, listo para dirigir sus asuntos (Isaías 6; 1 Reyes 22:13-28). El Antiguo Testamento tiene una estructura de consejo de tres niveles como la de Ugarit. Yahvé está en la cima. Su núcleo familiar ("hijos de Dios") son los siguientes en la jerarquía. El nivel más bajo está reservado para los mensajeros *elohim-mal'akim* (la palabra traducida como "ángeles")». Heiser, *The Unseen Realm*, p. 46.

4. «Ya que *elohim* es muy a menudo traducido como *Dios*, consideramos la palabra hebrea de la misma manera que consideramos el término D-i-o-s en mayúsculas. Cuando vemos la palabra Dios, pensamos instintivamente en un ser divino con un conjunto único de atributos: omnipresencia, omnipotencia, soberanía y demás. Sin embargo, así no es como pensaba un escritor bíblico sobre el término. Los autores bíblicos no le asignaron un conjunto específico de atributos a la palabra *elohim*. Esto resulta evidente cuando observamos cómo la usaron. Los escritores bíblicos se refieren a media docena de entidades diferentes con la palabra *elohim*. Según cualquier contabilidad religiosa, los atributos de esas entidades *no* son iguales.

   • Yahvé, el Dios de Israel (miles de veces; por ejemplo, Génesis 2:4-5; Deuteronomio 4:35).
   • Los miembros del concilio de Yahvé (Salmos 82:1, 6).
   • Dioses y diosas de otras naciones (Jueces 11:24; 1 Reyes 11:33).
   • Demonios (hebreo: *shedim*; Deuteronomio 32:17).
   • El difunto Samuel (1 Samuel 28:13).
   • Ángeles o el ángel de Yahvé (Génesis 35:7)». Heiser, *The Unseen Realm*, p. 30.

5. Heiser, *The Unseen Realm*, p. 323.

6. A. Colin Day, *Collins Thesaurus of the Bible* (Bellingham, WA: Logos Bible Software, 2009).

7. «Los ángeles en el Antiguo Testamento a menudo se encuentran ordenados en filas militares y astrales conocidas colectivamente como el ejército de los cielos (Deuteronomio 4:19; 1 Reyes 22:19), o se hace referencia a ellos de manera individualmente como poderosos. En ocasiones intervinieron en las guerras de Israel (Jueces 5:20; 2 Reyes 6:17). Fueron guiados por un capitán o príncipe, que aparece como el ángel principal (Josué 5:14) [...] En Daniel, los ángeles guardianes nacionales son llamados [...] príncipes (Daniel 8:25). El príncipe de Persia se opone a Miguel, que es «uno de los principales príncipes» (Daniel 10:13). Miguel es también el ángel guardián de Israel...». Willem VanGemeren, ed., *New International Dictionary of Old Testament Theology and Exegesis* (Grand Rapids, MI: Zondervan Publishing House, 1997), p. 941.

CAPÍTULO 3: ADÁN Y EVA PERDIERON NUESTRA GUERRA

1. Yeonmi Park, *In Order to Live: A North Korean Girl's Journey to Freedom* (Nueva York: Penguin Books, 2015), 48-49.

2. Park, *In Order to Live*, p. 48.

3. Park, *In Order to Live*, p. 48.
4. Meadowdale High School, mensaje por correo electrónico a los padres, 8 de octubre de 2018.
5. Meadowdale High School, mensaje por correo electrónico a los padres.
6. Heiser, *The Unseen Realm*, p. 44.
7. En Génesis 3:16, el lenguaje para el esposo y la esposa que tienen un conflicto es el mismo que el que se emplea para el conflicto que Caín tuvo con el pecado en Génesis 4:17.
8. Heiser, *The Unseen Realm*, pp. 121-22.

CAPÍTULO 4: JESÚS GANÓ SU GUERRA

1. C. H. Spurgeon, «Christ Triumphant» [«Cristo triunfante»], *The New Park Street Pulpit Sermons*, vol. 5 (Londres: Passmore & Alabaster, 1859), pp. 387-89.

CAPÍTULO 5: GANE SUS GUERRAS

1. Clinton E. Arnold, *Powers of Darkness: Principalities and Powers in Paul's Letters* (Downers Grove, IL: InterVarsity, 1992), p. 67.

CAPÍTULO 6: GANE SU GUERRA CONTRA LA INFLUENCIA DEMONÍACA

1. Oxford Living Dictionaries, s.v. «possess» [«poseer»], consultado el 5 de junio de 2019, https://en.oxforddictionaries.com/definition/possess.
2. Kenneth O. Gangel, *Holman New Testament Commentary: Acts* (Nashville: Broadman & Holman, 1998), p. 82.
3. Heiser, *The Unseen Realm*, p. 277.
4. A. J. Maclean, «*Abrenuntio*», en *Encyclopædia of Religion and Ethics*, vol. 1, eds. James Hastings, John A. Selbie y Louis H. Gray (Nueva York: Charles Scribner's Sons, 1910), p. 38.
5. Maclean, *Encyclopædia of Religion and Ethics*, p. 39.
6. Madeline Farber, «What Causes Nightmares? Here's Why You May Be Prone to Scary Dreams» [«¿Qué causa las pesadillas? Aquí está la razón por la que usted puede ser propenso a tener sueños aterradores»], Fox News, 13 de octubre de 2018, https://www.foxnews.com/health/what-is-cause-of-nightmares-why-some-have-them.
7. Farber, «What Causes Nightmares?».

CAPÍTULO 7: GANE SU GUERRA CONTRA LA IDOLATRÍA

1. Brian S. Rosner, «The Concept of Idolatry» [«El concepto de idolatría»], *Themelios* 24, no. 3 (1999), pp. 28-29.
2. David Powlison, «Idols of the Heart and "Vanity Fair"» [«Ídolos del corazón y "Vanity Fair"»], *The Journal of Biblical Counseling* 13, vol. 2 (invierno de 1995), p. 35.
3. William M. Struthers, *Wired for Intimacy: How Pornography Hijacks the Male Brain* (Downers Grove, IL: InterVarsity Press, 2009), p. 79.
4. Struthers, *Wired for Intimacy*, p. 97.

CAPÍTULO 8: GANE SU GUERRA CONTRA EL ORGULLO

1. Walter A. Elwell y Philip Wesley Comfort, *Tyndale Bible Dictionary* (Wheaton, IL: Tyndale House Publishers, 2001), p. 1072.
2. Dios habla cinco veces de un ser llamado Leviatán, diciendo: «Menosprecia toda cosa alta; es rey sobre todos los soberbios» (Job 41:34; 3:8; Salmos 74:14; 104:26; Isaías 27:1). Un manual sobre la liberación y la guerra espiritual señala: «Leviatán era un espíritu representado por el cocodrilo o una gran serpiente marina. En Isaías, capítulo 27, se le llama "serpiente veloz", "serpiente tortuosa" y el "dragón" que yace en medio del mar (v. 1). En Job 41:34 se le denomina "rey sobre todos los soberbios"». John Eckhardt, *Deliverance and Spiritual Warfare Manual* (Lake Mary, FL: Charisma House, 2014), p. 144.
3. Heino O. Kadai, «Luther's Theology of the Cross» [«Teología de la cruz de Lutero»], *Concordia Theological Quarterly* 63, no. 3 (1999), pp. 169-204; Gerhard O. Forde, *On Being a Theologian of the Cross: Reflections on Luther's Heidelberg Disputation, 1518* (Grand Rapids, MI: Eerdmans, 1997); Robert Kolb, «Luther on the Theology of the Cross» [«Lutero sobre la teología de la cruz»], *Lutheran Quarterly 16, no. 4* (2002), pp. 443-66; Alister E. McGrath, *Luther's Theology of the Cross: Martin Luther's Theological Breakthrough* (Oxford, UK: Blackwell, 1985).
4. Gerald Lewis Bray, *Ancient Christian Commentary on Scripture, New Testament 7, 1–2 Corinthians* (Downers Grove, IL: InterVarsity Press, 1999), p. 132.

CAPÍTULO 9: GANE SU GUERRA CONTRA SU IDENTIDAD

1. La patria de Herodes era Idumea, que es un área de Edom del Antiguo Testamento.

CAPÍTULO 11: GANE SU GUERRA CONTRA LA CONTAMINACIÓN

1. «En el Antiguo Testamento la frase "el ángel del Señor" aparece unas sesenta veces. Este ángel es un siervo especial de Yahvé que ayuda a cumplir la voluntad de Dios entre su pueblo. Así se le apareció a Moisés en la zarza ardiente (Éxodo 3:2), se opuso a Balaam (Números 22:22-35) y animó a Gedeón (Jueces 6:11-16). Se dice que él causó la muerte entre los enemigos de Israel (2 Reyes 19:35) y en el mismo Israel (1 Crónicas 21:14-15), aunque usualmente viene en ayuda del pueblo de Dios (Éxodo 14:19; Jueces 2:1; 1 Reyes 19:7; Salmos 34:7). A menudo este ángel no puede ser distinguido del mismo Yahvé (por ejemplo, Génesis 16:11, cf. Génesis 16:13; Jueces 6:12, cf. Jueces 6:14)».

    M. J. Davidson, «Angels», *Dictionary of Jesus and the Gospels, eds. Joel B. Green, Scot McKnight, and I. Howard Marshall* (Downers Grove, IL: InterVarsity Press, 1992), p. 9.

CAPÍTULO 12: GANE SU GUERRA CONTRA LA ENFERMEDAD DEMONÍACA

1. Craig S. Keener, *Miracles: The Credibility of the New Testament Accounts* (Grand Rapids, MI: Baker, 2011).

2. Eckhardt, *Deliverance and Spiritual Warfare Manual*, p. 57.

CAPÍTULO 13: GANE SU GUERRA CONTRA LA FALTA DE PERDÓN

1. «Hatfields and McCoys», *Encyclopaedia Britannica*, consultado el 5 de junio de 2019, https://www.britannica.com/topic/Hatfields-and-McCoys.
2. «Hatfields and McCoys». *Encyclopaedia Britannica*.

CAPÍTULO 14: GANE SU GUERRA CONTRA LAS MENTIRAS

1. Ryken, Wilhoit y Longman, *Dictionary of Biblical Imagery*, s.v. «Jesus as Humorist» [«Jesús como humorista»], p. 410.

CAPÍTULO 16: GANE SU GUERRA CONTRA UNA HERIDA PATERNA

1. Jens Pulver con Erich Krauss, *Little Evil: One Ultimate Fighter's Rise to the Top, edición electrónica* (Toronto, Ontario, Canada: ECW Press, 2003).
2. Liam Resnekov, "Jens Pulver on Anxiety, Abuse, and the Fighting Spirit," Fightland Blog, 22 de mayo de 2014, http://fightland.vice.com/blog/jens-pulver-on-anxiety-abuse-and-the-fighting-spirit.
3. «Michael Servetus», *Encyclopaedia Britannica*, consultado el 5 de junio de 2019, https://www.britannica.com/biography/Michael-Servetus.
4. Henry Worsley, *The Life of Martin Luther: In Two Volumes*, vol. 1 (Londres: Bell and Daldy, 1856), p. 391; Andrew J. Lindsey, *The Life, Teaching, and Legacy of Martin Luther* (Bloomington, IN: Westbow, 2013), p. 72.
5. Michael Reeves, «Suffering Taught Him to Look to Christ: Charles Spurgeon (1834-1892)» [«El sufrimiento lo enseñó a mirar a Cristo: Charles Spurgeon (1834-1892)»], Desiring God, 19 de octubre de 2018, https://www.desiringgod.org/articles/suffering-taught-him-to-look-to-christ.
6. John Piper y Justin Taylor, eds., *A God Entranced Vision of All Things* (Wheaton, IL: Crossway, 2004).
7. David Van Biema, «The New Calvinism» [«El nuevo calvinismo»], *Time*, 12 de marzo de 2009, http://content.time.com/time/specials/packages/article/0,28804,1884779_1884782_1884760,00.html.
8. Francis A. Schaeffer, *The Complete Works of Francis A. Schaeffer: A Christian Worldview*, vol. 3 (Westchester, IL: Crossway Books, 1982), p. 97.
9. Robert H. Stein, «Fatherhood of God» [«Paternidad de Dios»], *Evangelical Dictionary of Biblical Theology*, p. 247.

CAPÍTULO 17: GANE SU GUERRA CONTRA EL TEMOR

1. Elwell y Comfort, *Tyndale Bible Dictionary*, p. 479.
2. Mark Water, *Bible Promises Made Easy* (Alresford, Hampshire: John Hunt Publishers Ltd, 2001), p. 33.
3. Eckhardt, *Deliverance and Spiritual Warfare Manual*, p. 223.

CAPÍTULO 18: GANE SU GUERRA CONTRA LA DIVISIÓN

1. *Rocky IV*, escrita y dirigida por Sylvester Stallone, MGM/UA Entertainment Company, 1985.
2. Jeffrey A. Kroessler, *The Greater New York Sports Chronology* (Nueva York: Columbia University Press, 2010), p. 116.
3. Eckhardt, *Deliverance and Spiritual Warfare Manual*, pp. 227-28.
4. Eckhardt, *Deliverance and Spiritual Warfare Manual*, p. 208.
5. Eckhardt, *Deliverance and Spiritual Warfare Manual*, p. 65.

CAPÍTULO 19: GANE SU GUERRA CONTRA LOS LOBOS

1. «French Sheep Farmer Fighting Wolves» [«Criadora de ovejas francesa lucha contra los lobos»], *Outlook*, BBC News, consultado el 5 de junio de 2019, https://www.bbc.co.uk/sounds/play/p01w7jzx.
2. Craig S. Keener, *The IVP Bible Background Commentary: New Testament* (Downers Grove, IL: InterVarsity Press, 2014), p. 529.
3. Jess L. Christensen, «How can Jesus and Lucifer Be Spirit Brothers When Their Characters and Purposes Are So Utterly Opposed?» [«¿Cómo pueden Jesús y Lucifer ser hermanos de espíritu cuando sus caracteres y propósitos son tan opuestos?»], La Iglesia de Jesucristo de los Santos de los Últimos Días, consultado el 5 de junio de 2019, https://www.churchofjesuschrist.org/study/ensign/1986/06/i-have-a-question/how-can-jesus-and-lucifer-be-spirit-brothers-when-their-characters-and-purposes-are-so-utterly-opposed?lang=eng.
4. Efesios 5:7 dice de la gente mala: «No seáis, pues, partícipes con ellos». Tito 3:10 dice: «No tengas nada más que ver con ellos» (NTV). Proverbios 1:15 dice: «No andes [...] con ellos». Proverbios 22:24 dice: «No te hagas amigo» (NTV). En 2 Juan 10 dice: «No lo inviten a su casa ni le den ninguna clase de apoyo» (NTV). En 2 Timoteo 3:5 dice: «A éstos evita».

CAPÍTULO 20: GANE SU GUERRA CONTRA LAS FALSIFICACIONES DE CRISTO

1. Edward F. Murphy, *The Handbook for Spiritual Warfare* (Nashville: Thomas Nelson, 1996), p. 236.
2. «La plaga de la sangre, la primera plaga, fue dirigida contra el dios Jnum, creador del agua y la vida; o contra Hapi, el dios del Nilo; o incluso contra Osiris, cuya corriente sanguínea era el Nilo. La segunda plaga, la de las ranas, fue dirigida contra Heket, diosa del parto, representada como una rana. La quinta plaga, contra el ganado, podría haber tenido en mente a Hathor, la diosa madre y del cielo, que tomó la forma de una vaca; o contra Apis, símbolo de la fertilidad, que tomó la forma de un toro. La séptima y octava plagas (granizo y langostas) se oponían a Set, que se manifestaba en vientos y tormentas, o eran contra Isis, diosa de la vida, o incluso contra Min, quien era adorado como un dios de la fertilidad. Min es un candidato especialmente bueno para estas dos plagas, ya que fue muy venerado en la celebración de "la salida de Min" al comienzo de la cosecha. Por otra parte, las tinieblas, la novena plaga,

estaba dirigida contra deidades tales como las asociadas con el sol, Amón-Re, Atón, Atum u Horus. Por último, la muerte del primogénito bien podría asociarse con Osiris, la jueza de los muertos y deidad patrona del faraón […] Mordechai Gilula, "The Smiting of the Firstborn: An Egyptian Myth?" ["El golpe del primogénito: ¿Un mito egipcio?"], *Tel Aviv* 4 (1977), pp. 94-95 señala tres o cuatro casos en los que la "matanza del primogénito" (egipcio *smsw*, "primogénito") aparece en textos pre-mosaicos relacionado con la muerte del primogénito de los dioses. Aparece en los Textos de la Pirámide y en los Textos del Ataúd». Walter C. Kaiser Jr., *A History of Israel: From the Bronze Age Through the Jewish Wars* (Nashville: Broadman & Holman, 1998), p. 99.

3. «Divine Beings» [«Seres divinos»], en *The Lexham Theological Wordbook*, eds. Douglas Mangum, Derek R. Brown, Rachel Klippenstein y Rebekah Hurst, Serie de referencias bíblicas de Lexham (Bellingham, WA: Lexham Press, 2014).

4. James A. Swanson, *Dictionary of Biblical Languages With Semantic Domains: Hebrew (Old Testament)* (Oak Harbor, WA: Logos Research Systems, Inc., 1997).

5. Harvey E. Finley, «Gods and Goddesses, Pagan» [«Dioses y diosas, paganos»] en *Evangelical Dictionary of Biblical Theology*, p. 303.

6. Tom Wallace, «Islam: Religion of the Devil» [«Islam: Religión del diablo»], Fortress of Faith, 19 de julio de 2017, https://fortressoffaith.com/islam-religion-of-the-devil/.

7. Para más información, véase Cathy Lynn Grossman, «Mixing Their Religion» [«Mezclar su religión»], USA Today, 10 de diciembre de 2009, http://www.usatoday.com/NEWS/usaedition/2009-12-10-1Amixingbeliefs10_CV_U.htm; y Centro de Investigación Pew, «Many Americans Mix Multiple Faiths» [«Muchos estadounidenses mezclan múltiples religiones»], Foro Pew sobre religión y vida pública, 9 de diciembre de 2009, http://pewresearch.org/pubs/1434/multiple-religious-practices-reincarnation-astrology-psychic.

8. «Many Americans Mix Multiple Faiths», Centro de Investigación Pew.

CAPÍTULO 21: EN LA TIERRA COMO EN EL CIELO

1. Heiser, *The Unseen Realm*, 297.

«Los dos primeros puntos de la descripción que merecen atención son el "viento recio" y las "lenguas repartidas, como de fuego". Ambas son imágenes asociadas en el Antiguo Testamento con la presencia de Dios; Dios está comisionando a los discípulos en su concilio como a los profetas de la antigüedad.

»El torbellino es familiar en los encuentros divinos de Elías (2 Reyes 2:1, 11) y Job (Job 38:1; 40:6). La comisión divina de Ezequiel de la misma manera presenta al entronizado Yahvé viniendo con gran viento (Ezequiel 1:4). El tema del torbellino a menudo va acompañado de imágenes de tormentas, que también pueden incluir fuego (Isaías 30:30). Que el "viento" sea un elemento para describir la presencia de Dios tiene sentido, dado que la palabra hebrea traducida como "viento" también puede ser traducida como "espíritu/Espíritu" (*ruach*).

»La comisión de Ezequiel es particularmente instructiva, ya que Yahvé viene a él no solo con un viento, sino que con el viento hay un "fuego envolvente" (Ezequiel 1:4). El fuego es un elemento familiar en las escenas del trono del concilio divino (por ejemplo, Isaías 6:4, 6; Daniel 7:9). Es especialmente prominente en las apariciones en el Sinaí (Éxodo 3:2; 19:18; 20:18; Isaías 4:5). El fuego en el Antiguo Testamento era un identificador de la presencia de Dios, una manifestación visible de la gloria y la esencia de Yahvé. Era también una manera de describir a los seres divinos en el servicio a Dios (Jueces 13:20; Salmos 104:4)». Heiser, *The Unseen Realm*, p. 297.

2. «Un aspecto único de la representación del Espíritu Santo en el libro de Apocalipsis es la referencia a los "siete espíritus de Dios" [...] Por lo tanto, es probable que el número siete sea representativo de la perfección, y la nota marginal de la NVI "siete veces Espíritu" en Apocalipsis 1:4; 3:1; 4:5 y 5:6 es una interpretación aceptable». Roy B. Zuck, *A Biblical Theology of the New Testament*, edición electronica (Chicago: Moody Press, 1994), p. 202.

3. «Algunos ángeles son nombrados a partir de la actividad que se les asigna. Ahí está el "ángel, que tenía poder sobre el fuego" (Apocalipsis 14:18). Otro es llamado el "ángel de las aguas" (Apocalipsis 16:5). Uno inusual es designado como el "ángel del abismo" (Apocalipsis 9:11). También es específicamente nombrado como Abadón en hebreo y como Apolión en griego. Ambos nombres significan la actividad de la destrucción [...] Finalmente, hay uno que se describe en Apocalipsis 20:1 como «un ángel que descendía del cielo, con la llave del abismo, y una gran cadena en la mano». Este atará a Satanás durante el reino milenario de Cristo (Apocalipsis 20:2-3)». C. Fred Dickason, *Angels: Elect & Evil* (Chicago: Moody Press, 1995), p. 76.

4. C. Fred Dickason, *Angels*, 163.

5. Heiser, *The Unseen Realm*, pp. 319-20.